2022年度河北省社会科学发展研究课题研究成果
课题编号：20220101012

营商环境、战略变革与企业成长性京津冀比较研究

周兴荣 郝晓玲 张雪娜 李晓倩 著

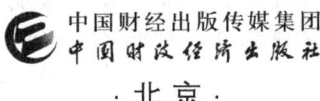

中国财经出版传媒集团
中国财政经济出版社
·北京·

图书在版编目（CIP）数据

营商环境、战略变革与企业成长性京津冀比较研究/周兴荣等著. —— 北京：中国财政经济出版社，2024.4

ISBN 978 - 7 - 5223 - 3028 - 0

Ⅰ.①营… Ⅱ.①周… Ⅲ.①投资环境－关系－企业管理－对比研究－华北地区 Ⅳ.①F127.2②F279.272

中国国家版本馆 CIP 数据核字（2024）第 070922 号

责任编辑：李瑞荣　　　　　　责任印制：史大鹏
封面设计：卜建辰　　　　　　责任校对：张　凡

营商环境、战略变革与企业成长性京津冀比较研究

中国财政经济出版社 出版

URL：http：//www.cfeph.cn

E - mail：cfeph@ cfeph.cn

（版权所有　翻印必究）

社址：北京市海淀区阜成路甲 28 号　邮政编码：100142

营销中心电话：010 - 88191522

天猫网店：中国财政经济出版社旗舰店

网址：https：//zgczjjcbs.tmall.com

中煤（北京）印务有限公司印刷　各地新华书店经销

成品尺寸：170mm×240mm　16 开　19.75 印张　260 000 字

2024 年 4 月第 1 版　2024 年 4 月北京第 1 次印刷

定价：89.00 元

ISBN 978 - 7 - 5223 - 3028 - 0

（图书出现印装问题，本社负责调换，电话：010 - 88190548）

本社图书质量投诉电话：010 - 88190744

打击盗版举报热线：010 - 88191661　QQ：2242791300

前　　言

优化营商环境是党中央、国务院在新形势下作出的重大决策部署,是促进高质量发展的重要举措。2019年3月5日,时任国务院总理李克强在《政府工作报告》中强调,要"着力优化营商环境,深化'放管服'改革,降低制度性交易成本,下硬功夫打造好发展软环境"。2019年10月22日,国务院颁布《优化营商环境条例》(国务院令第722号),这是中国政府为了进一步优化营商环境而制定的专门行政法规。该条例的制定基于近年来各地区在优化营商环境方面所积累的经验和做法,旨在将这些好的措施和经验上升为制度规范,进一步提升中国营商环境的国际竞争力。

2019年12月4日,中共中央、国务院发布《关于营造更好发展环境支持民营企业改革发展的意见》(以下简称《意见》)。这是为进一步激发民营企业活力和创造力,充分发挥民营经济在推进供给侧结构性改革、推动高质量发展、建设现代化经济体系中的重要作用而作出的一系列安排布署。《意见》体现了国家对民营企业发展的高度重视,为民营企业改革发展提供了重要的政策支持。《意见》明确了民营企业在社会主义市场经济发展中的重要地位,强调了坚持和完善社会主义基本经济制度,坚持"两个毫不动摇",坚持新发展理念,坚持以供给侧结构性改革为主线,营造市场化、法治化、国际化营商环境,保障民营企业依法平等使用资源要素、公开公平公正参与竞争、同等受到法律保护。《意见》为民营企业改革创新、转型升级、健康发展提供了强有力的政策保障。

2020年10月,党的十九届五中全会通过的《中共中央关于制定国民经济和社会发展第十四个五年规划和二〇三五年远景目标的建议》提出,要加快构建以国内大循环为主体、国内国际双循环相互促进的新发展格局。持续改善和优化营商环境已经成为各级政府发展经济的重要抓手。

改革开放以来,中国经历了波澜壮阔、气势恢宏的46年,风起云涌、险象环生的46年,奋进拼搏、只争朝夕的46年,也是成就辉煌、世人瞩目的46年。中国的国有企业实现了从国营生产单位到公司制企业的身份转变，逐步分阶段地走过了现代企业制度建立到现代产权制度确立的历程。中国的企业从小企业逐步发展为集团企业，经营业务从专业化发展为多元化，中国企业在战略变革中不断成长和发展。1989年，中国只有一家企业——中国银行上榜世界500强，到2019年，中国有129家企业进入世界500强，这一数字是日本、法国、德国和英国四个国家世界五百强上榜企业数量的总和，历史性超过美国世界五百强上榜企业数量，至2023年，中国有142家企业进入世界500强，中国上榜公司总数连续第五个年头超过美国。2023年，京津冀（环渤海）、长三角、珠三角、成渝商圈等各大商圈中上榜世界500强的企业合计113家，占比接近全国总上榜数量的80%，该数据表明以京津冀为核心的北部组团、以长三角为核心的东部组团、以珠三角粤港澳南部组团以及以成渝商圈为核心的西部组团呈现了中国经济活力的多极特征。进一步分析上榜企业的性质发现，珠三角民营企业占比最高，约占2/3；长三角民营企业占比居中，超过1/2；京津冀最少，仅占1/5。这表明我国改革开放的实验田选择在珠三角的深圳取得了较好的示范和引领作用，同时也说明中国南方和北方的改革力度及成效存在显著差异。

  本书不仅比较京津冀区域营商环境差异，还将京津冀与长三角、珠三角区域进行比较，实证检验各商圈营商环境的差异及其对企业战略变革和企业成长性影响的差异，探索营商环境对企业战略变革及企业成长性的影响机理，丰富和拓展企业战略变革相关研究的视野和方法。本书提出优化和改善营商环境的对策和建议，希望能为相关政策制定部门与人员制定营商环境政策、引导企业开展战略变革提供参考与借鉴。

  本书由周兴荣、郝晓玲、张雪娜、李晓倩执笔，项目组周雯珺博士和研究生路永萍、周宫书琛提供了大力支持，在此深表感谢！

  由于能力和水平所限，我们对营商环境、战略变革与企业成长性的研究结论和相关建议仅为一家之言、一管之见，难免有疏漏和不妥之处，恳请业界专家和读者批评指正。

编者
2024年2月3日

目 录
CONTENTS

第一章　中国企业改革与发展的成就以及面临的风险和机遇 ………… 1
　第一节　中国企业改革与发展成就回顾 ……………………………… 1
　第二节　中国企业面临的主要风险 …………………………………… 16
　第三节　中国企业发展的有利条件 …………………………………… 30

第二章　政商关系及其演变 ………………………………………………… 42
　第一节　政商关系的概念 ……………………………………………… 42
　第二节　政商关系的演变 ……………………………………………… 46
　第三节　政商关系国内外研究现状 …………………………………… 55
　第四节　政商关系研究的未来展望 …………………………………… 66

第三章　营商环境 …………………………………………………………… 70
　第一节　营商环境的概念及发展历程 ………………………………… 70
　第二节　营商环境研究综述 …………………………………………… 76
　第三节　营商环境的测量 ……………………………………………… 84

第四章　企业战略变革 ……………………………………………………… 93
　第一节　战略及企业战略概述 ………………………………………… 93
　第二节　企业战略变革的相关理论综述 ……………………………… 110

1

第三节 企业战略变革的测量 … 117

第五章 企业成长性 … 129
第一节 企业成长性概述 … 129
第二节 企业成长性的相关理论综述 … 133
第三节 企业成长性的测量 … 146

第六章 营商环境、企业战略变革与企业成长性关系研究 … 162
第一节 研究思路和研究方法 … 162
第二节 研究假设和研究设计 … 164
第三节 营商环境对企业成长性关系检验 … 169
第四节 企业战略变革中介效应检验 … 172
第五节 研究结论与建议 … 178

第七章 京津冀营商环境、企业战略变革与企业成长性比较 … 181
第一节 京津冀区域营商环境改善与提升政策回顾 … 181
第二节 京津冀企业战略变革 … 186
第三节 京津冀企业成长能力 … 189
第四节 京津冀区域营商环境、企业战略变革与企业成长检验 … 193
第五节 营商环境、企业战略变革与企业成长之京津冀差异检验 … 203

第八章 京津冀与环渤海比较研究 … 208
第一节 环渤海区域营商环境改善与提升政策回顾 … 208
第二节 环渤海区域企业战略变革发展现状 … 213
第三节 环渤海企业成长发展现状分析 … 216

第四节 环渤海区域营商环境、企业战略变革与企业成长
检验 ………………………………………………………… 219

第九章 京津冀与长三角的比较研究 …………………………… 229
第一节 长三角区域营商环境改善与提升政策回顾 ……………… 229
第二节 长三角企业战略变革趋势 ………………………………… 233
第三节 长三角企业成长发展现状分析 …………………………… 236
第四节 长三角区域营商环境、企业战略变革与企业成长
检验 ………………………………………………………… 239
第五节 营商环境、战略变革与企业成长性之京津冀与长三角
差异性检验 ………………………………………………… 247

第十章 京津冀与珠三角比较研究 ………………………………… 253
第一节 珠三角区域营商环境改善与提升政策回顾 ……………… 253
第二节 珠三角区域企业战略变革发展现状 ……………………… 261
第三节 珠三角企业成长发展现状分析 …………………………… 264
第四节 珠三角区域营商环境、企业战略变革与企业成长
检验 ………………………………………………………… 268
第五节 营商环境、战略变革与企业成长之京津冀与珠三角
差异性检验 ………………………………………………… 276

第十一章 理顺政商关系、优化营商环境的对策和建议 ………… 280
第一节 理顺政商关系的对策和建议 ……………………………… 280
第二节 优化营商环境的对策和建议 ……………………………… 287

参考文献 ……………………………………………………………… 293

第一章　中国企业改革与发展的成就以及面临的风险和机遇

第一节　中国企业改革与发展成就回顾

一、我国的企业改革历程回顾

1978年改革开放以来，中国经历了波澜壮阔、气势恢宏的46年，风起云涌、险象环生的46年，奋进拼搏、只争朝夕的46年，也是成就辉煌、世人瞩目的46年。中国的国有企业实现了从国营生产单位到公司制企业的身份转变，逐步分阶段地走过了现代企业制度建立到现代产权制度确立的历程。中国特色社会主义进入新时代，在以习近平同志为核心的党中央的正确领导下，开启了全面深化国有企业改革的新征程。

国内众多学者对新中国成立以来，特别是改革开放以来我国国有企业的改革历程进行了总结和回顾，叶琪（2009），刘澜涛、袁谋真、李兆喜（2018），张云梅（2011），范城恺（2020）以及中国管理40年项目课题组（2022）等学者和研究团队对我国国企改革历程进行了阶段划分，他们各抒己见，有以改革开放为界将我国国企改革历程分为两阶段的，有划分为四阶段的，也有划分为五阶段的。具体分段过程中，各段之间的年份不完全一致，特别是各段之间的分界年份的确定，众多学者给出的年份也不尽相同。综合大多数学者的分段方法，本书将国有企业奠基与建立、改革与发展的历程划分为以下六个阶段。

第一阶段：1949—1978年，计划经济时期国营生产单位建立与探索期。

1949年10月1日新中国成立，开启了中国历史新纪元。刚刚从战争废墟中成立的共和国，百废待兴，困难重重，新中国的工业技术和生产条件非常落后，党和政府千方百计集中资源，加快构建中国的工业体系，在钢铁冶炼、交通运输、国防安全等多个领域实现了快速发展，构建了完整的工业体系，解决了新中国4.5亿人民的衣食住行，保证了国家各项事业的稳步开展，更取得了"两弹一星"等辉煌成就。但同时，产品和社会需要不适配、生产和管理人员积极性不高等计划经济和企业国有的体制和机制带来的诸多弊端也逐渐暴露出来。"吃大锅饭"严重影响了企业的生产效率、不注重研发和创新等问题导致企业发展缓慢甚至谈不上发展。

叶琪（2009）等学者将本阶段国有企业的成长又进一步细分为四个小阶段，一是国有企业和工商业奠基时期（1949—1952年）。这个时期我国致力于整合各抗日根据地创办的公营企业、没收官僚资本主义企业并对其进行民主改革、没收伪敌伪满和汪伪政权企业、和平赎买民族资本主义工商业。二是成长时期（1953—1957年）。为冲破以美国为首的西方国家对新中国实施的全面封锁，1952年我国"一五"计划实施，进行三大改造。我国渐次开展以156项重点工程为中心，建立起一大批工业化所必须并且也是我国基础最薄弱的基础工业，由此形成了一大批政府建设投资的国有工业企业。随着国有企业队伍的日益庞大，也为后来为减轻国企负担不得不进行的国企改革埋下了国企职工"下岗"伏笔。三是彷徨时期（1958—1965年）。自1957年末，我国开始调整国有企业的隶属关系，由中央各部门管理下放到地方，这不仅没有解决企业缺乏活力，反而还造成了企业归属关系的混乱。到1960年初，大多数下放到地方管理的企业又重新收归中央管理。1963年，中央开始对国民经济进行再次调整，国有经济在一定程度上得到恢复。1965年，国有经济总量超过当年国民生产总值的一半。四是停滞时期（1966—1978年）。1966—1976年"文化大革命"时期，我国刚刚步入正轨的国民经济又陷入崩溃的边缘。1970年，我国国有企业开始了再改革，中央彻底下放扩大地方的计划权，大规模的企业下放导致央企工业产值在全民所有制工业总产值中的比重急剧下滑，从1965年的46.9%下降到不足10%。这一时期的国有企业的发展总体上处于停滞甚至倒退状态。

第一阶段形成的国有生产单位是我国计划经济运行的最主要、最核心主体，本阶段我国的经济体制属于计划经济，尚不存在市场经济体制下的企业组织形式，也就是说，这一阶段的各类国营工厂、机车厂、造船厂、煤矿、铁矿、运输队、供销社等生产组织是在计划经济体制下国家投资形成的国有生产单位，按政府下达的计划组织生产，生产所需的原材料由国家无偿调拨，加工制造出来的产成品由国家统一收回按计划分发给有关部门和单位。各生产单位无须考虑产品的出路问题。因此，这一阶段的国有生产单位还不能称为市场经济环境下的企业。但是，这一阶段建立的工业体系是我国现代企业的根基。为打破美帝封锁，我国建立了几乎所有的轻工业、重工业、采掘业等门类，也造就了我国成为时至今日全世界唯一拥有联合国产业分类中所列全部工业门类的国家。因此，本阶段对中国企业的成长和发展回顾不可或缺。

第二阶段：1978—1987年，国营生产单位放权让利，推行承包经营制试点股份制。

国营单位普遍存在党政企不分、以政代企等问题，导致企业的生产经营活动行政化管理，极大地阻碍了企业经营活力的释放。1979年，党的中央工作会议提出要扩大企业自主权，国务院颁布《关于扩大国营工业企业经营管理自主权的若干规定》等多个配套文件，在全国范围内开展企业扩权试点，1981年在国营工业企业中全面推行。通过赋予国营企业一定的经营自主权，企业逐步成为自主经营、独立核算的经营主体，激发了企业和职工的积极性。

1984年，中国共产党第十二届中央委员会第三次全体会议通过的《中共中央关于经济体制改革的决定》提出了要建立自觉运用价值规律的计划体制，发展社会主义商品经济。这一决定强调要按政企职责分开、简政放权的原则，赋予企业更大的经营管理权，使企业成为自主经营、自负盈亏的社会主义商品生产者和经营者，培育企业的自我改造和自我发展能力。股份制试点得以逐步推广。

1987年，国务院发布了《中华人民共和国价格管理条例》，明确规定国家定价、国家指导价和市场调节价3种价格形式，稳步推进生产资料由国家统一计划调拨转变为市场调控品类和数量，生产资料正式成为商品，有力支撑了国有企业改革推进。"双轨制"价格在一定程度上促进了当时的经济发展，也造就了在这一阶段中国出现了一类富有中国特色的人群——"倒爷"，即把计划内国家定价的生产资料和生活物资倒买倒卖到按市场价交易的商品市场，赚取不当得利。除了在国内当"倒爷"还有在国外当"倒爷"的，其中影响最大的要数被称为"中国第一倒爷"的牟其中，牟其中本人也成为富有时代特色的传奇人物。

自1981年开始，我国提出了"以计划经济为主，市场调节为辅"的经济模式，1984年又提出了"有计划的商品经济"，1987年迭代为"计划与市场相结合的社会主义商品经济"模式。因此，这一阶段我国各地产生了许多民营经济组织。1982年，牟其中与人合作开办"万县市中德商店"；1985年，牟其中将名下众多企业组建为南德集团并开展一系列国际和国内贸易。1988年，我国民营企业用工总人数首次超过国有企业用工人数。

第三阶段：1988—1993年，厘清和明确国家与企业之间、企业与政府主管部门之间权责利关系是这一阶段的突出特点。

1988年2月，国务院发布《全民所有制工业企业承包经营责任制暂行条例》规定了"包死基数，确保上交，超收多留，欠收自补"的承包经营原则。除了厂长（经理）责任制，还同步推行承包经营责任制，对小型国有企业实行租赁经营，对少数有条件的全民所有制大中型企业实施股份制改造和企业集团化改革。1988年4月，全国人大颁布的《中华人民共和国全民所有制工业企业法》以法律形式将扩权改革取得的改革成果予以确认。同期在国务院设立国家国有资产管理局，代表国家统一行使国有资产所有者的代表权、监督管理权、投资和收益权以及国有资产处置权。武汉市企业兼并市场事务所1988年5月设立，中国产权交易市场雏形初现。1992年7月，国务院发布《全民所有制工业企业转换经营机制条例》（国务院令第103号），明确了企业和政府的关系、企业经营自主权、自负盈亏责任、法律责任等问题。

1992年，邓小平同志先后赴武昌、深圳、珠海和上海视察，沿途发表了重要谈话，也称之为"南方谈话"。他提出"计划多一点还是市场多一点，不是社会主义与资本主义的本质区别。计划和市场都是经济手段"。这一年，中国全国辞去公职经商者达12万人，未辞职而以各种形式投身商海者超过100万人，这种现象当年被称为"下海潮"。这一年中国的乡镇企业异军突起，中国的媒体上第一次出现了"企业家"这个新名词。至此，对企业和企业集团的发展相关的思考、研究和实践也受到了理论界和实务界的关注，企业以及企业集团的发展战略开始得到重视。

第四阶段：1993—2003年，转换经营机制、建立现代企业制度以及产权制度改革是这一阶段的重点。

1993年3月，我国在《宪法》中明确："社会主义全民所有制经济，是国民经济中的主导力量。""国家实行社会主义市场经济。国有企业在法律规定的范围内有权自主经营。"同年11月，党的十四届三中全会明确了国有企业的改革方向是"产权清晰、权责明确、政企分开、管理科学"的现代企业制度。1995年9月，党的十四届五中全会指出：要着眼于整个国有经济建设，对国有企业实施战略性改组。这种改组要以市场和产业政策为导向，搞好大的，放活小的，把优化国有资产分布结构、企业结构同优化投资结构有机结合起来，择优扶强、优胜劣汰。为刹住重复建设、盲目建设之风，大量企业关、停、并、转，全国国企出现大量员工下岗。时任国务院总理朱镕基同志十分关注下岗职工再就业问题，强调职工下岗后要分流到其他行业。与此同时，下岗职工纷纷就地或南下创业，"下岗潮"汇入"下海潮"推动了全国各地的"创业潮"。这期间，我国民营企业数量实现了跨越式增长，从1992年的14万户增长到2002年的244万户，民营企业数量年均复合增长 33%；注册资金总额从 1992 年的 221 亿元增长到 2002 年的 24 756 亿元；投资人从 1992 年的 30 万人增长到 2002 年的 622.8 万人，年均复合增长接近 50%；吸纳就业人员从 1992 年的 232 万人增长到 2002 年的 3 409 万人；税收贡献从 1992 年的 4 亿元增长到 2002 年的 976 亿元，年均增长超过 70%。

到 1997 年底，在"抓大"方面，国家集中抓的 1 000 家重点企业，确定了分类指导的方案；在"放小"方面，各地采取改组、联合、兼并、股份合作、租赁、承包经营和出售等多种形式，把小企业直接推向市场，使一大批小企业机制得到转换，效益得到提高。与此同时，在解决国企债务和融资方面，国有商业银行分别设立长城、信达、华融、东方四家金融资产管理公司承接全国国有单位的三角债务和不良资产以及非主业资产，对符合条件的国有大中型企业实施"债转股"，以减轻国有企业的债务负担，改善国有企业的资本结构，优化国有企业的资产配置。

2002 年 11 月，党的十六大决定建立国有资产管理体制，由中央政府和地方政府分别代表国家履行出资人职责，享有所有者权益。关系到整个国民经济命脉和国家安全的大型国有企业、基础设施和重要自然资源等由中央政府代表国家履行出资人职责。其他国有资产由地方政府代表国家履行出资人职责。

第五阶段：2003—2013 年，建立现代企业制度、现代产权制度和新型国有资产监管体制，组建企业集团是本阶段的突出特点。

2003 年 3 月，国务院国有资产监督管理委员会和各省区市国有资产监督管理委员会成立，初步统一了管人、管事和管资产的权利和责任。同年 10 月，中国共产党第十六届中央委员会第三次全体会议审议通过《中共中央关于完善社会主义市场经济体制若干问题的决定》，强调要"建立归属清晰、权责明确、保护严格、流转顺畅的现代产权制度"。这既是建立社会主义市场经济体制的重大举措，也为国有企业建立现代企业制度的创新突破提供了政策保障。这一年，北京市 104 家业绩良好的国有企业，面向外资与民间资本寻求并购重组。吉林省一项涉及117家国有企业、227亿元国有资产的《长春工业百户国企并购重组行动方案》出台。时任国务院国有资产监督管理委员会主任李荣融说："在国有企业的带动下，中国正迎来一次并购重组的高潮。""脱困"长期以来一直是中国国企改革的关键词。在这一阶段，逐渐走出困境的国有企业开始通过对外兼并、对内重组，实现建立"大公司大集团"的梦想。随着一连串并购重组的展开，国有企业的属地色彩正在淡出，很多国企的业务已拓展到全国甚至海外，向全球化企业的目标不断迈进。

2005年2月，国务院发布《关于鼓励支持和引导个体私营等非公有制经济发展的若干意见》（国发〔2005〕3号），为国有企业积极推进混合所有制改革提供了动力。同年4月，国务院国资委、中国证监会启动了股权分置改革试点工作。截至2006年末，约1000家中央和地方国有控股的上市公司完成股权分置改革，实现国有股权全流通。

2004年至2012年，国务院国资委先后研究制定了30余部国资委令，国资监管法规制度体系形成。启动中央企业集团公司层面建立规范董事会和落实董事会职权试点，公开选聘中央企业高管人员，外派监事会实施监督检查，超过60%的中央企业完成主业资产整体重组改制境内外上市，市场化、国际化和混合所有制改革取得成效。为做强做大国有企业，提升中国企业在海外的竞争力，中央国资委和地方国资委启动了国有企业纵向整合和横向整合，李荣融表示国资委将充分发挥国有大企业特别是中央企业在并购重组中的作用，积极培育和发展一批具有国际竞争力的大公司和企业集团。比如，2008年6月30日在河北省国资委主导下，邯郸钢铁集团和唐山钢铁集团合并，组建河北钢铁集团，2009年，河北钢铁集团首次入选世界500强。2010年，河北钢铁集团旗下的唐钢股份、邯郸钢铁、承德钒钛三家上市公司合并组建为河北钢铁一家上市公司。又如，2008年6月，在河北省国资委的主导下，河北金牛能源集团有限责任公司和峰峰集团有限公司强强联合重组冀中能源股份有限公司，一年后河北省国资委又将华北制药划拨至冀中能源，冀中能源2011年首次入选世界500强。

第六阶段：2013年至今，全面深化国有企业改革迎来新时代、开启新征程。

2013年11月，党的十八届三中全会审议通过《中共中央关于全面深化改革若干重大问题的决定》（以下简称《决定》），明确指出：必须毫不动摇巩固和发展公有制经济，坚持公有制主体地位，发挥国有经济主导作用，不断增强国有经济活力、控制力和影响力。必须毫不动摇鼓励、支持、引导非公有制经济发展，激发非公有制经济活力和创造力。《决定》指出：要积极发展混合所有制经济。国有资本、集体资本、非公有资本等交叉持股、相互融合的混合所有制经济，是基本经济制度的重要实现形式，有利于国有资本放大功能、保值增值、提高竞争力。鼓励非公有制企业参与国有企业改革，鼓励发展非公有资本控股的混合所有制企业。《决定》首次提出：以管资本为主加强国有资产监管，改革国有资本授权经营体制，组建若干国有资本运营公司，支持有条件的国有企业改组为国有资本投资公司。

2015年8月，《中共中央、国务院关于深化国有企业改革的指导意见》颁布，提出要培育一大批具有创新能力和国际竞争力的国有骨干企业，国有经济活力、控制力、影响力、抗风险能力明显增强。中国南车与中国北车2014年12月30日晚双双发布重组公告，正式宣布双方以南车换股吸收北车的方式进行合并，合并后的新公司更名为"中国中车股份有限公司"，2016年中国中车入选世界500强企业。2016年6月，宝钢股份和武汉钢铁分别发布公告，宝钢与武钢联合重组，组建中国宝武钢铁集团有限公司，宝武钢铁不仅入选世界500强，还是金属行业的世界龙头企业。中国南车与中国北车的合并以及宝钢股份和武汉钢铁的合并不仅避免了中国企业在海外业务中的恶性竞争，还达到了强强联合"1+1>2"的实际效果。至2017年底，国务院国资委监管中央企业集团母公司及其各级子企业、各省区市国资委所监管企业基本上按照《公司法》的规范转型为有限责任公司和股份有限公司。

党中央、国务院出台的一系列政策和文件陆续颁布实施，国有企业全面深化改革迎来了新时代，开启了新征程。在中美贸易摩擦等国际国内复杂严峻形势下，在"互联网+""大智移云物"广泛深度应用、中国经济转型升级的背景下，深化国有企业改革也面临着新机遇、迎接着新挑战。

二、财富"世界500强排行榜"中国企业上榜数量从零到榜首的跨越

改革开放以来，很多小企业逐步发展为集团企业，经营业务从专业化发展为多元化，中国企业在战略变革中不断成长和发展。1989年，中国只有一家企业（中国银行）上榜世界500强，2000年，中国有11家企业上榜世界500强。到2019年中国有129家企业进入世界500强，这一数字是日本（52家）、法国（31家）、德国（29家）、英国（17家）等四个国家上榜世界五百强企业数量的总和，历史性超过美国世界五百强上榜企业（121家）。至2023年，中国有142家（含台湾地区）企业进入世界500强，美国上榜136家，中国上榜公司总数连续第五个年头超过美国。中美两国世界500强企业数量变化趋势如图1-1所示。

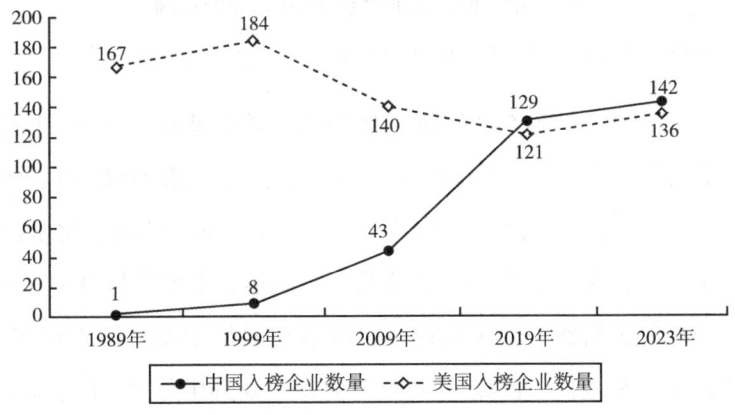

图1-1 中、美两国世界500强企业数量比较

（数据来源：《财富》世界500强历年榜单）

自 2000 年以来，中国企业在诸多领域占据了世界行业龙头的地位，这体现了中国经济发展、中国企业成长的速度和质量。2019 年，世界 500 强公司 23 个行业龙头中，中国公司有 10 家，占比 43.5%。美国同样也有 10 家，另外 3 家分别来自德国、英国以及瑞士各 1 家。各行业龙头企业名称及其 2019 年度营业额如图 1-2 所示。

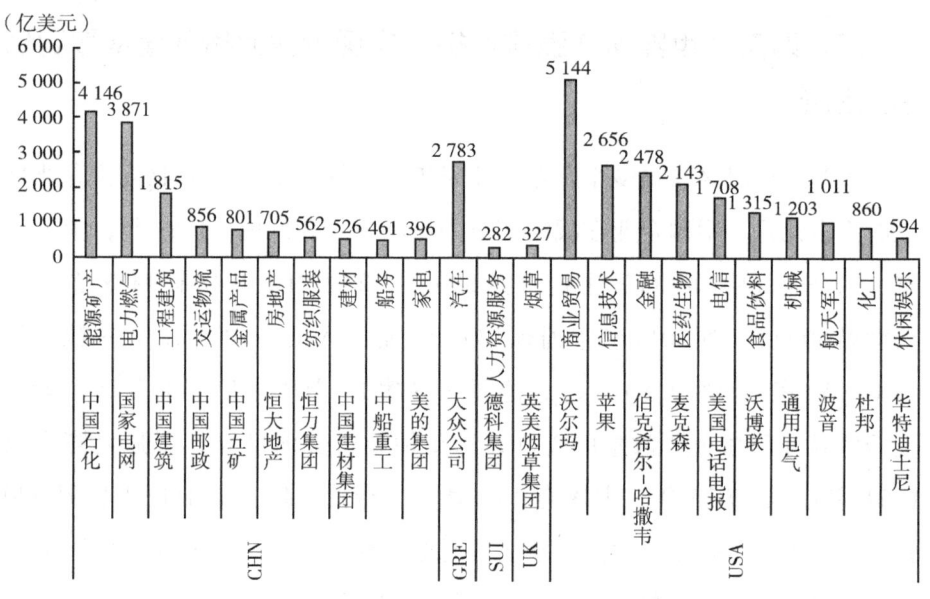

图 1-2　世界行业龙头 2019 年度营业额

（数据来源：《财富》世界 500 强历年榜单数据）

2023 年，"财富世界 500 强排行榜"将上榜企业细分为 55 个行业，上榜的中国企业涉及其中的 33 个行业，并且在银行（商业储蓄）、炼油、金属产品、工程与建筑、人寿与健康保险、电信、公用设施、化学品、多元化金融、航天与防务、邮件包裹及货物包装运输、半导体与电子元件、房地产、建材与玻璃、船务、运输及物流、网络与通信设备、纺织这 18 个行业处于行业世界龙头地位。同期美国上榜企业涉及其中的 50 个行业，并在食品店和杂货店、财产与意外保险、制药、专业零售食品生产、互联网服务和零售、计算机及办公设备生产、食品批发、保健品批发、保险和管理医保、

第一章 中国企业改革与发展的成就以及面临的风险和机遇

管道运输、航空、计算机软件、娱乐、医疗器材和设备、综合商业、家居及个人用品、药品和其他服务、财产与意外保险、电子及办公设备批发、建筑和农业机械、医疗设施、房屋建筑等23个行业处于行业世界龙头地位。

2023年进入世界500强榜单的中国企业（见图1-3）中，京津冀、长三角、珠三角、成渝商圈等各大商圈企业合计108家，占比超过76%，如果将鲁晋蒙辽和京津冀合并为环渤海商圈，则环渤海、长三角、珠三角、成渝商圈等各大商圈企业合计116家，占比达81.7%，该数据表明以京津冀为核心的北部组团、以长三角为核心的东部组团、以珠三角粤港澳南部组团以及以成渝商圈为核心的西部组团呈现了中国经济活力的多极特征。

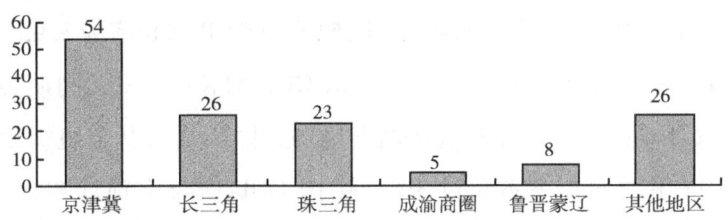

图1-3 中国各商圈上榜世界500强企业数量

（数据来源：《财富》世界500强历年榜单数据）

进一步从南往北分析珠三角、长三角、京津冀2023年上榜世界500强企业的企业性质，表1-1清晰地呈现了各商圈中的民营企业和国有或国控企业的数量关系。数据显示，珠三角民营企业占比最高，约占2/3；长三角民营企业占比居中，超过50%；京津冀最少，仅占1/5。这表明我国改革开放的实验田选择在珠三角的深圳取得了较好的示范和引领作用，同时也说明中国南方和北方改革力度和成效存在显著差异。

表1-1 2023年上榜世界500强主要商圈民企和国企占比统计

商圈名称	珠三角	长三角	京津冀
民企数量	9	9	9
国企数量	14	17	45
民企/国企	64.29%	52.94%	20.00%

三、企业成长推动国家综合实力稳步提升

进入新千年以来，中国 GDP 一直保持较高的增长水平，自 2000 年至 2010 年保持在 8% 至 14.23% 的增长率，从 2012 年起回落到 8% 以内，2019 年中国 GDP 增长率回落到 6.1%。2019 年中国 GDP 总量达到了 14.4 万亿美元，是美国 2019 年 GDP 的 68.51%。受全球新冠疫情的影响，2020 年全球 GDP 平均增长率为 -3.11%，中国 GDP 增长率为 2.24%，是当年主要经济体中少有的正增长国家，而同期欧美国家绝大多数出现了负增长，其中美国 GDP 增长率为 -2.77%；2021 年全球 GDP 平均增长率为 5.87%，中国 GDP 增长率为 8.4%，同期美国 GDP 增长率为 5.95%；2022 年全球 GDP 平均增长率为 4.05%，中国 GDP 增长率 3%，同期美国 GDP 增长率为 2.1%；2023 年全球经济增长脆弱，国际货币基金组织预测 2023 年全球 GDP 平均增长率不超过 3%，中国 GDP 增长率预计在 5.4% 左右（2024 年 1 月 17 日新华社快讯播报 2023 年中国 GDP 超 126 万亿元，同比增长 5.2%）。同期美国 GDP 增长率为 2.5% 左右，GDP 总值 27.36 万亿美元。2023 年中国的 GDP 总值 126 万亿元，按年平均汇率折算，约合 18.7 万亿美元，世界排名第二，约合美国的 68.35%，较 2019 年略有回落。

进入新世纪 20 多年以来，中国 GDP 平均增长率为 8.285%。中国各年 GDP 增长率变化趋势如图 1-4 所示。

2014 年 5 月，国家主席习近平第一次提及"新常态"。中国告别过去 30 多年平均 10% 左右的高速增长，中国经济呈现出新常态。经济新常态的主要特点是：增长速度从高速增长转为中高速增长；经济结构不断优化升级；增长动力从要素驱动、投资驱动转向服务业发展及创新驱动。

改革开放四十多年以来，我国经济靓丽数据的呈现离不开众多国有及国控企业、民营企业以及混合所有制企业在国内和国际市场各领域创新进取和开疆拓土，尤其离不开上榜世界 500 强、中国 500 强以及民营经济 500 强等大企业集团的贡献。如表 1-2 所示，上榜世界 500 强的中国企业

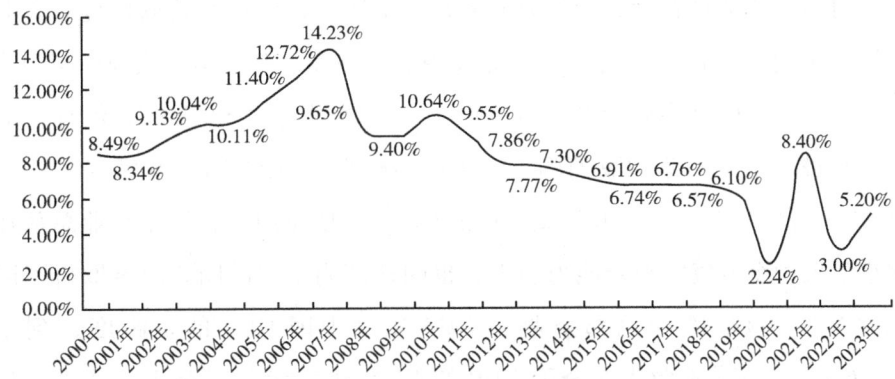

图1-4 2000年至2023年中国GDP增长率变化趋势图

（数据来源：中国统计年鉴）

2023年度营业收入总额约占中国年度GDP总额的50%，略高于美国上榜世界500强企业营业收入总额占美国年度GDP的比重，经济总量全球排名第一和第二的两个大国的数据表明，具有世界竞争力的大企业集团是国家经济的根基和支柱，超大企业行稳致远战略定位是关键，顺应国际和国内形势的变化，适时进行战略变革必不可少，国家和地方政府不断改善和提升服务质量和水平，为企业营造良好的、清新的营商环境是企业发展和成长的重要保障，也是国家和各地方政府筑巢引凤吸引国内、国际企业进驻的关键抓手和发力点。

表1-2 2023年度世界500强上榜企业营业收入总额占各国年度GDP比例比较

国别	上榜企业数量	上榜企业2023年营业收入总额（万亿美元）	本国2023年度GDP（万亿美元）	占比
中国	142	11.743	23.5	49.97%
美国	136	13.036	27	48.28%

（数据来源：《财富》世界500强历年榜单数据）

进一步分析2023年度中国上榜世界500强所在商圈及其营业收入情

况，可再次印证具有世界竞争力的大企业集团和区域良好营商环境对企业发展的影响，表1-3数据表明，京津冀、长三角、珠三角、成渝商圈经济活力强大，其中京津冀商圈世界500强企业数量占比38.03%，但总营业收入超过53%，在京津冀商圈中，世界500强企业北京占50家（其中国企43家占比86%）、天津1家、河北3家，表明京津冀特别是企业总部在北京的大型企业集团经营能力强大，也间接证明了中国国企改革取得了巨大的成功。该商圈的总部企业对2023年度中国GDP的贡献度达到了26.56%，按照营业收入对全国GDP的贡献力度，京津冀居首、依次是长三角7.07%、珠三角6.76%、鲁晋蒙辽2.01%、成渝商圈0.77%。

表1-3 2023年上榜世界500强中国企业商圈分布及营业收入占比

商圈名称	京津冀	长三角	珠三角	成渝商圈	鲁晋蒙辽	其他地区	合计
上榜数量	54	26	23	5	8	26	142
上榜数量占比	38.03%	18.31%	16.20%	3.52%	5.63%	18.31%	100%
营业收入合计（百万美元）	6 242 758.90	1 662 364.30	1 587 902.10	179 943.10	471 727.90	1 598 390.60	11 743 086.90
营业收入占比	53.16%	14.16%	13.52%	1.53%	4.02%	13.61%	100%
营业收入占全国GDP比例	26.56%	7.07%	6.76%	0.77%	2.01%	6.80%	49.97%

（数据来源：《财富》世界500强历年榜单数据）

自改革开放以来，我国民营企业发展和成长速度惊艳世界，2023年，中国34家民营企业进入世界500强，表1-4数据显示我国非公经济对中国GDP的贡献巨大，142家上榜企业中，大陆地区民营企业营业收入总量2.053万亿美元，占142家上榜企业总营业收入的比例为17.49%，相当于2023年中国GDP的8.8%，接近2023年GDP全球排名第10位的加拿大

（2.122万亿美元），相当于土耳其和瑞士两国GDP的总和。超过2023年GDP全球排名第11—20位的俄罗斯（1.86万亿美元）、墨西哥（1.81万亿美元）、韩国（1.71万亿美元）、澳大利亚（1.69万亿美元）、西班牙（1.58万亿美元）、印尼（1.42万亿美元）、土耳其（1.15万亿美元）、荷兰（1.09万亿美元）、沙特阿拉伯（1.07万亿美元）、瑞士（0.90568万亿美元，排名第20位）。

通过表1-4还可以看出，曾经是亚洲四小龙的香港和台湾的企业表现不俗，13家世界500强上榜企业2023年的总营业收入0.8912万亿美元，接近全球GDP排名第20位的瑞士的国内生产总值（0.90568万亿美元）。此外，表1-4的数据还显示，从总体上看，港台企业的营业收入利润率高于大陆地区民营企业1.2个百分点，高于大陆地区国有国控企业1.29个百分点，表明港台企业的盈利能力较强。这可能得益于香港作为国际金融中心，吸引集聚了全球优秀管理人才和先进管理经验，开放的港交所等资本平台和渠道汇聚了全球资金资源优势，降低了企业的融资成本，台积电等高技术产业带来高额回报。

表1-4的数据还显示大陆民营企业整体营业收入利润率高于国有国控企业的营业收入利润率水平，原因极有可能是民营企业的管理成本控制水平高于国有企业，同时也表明我国民营企业紧跟时代变化，长期战略定位和短期战略调整工作做得出色，因为极少有战略定位出现差错的企业能够做强做大，大文豪列夫·托尔斯泰的那句名言："幸福的家庭都是相似的，不幸的家庭各有各的不幸。"引用到企业管理中可以解读为"成功的企业总是惊人的相似，失败的企业各有不同"。许家印执掌的恒大地产衰败于资金链断裂，股价从最高光时刻的28港元到2024年1月29日跌至不足0.2港元，乐视衰败于盲目构建生态圈，巨人集团衰败于失控的多元化等。

因此，企业成长和发展既要有战略定力也需要审时度势进行战略调整和战略变革，例如华为，任正非多次强调华为不造车，这需要定力，在美国的强力封锁制裁下华为壮士断腕出售荣耀自研高端芯片，卧薪尝胆三年之后，携搭载神秘技术的高端手机强势回归，这需要的不仅仅是战略定力，还需要企业顶层的魄力、企业文化的凝聚力和向心力、企业整体的执行力和战斗力，更需要国家和地方政府营造的良好的营商环境。

表1-4 2023年度中国上榜世界500强企业营业收入及利润比较

企业类别	2022年营业收入（百万美元）	利润（百万美元）	营业收入占比	利润占比	营业收入利润率
港台企业	891 199	53 098.5	7.59%	9.45%	5.96%
大陆民营	2 053 452.4	97 665.4	17.49%	17.38%	4.76%
国有国控	8 798 435.5	411 100.5	74.92%	73.17%	4.67%
合计	11 743 086.9	561 864.2	100%	100%	

（数据来源：《财富》世界500强历年榜单数据）

第二节 中国企业面临的主要风险

一、产业布局与生态圈构建风险

（一）产业布局风险

产业布局风险是指因产业布局不合理而对集团企业的生存和发展带来的风险。这种风险主要体现在以下几个方面：一是市场风险，如果产业布局不能适应需求和顺应市场的变化，可能导致产品滞销、产能过剩等问题，企业开展的新业务失败，进而影响甚至威胁到企业集团产业的生存和发展。二是资源风险，如果产业布局不能充分利用各地的资源优势，可能导致企业的资源供应不足或成本过高，从而影响企业集团的生存和发展。三是产业链风险，如果集团企业的产业布局不能形成完整的产业链或产业链上下游企业之间不协调，可能导致集团产业整体竞争力下降或产业运行效率低下。四是环保风险，如果企业的产业布局不能充分考虑环保问题，可能导致环境污染、生态破坏等问题，很可能会面临巨额处罚，并对企业产生重大负面影响。

为了降低产业布局风险，企业可以采取的措施包括业务和管控两个方面：

在业务选择方面，首先，开拓新产业事前必须对目标市场进行深入的调研和分析，了解市场需求、竞争环境和潜在风险。这有助于企业制定合理的战略和规划，避免盲目进入高风险的领域。其次，充分利用企业现有的资源优势和产业基础优势，横向或纵向拓展与企业现有产业相关的产业，推进产业链协同发展，加强产业链上下游企业之间的合作和协调，提高产业整体竞争力和运行效率。再次，多元化布局，将产业布局分散到不同的领域和地区，以降低集中风险。这样即使某个领域或地区遇到问题，其他业务仍然可以为企业提供支撑。最后，一定要重视环保问题，将环保理念贯穿于产业布局的全过程，推动产业绿色发展。

在业务管控方面，一要综合资源优势合理配置资本，在产业布局中，要充分利用企业的资源优势，包括资金、技术、品牌和渠道等。通过资源整合和优势互补，可以提高企业在特定产业领域的竞争力和市场地位。要根据不同产业的风险特点，合理配置资本。对于高风险的领域，可以适量投入资本并保持充足的流动性，以应对潜在的风险和挑战。二要建立风险预警系统规避和管控风险，及时监测和分析产业内外部环境的变化，发现风险的迹象和预警信号，根据风险评估和预警结果，制定相应的风险规避策略。这包括调整产业经营策略、开发新市场、优化产品结构等，提前识别和预测可能的风险，并采取相应的措施。三要加强合作与交流，与集群内外的企业、科研机构等进行合作与交流，推动从模仿创新、集成创新向自主创新转变。四要持续创新，通过多种方式提升企业的持续创新能力、不断优化企业的产业和投资组合，以降低产业布局风险。

我国因产业布局失败导致企业破产的案例屡见不鲜，早期的有安溪铁观音集团、洪业化工集团股份有限公司、浙江南方石化工业有限公司等。

这些企业的破产主要是产业布局不合理、过度扩张或管理不善等原因导致。安溪铁观音集团是一个茶叶生产企业，在茶叶市场激烈的竞争中，未能及时调整市场策略和产品结构，导致经营困难。同时，公司也面临债务压力和资金周转问题，最终宣告破产。洪业化工集团股份有限公司是一个以煤化工为主的企业，由于前期盲目扩张和过度依赖煤炭资源，导致企业陷入债务困境。同时，由于环保政策趋严和市场竞争加剧，公司的经营状况进一步恶化，最终破产重组。浙江南方石化工业有限公司则是一个石油化工企业，由于行业周期性波动和公司经营不善等原因，企业陷入债务危机。虽然曾经尝试重组，但最终还是宣告破产。

这些案例表明，企业在制定产业布局和经营策略时，需要充分考虑市场需求、政策环境、竞争状况等多个因素，并进行科学合理的规划和管理。同时，企业也需要关注资金状况和债务压力，避免因过度扩张或管理不善导致破产风险。

总之，避免产业布局风险需要综合考虑市场需求、竞争对手、技术水平等多个因素，制定长期的投资规划和目标。同时，要充分利用企业的资源优势，建立风险预警系统，采取相应的风险规避和管控措施，加强合作与交流，推动持续创新，以降低产业布局风险并实现可持续发展。

（二）产业生态圈构建风险

产业生态圈是指一个区域内围绕主导产业或优势产业形成的一套完整的、相互依存的产业链体系。这个体系包括上游的原材料供应、中游的生产制造、下游的市场销售，以及与之配套的服务支持。产业生态圈的目标是实现产业内部的良性循环，提高整个产业的竞争力和可持续发展能力。

建设产业生态圈的意义在于，它能够促进产业内部的良性循环和协同发展，提高整个产业的竞争力和可持续发展能力。同时，产业生态圈还能够吸引更多的优质资源和高端人才，推动区域经济的转型升级和高质量发展。

乐视的创始人贾跃亭提出了构建"乐视生态圈"的概念,即通过视频、电视、手机、汽车等多个领域的布局,打造一个完整的生态系统。然而,由于乐视在扩张过程中过于激进,盲目追求规模和市场份额,导致其债务规模不断扩大,资金链断裂,最终陷入破产重组的境地。这个案例表明,产业生态圈的构建需要谨慎规划和管理,不能盲目追求规模和多元化。企业需要明确自身的核心竞争力,发挥自身的优势,同时要注意风险控制和现金流管理,避免因为扩张过度而导致资金链断裂。

壹账通金融科技有限公司旨在构建金融科技产业生态圈,其目标是整合金融科技解决方案,为金融机构提供技术支持和创新产品。然而,由于多个因素的影响,他们在构建产业生态圈的过程中遇到了困难。首先,该企业的构想是在金融机构之间建立合作伙伴关系,通过共享技术和数据来实现协同效应。然而,很多金融机构对于与竞争对手分享数据和技术存在疑虑,担心可能出现竞争劣势或数据泄露的风险。这导致了一些金融机构的不愿意加入壹账通的生态圈,限制了其规模和影响力。其次,壹账通在构建产业生态圈时也面临着技术和标准的挑战。金融行业的技术标准和规范在不同的机构之间存在差异,这增加了整合各方技术和系统的复杂性。此外,一些金融机构已经有自己的内部技术团队和系统,可能不愿意完全依赖壹账通提供的解决方案。最后,壹账通在产业生态圈构建过程中也面临竞争压力。金融科技领域有很多公司都在尝试构建类似的产业生态圈,竞争激烈。一些大型金融科技公司和互联网巨头也在金融科技领域有自己的布局,对壹账通构建产业生态圈的影响不可忽视。

产业生态圈构建过程中存在一定的风险,比如,主导产业选择风险,主导产业的选择直接影响到整个产业生态圈的发展方向和竞争力,如果主导产业选择不当,可能导致整个产业生态圈的发展受阻,甚至出现衰退;产业链协同风险,产业生态圈的核心在于各产业环节之间的协同发展,如果上下游产业之间存在不协调或者脱节,可能导致整个产业链的运转不畅,影响整个产业生态圈的发展;技术创新风险,产业生态圈的竞争力很大程度上取决于其技术创新能力和水平，如果缺乏足够的创新能力或者技术更新滞后，可能导致整个产业生态圈的竞争力下降；公共服务体系建设风险，公共服务体系的建设对于产业生态圈的发展至关重要，如果公共服务体系不完善或者服务质量不高，可能导致产业生态圈的发展受阻。在全国上下一致认同"绿水青山就是金山银山"发展理念的大环境下，产业生态圈构建还存在环境保护风险，产业发展过程中需要注重环境保护，否则可能导致环境问题影响整个产业生态圈的可持续发展。

为了降低产业生态圈构建风险，需要采取一系列的风险防控措施。第一，要明确主导产业的定位，科学合理地选择主导产业，确保其符合市场需求、技术优势和资源条件，同时要考虑其对整个产业生态圈的带动力和影响力。第二，注重产业链的完善，要重点打通主导产业的上下游产业链，适度发展与之配套的相关产业，形成完整的产业链体系。出发点和落脚点在于提高整个产业的附加值、提升整体竞争力。第三，要注重技术创新和研发，通过加大研发投入、引进高端人才、推动产学研合作等方式，提升整个产业生态圈的创新能力和技术水平。第四，要完善配套体系的建设，建设和完善投融资服务、技术转移转化、市场开拓等，为整个产业生态圈提供全方位的支持和服务。第五，要注重生态环境保护，推动绿色发展，实现产业生态圈的可持续发展。

二、高财务杠杆和资金链断裂风险

首先，回顾两个高财务杠杆危及企业生存和发展的典型案例。

荣盛发展在业务扩张过程中，由于过度依赖债务融资，导致企业的债务规模不断扩大，财务杠杆居高不下。2021年6月荣盛发展就出现了部分到期的商票未能兑付的问题，而到了2022年3月，再次出现了商票、理财双拒付的情况。此外，荣盛发展在2023年1月30日未能按期足额兑付"20荣盛地产MTN001"债券的本息，再次违约，进一步加剧了市场对其资金链状况的担忧。

恒大集团为了实现快速扩张和多元化发展，采取了高财务杠杆的策略。2021年公司年报显示，恒大负债总额已超过2.5万亿元。恒大债务危机与其高财务杠杆策略密切相关。高财务杠杆使得恒大能够快速扩张，但也使得其债务负担沉重，加上严厉的房地产调控政策，房地产市场迎来了严冬，高杠杆导致恒大资金链断裂成为必然。

为了应对高财务杠杆和恒大债务危机的问题，企业需要加强财务管理和风险管理，合理控制债务规模和融资成本，同时加强销售和回款管理，确保现金流的稳定。此外，企业也需要密切关注市场变化和政策动向，及时调整经营策略，以应对各种风险和挑战。对于出现债务危机的企业，需要采取有效措施来解决债务问题，包括债务重组、资产出售、股权融资等方式，以确保企业的生存和发展。

高财务杠杆是指企业在运营过程中使用了大量的借款或贷款来融资，相对于自有资本的比例较高。虽然财务杠杆可以增加企业的投资回报率，但也使企业承担了更高的债务风险。当企业经营不善或者遭遇市场波动时，高财务杠杆可能会导致债务无法偿还，从而引发财务危机。

资金链断裂风险是指企业在经营过程中由于资金周转不畅而导致无法按时履行付款义务。企业的正常运营需要不断流动的资金支持，包括原材料采购、生产成本、员工工资等。如果企业无法及时获得足够的资金，就可能无法履行支付义务，导致供应商中断供应、员工离职、信用状况下降等一系列问题，最终可能导致企业破产。

高财务杠杆和资金链断裂风险之间存在密切的关系。首先，高财务杠杆会增加企业的负债压力。企业需要支付大量的利息和本金，如果不能按时偿还，就会面临违约风险，进而导致资金链断裂；其次，高财务杠杆会降低企业的流动性。企业需要用现金来支付利息和本金，如果企业的现金流不足，就会面临无法支付的风险，进而导致资金链断裂；最后，高财务杠杆也会增加企业的经营风险。如果企业的经营环境发生变化，例如市场需求下降或成本上升，企业可能会面临收入下降和支出增加的双重压力，进而导致资金链断裂。

为了应对高财务杠杆和资金链断裂风险，企业应该做好以下几方面的工作：一是建立风险管理体系，及时识别和评估财务风险，为采取相应的化解措施赢得时间。二是拓展多元化融资渠道，形成多元化融资格局，不过度依赖单一来源的资金。可以通过银行贷款、发行债券、股权融资等多种方式获取资金。三是提高企业的运营效率，通过提高生产效率、降低成本、优化供应链等方式，改善企业的运营效率，减少对流动资金的占用额度。四是建立健全的内部控制体系，加强财务管理和监督，规范资金使用和支付程序，确保资金的有效运用，减少财务风险。

因此，为了避免资金链断裂的风险，企业需要合理控制财务杠杆，保持适度的债务规模，并确保有足够的现金流来支付利息和本金。同时，企业也需要密切关注经营环境的变化，并采取相应的措施来应对风险。

三、技术封锁风险

技术封锁是指一个国家或组织采取措施限制或禁止对特定技术的使用、传输或访问。技术封锁风险会导致相关企业现阶段与生产制造和服务相关的技术无法得到使用或应用授权，导致企业的产品生产和技术服务被迫中止或停止，从而给企业带来现实和长远损失的风险。技术封锁风险可能涉及多个方面，包括经济、政治、安全等，有的涉及整个区域或国家，有的涉及部分个体企业或企业群体。

大家最为熟悉的就是以美国为首的西方国家对中国实施了一系列的技术封锁，这些技术封锁带来了一系列的风险。例如技术禁运方面，美国禁止向中国提供某些关键技术和设备，如芯片、传感器等高科技产品，这些禁运可能影响到中国的科技产业的发展和经济实力的提升。例如网络安全方面，美国多次指责中国对其网络进行攻击和侵入，并采取了一系列措施限制中国在网络安全领域的发展和应用，这种限制可能会阻碍中国在网络空间中的自主性和安全性。例如知识产权保护方面，美国对中国知识产权的保护力度提出质疑，并要求中国加强知识产权保护。如果中国无法有效地保护其知识产权，那么其他国家可能会减少对中国的创新投入和技术转让。特别是近几年来美国对以华为为代表的中国科技企业实施了严厉的技术封锁和制裁，严重影响了我国相关科技产业的发展。美国对中国实施的技术封锁是一种不公平的行为，违反了国际贸易规则和国际法原则。这种行为不利于全球科技创新和发展，也不利于中美两国之间的合作与交流。

为了避免技术封锁可能对企业、组织和国家的发展和安全造成重大影响，提前做好技术封锁风险的防范和化解方案必不可少，例如，华为鸿蒙系统未雨绸缪才有了今天华为的起死回生。企业防范和化解技术封锁风险应该多管齐下，才能有备无患。第一要重视供应链多元化，确保不过度依赖单一来源。多元化供应链可以降低技术封锁风险，如果一个供应链出现问题，可以迅速切换到备用供应链。第二要重视技术自主创新，依靠自主研发培育创新技术，减少对外部技术的依赖，通过加大研发来培养内部技术团队，提高企业自己的技术水平，减少受技术封锁的影响。第三要开展多元化技术合作，积极寻求和其他国家或组织的技术合作，扩大技术渠道。通过与多个国家或组织进行技术交流和合作，增加获取和分享技术的机会，降低技术封锁的影响。第四要开拓多元化市场，积极开拓新的市场，减少对特定市场、单一市场依赖，降低技术封锁的影响。第五要重视法律合规和风险评估，遵守国际和国内的法律法规，确保技术转让和使用的合法性。定期进行风险评估，识别潜在的技术封锁风险，并采取相应的措施来降低风险。第六要加强国际合作与交流，积极参与国际标准和规范制定，推动科技领域的互利合作，这样可以增强国际话语权，减少技术封锁带来的负面影响。第七要建立应急预案，针对可能发生的技术封锁事件，制定应急预案，包括技术替代、备件储备、技术支持等方面。这样可以快速应对技术封锁带来的突发风险。

总之，防范和化解技术封锁带来的风险需要从多个方面入手，加强自主创新、多元化供应链、国际合作与交流、建立预警机制、强化法律法规体系、培养人才和建立应急预案等都是重要的措施。同时，需要政府、企业和社会共同努力，共同应对技术封锁带来的挑战。通过这些策略的综合应用，可以减少技术封锁风险对企业和组织的影响。

四、控股权与决策权风险

预防企业的控股权与决策权风险是企业管理和治理的重要方面。控股权与决策权争夺的典型案例有很多，如万科、康佳、奥维通信和四环生物等。这些案例的具体情况不同，但都涉及企业控股权和决策权的争夺。

万科的控制权之争，主要是由于前海人寿等机构的增持，导致宝能系成为万科第一大股东，对万科管理层造成威胁。康佳的案例中，主要是由于华侨城和深康佳合资成立一家公司，共同开发地皮，导致华侨城成为康佳第一大股东，主导康佳董事会，对管理层造成威胁。奥维通信的案例中，主要是由于单川、吴琼夫妇通过协议转让的方式入主奥维通信控股股东瑞丽湾，从而间接入主奥维通信，并着手改选董事会。四环生物的案例中，主要是由于广州盛景持股比例3.89%，成为四环生物第一单一大股东，导致公司发生重大人事变动。

这些案例的背后反映了企业治理结构、股权结构、信息披露、风险管理等方面的问题。预防企业的控股权与决策权风险需要从多个方面入手，不仅要建立健全公司治理结构、规范股权结构、建立科学的决策机制、加强内部控制和风险管理等，同时，企业还应该根据自身实际情况，制定相应的风险防范措施，确保企业的稳定发展。

在企业治理结构方面，要确保企业治理结构清晰、透明，并符合相关法律法规的要求。企业应该建立完善的股东会、董事会、监事会审计委员会和薪酬委员会等治理机构，明确各机构的职责和权限，确保公司的决策权和执行权分离，以平衡权力避免权力过于集中，并确保决策过程的公正性和透明度。

在设计股权结构方面，要避免过度依赖个别股东或控股股东，避免一股独大或股权过于分散,通过公开发行股票、吸引多个投资者、引入战略合作伙伴等方式来保持合理的股权比例。

在增强信息披露方面,企业应该制定严格的信息披露制度,及时、准确地向投资者和利益相关者披露公司信息,包括财务状况、经营业绩、重大事项决策过程等。提供透明度可以增加投资者对企业的信任,降低控股权和决策权风险。

在加强内部控制与风险管理方面,企业要建立完善的风险管理机制,及时发现、评估和应对各种风险,确保决策过程的合规性和风险可控性,这包括制定明确的决策流程、风险评估和监测机制,并进行定期审计和内部审查。完善各项规章制度和管理流程,建立科学的决策机制,包括风险评估、可行性研究、集体决策等环节,避免个人或少数人决策导致的决策风险,提高企业的管理水平和风险防范能力。

在利益相关者参与机制方面,要积极与利益相关者进行沟通和合作,听取他们的意见和建议。合理的利益相关者参与机制可以增加企业的稳定性和可持续发展,并降低控股权和决策权风险。

综上所述,预防企业的控股权与决策权风险需要多种措施并举,同时,企业还要结合自身的实际情况,制定并动态调整风险防范措施,确保企业的稳健发展。

五、企业产业所在地政局动荡与战争风险

当企业所在地的政局动荡时,可能会带来一系列风险,包括业务中断、财产损失、安全威胁等。中国企业在海外开展业务,因业务所在地政局动荡带来风险的案例逐年增加,包括华为、中兴和华晨宝马等企业在海外业务中都遭遇了不同程度的政局动荡风险,导致其海外业务受到不同程度的影响。华为和中兴在美国的业务受到了以国家安全为由的限制,导致其在美业务受到很大的影响。此外,华为在澳大利亚也遭遇了类似的禁令,使其在澳业务无法正常开展。华晨宝马在南非也遭遇了政治动荡风

险，由于南非的政策变化和政治不稳定，导致其在南非的业务受到很大的影响。中国企业在海外业务中需要加强自身的风险管理能力，密切关注当地政治形势的变化，制定相应的应对措施，以降低政局动荡对企业海外业务的影响。同时，企业也需要加强与当地政府和民众的沟通与协调，以增强彼此之间的信任，确保企业的稳定发展。

除了海外国家和地区政局动荡会给我国企业带来风险之外，局部战争爆发也给中国企业的海外业务带来较大风险。比如，叙利亚内战爆发后，中国在叙利亚的投资和项目面临很大的风险，包括人员伤亡、设备损失和业务中断等。欧亚集团是一家专门帮助投资者和商业决策者了解"政治对外国市场风险和机遇的影响"的公司，它预测三场战争将主宰2024年的世界事务，即俄罗斯与乌克兰的冲突、以色列与哈马斯的较量还有美国驴象两党的较量。2024年美国大选将是迄今为止对世界安全、稳定和经济前景影响最大的一次，选举结果的获胜者将取决于少数几个摇摆州选民的决定，无论是民主党还是共和党都不准备接受失败，这让美国充满变数。世界各地区的战争状态对中国企业海外业务的影响是巨大的，因此，中国企业在海外投资时需要充分考虑战争和政治风险，进行全面的风险评估，并采取相应的风险控制措施，以降低风险对企业海外业务的影响。同时，企业也需要加强自身的风险管理能力，制定针对战争和政治风险的应急预案，以应对可能出现的风险事件。

企业防范政局动荡和战争风险需要多管齐下，未雨绸缪。一要实时监测企业经营地政局的变化，保持对所在地政局的密切关注，可以通过与当地政府、商会、外交机构以及其他企业和咨询公司建立联系，及时获取政治、经济和社会动态的信息。二要建立多元化供应链开拓多个市场，减少对单一供应商和市场的依赖，建立多元化的供应链和市场网络。当一个供应商或市场受到政局动荡的影响时，可以快速切换到备用供应商或市场，减少经营风险。三要进行风险评估和制定预案，对政局动荡的可能影响进行全面的风险评估，并制定相应的应对预案。包括制订紧急撤离计划、安全保障措施、业务恢复计划等。同时，定期进行演练和测试，以确保预案的有效性和可操作性。四要加强安全措施，提高企业的安全意识和安全能力，加强安保措施，包括增加安保人员、加强设备和网络安全、加强防护设施、建立安全培训计划等。同时，建立紧急通信渠道和安全热线，以便员工在紧急情况下进行报告和求助。五要多方合作和联防联控，与其他企业、当地政府、外交机构、安全机构等建立合作关系，共同应对政局动荡带来的风险。可以参与行业协会、商会等组织，共享信息和资源，增加对政局变化的理解和应对能力。六要购买外部风险保险并寻求专业咨询，考虑购买适当的外部风险保险，以减轻政局动荡带来的财务损失。此外，寻求专业的咨询和建议，以获得针对企业所在地政局动荡的风险管理策略和实施方案。

在预防企业所在地政局动荡风险时，企业需要密切关注政治、经济和社会的动态，建立多元化的供应链和市场，制定风险评估和应对预案，加强安全措施，与其他利益相关者合作，并考虑购买外部风险保险和寻求专业咨询。这些措施可以帮助企业降低在政局动荡环境中的风险，并保护企业的利益和持续经营。

总的来说，防范与化解企业产业所在地政局动荡风险需要企业具备全面的风险意识、丰富的风险管理手段以及高度的应变能力。在面对可能出现的风险时，应保持冷静、理性分析、科学决策，确保企业的安全和稳定。

六、市场风险

企业的市场风险是指在市场环境变动下，企业由于缺乏足够的适应性和应对能力而导致经营困难。市场风险通常涉及市场供求关系、市场竞争环境、消费者需求、技术进步、政策法规等多方面因素。

国内市场供求风险的案例和经历颇多，自1994年以来，我国钢铁行业多次经历了投资热潮，大量资金涌入钢铁行业，导致产能迅速扩张，以至于我国钢铁行业出现严重的产能过剩。随着中国经济的发展和产业结构的调整，房地产、汽车等下游行业的需求逐渐下降，导致钢铁市场的需求量减少，钢铁行业的竞争也日趋激烈，价格战频发，钢铁企业纷纷步入亏损状态。除了钢铁行业，我国的煤炭行业、水泥行业、光伏行业都出现过严重的产能过剩，为此"去产能""去库存"多次成为中央和各地方政府的重要工作。

这些案例表明，市场供求风险对企业经营的影响是巨大的。企业需要时刻关注市场需求的变化，并提前预测和调整生产和销售策略，政府也需要加强市场监管，防止过度投资和产能过剩的问题出现。

除了市场供求风险企业还需防控技术进步和市场竞争风险，竞争对手的产品或价格可能对企业的市场份额和利润造成威胁。诺基亚曾经是全球手机市场的霸主，但由于苹果和三星等竞争对手的崛起，诺基亚的市场份额逐年下滑。诺基亚的 Symbian 系统在智能手机市场上的份额被其他竞争对手占据，而其新推出的 Windows Phone 系统并未得到市场的广泛认可，导致诺基亚手机业务陷入困境。这是技术进步和市场变化风险共同导致的，想要在市场竞争中立于不败之地，企业要加强技术研发，跟踪行业技术动态，提高技术创新能力，同时做好产品质量提升、降低成本。

此外，政策法规的变化可能对企业的经营产生重大影响，比如，我国的房地产市场随政策的变化而经历了多轮大起大落，国家对环境整治的力度也越来越大；2022 年，各级生态环境部门开展各类排污许可执法检查 53.8 万次，实施行政处罚 1.7 万件；2023 年，生态环境部公布了十四批生态环境执法典型案例，有效震慑了排污违法行为；广东省佛山市顺德区容桂古瑜金属配件厂以欺骗手段申请取得排污许可证，被依法撤销其排污许可证，处 23 万元罚款，3 年内不得再次申请排污许可证；江苏省南通市南通耀龙金属制造有限公司擅自改变管理类别无证排污，责令其改正违法行为，处 45.6 万元罚款；2023 年 1 月 6 日，南京市中级人民法院公布了年度典型案件，被告单位南京胜科水务有限公司领到国内污染环境"最严厉罚单"，被判处罚款加环境修复费共计 5.2 亿元，被告人最高获刑 6 年。

为了有效防范市场风险，企业应关注和研究国内和国际的政策及其变化，应保持对市场变化的敏感性，及时调整经营策略，增强应对能力。

七、舆情管控风险

舆情风险是指因公众舆论对企业或品牌声誉产生的负面影响，这种影响可能会导致企业遭受经济损失、品牌形象受损，甚至面临法律诉讼等严重后果。

俗话说"好事不出门，坏事传千里"，负面舆情对企业声誉的破坏力是巨大的。企业舆情风险的典型案例有很多，比如，滴滴顺风车安全事件。2018年8月25日，一名年轻女性在搭乘滴滴顺风车时被司机杀害。该事件引起了社会广泛关注和舆论谴责，滴滴顺风车也被推上了风口浪尖，引发了公众对滴滴顺风车的不信任和抵制。又如，2022年12月，鱼跃医疗在血氧仪生产成本上涨的情况下，大幅提高产品销售价格，鱼跃医疗被曝"94元血氧仪涨价至299元"，还有用户投诉"鱼跃医疗私自召回已发出制氧机，随后翻倍涨价"等事件，引发舆论广泛质疑，导致地方市场监管部门介入调查，定性为哄抬价格，被罚款270万元。再如，2023年1月，爱奇艺便因会员权益问题屡陷舆论漩涡等，舆情事件不胜枚举。

这些舆情案例产生的原因各不相同，有产品质量问题，有服务能力缺陷，也有产品安全问题等。企业应重视舆情风险监测工作，及时发现和解决问题，积极回应公众关切，提升服务水平和社会责任意识。具体来讲，舆情风险管控应做好以下几方面工作：

一要建立舆情监测机制，搭建舆情监测系统，实时监测网络舆情，及时发现和应对负面舆情。同时，企业应定期对舆情进行分析，了解公众对企业的态度和需求，以便及时调整营销策略。二要强化产品质量和服务体系，注重产品质量，更好地满足消费者需求，减少负面舆情出现的概率，同时，企业应建立完善的售后服务体系，及时解决消费者问题，提升客户满意度。三是一旦出现舆情应及时积极回应，一旦出现负面舆情，企业应迅速采取措施，积极回应和解决公众问题。在回应时应保持诚恳、客观的态度，避免逃避或推卸责任。四要加强企业内部管理，规范员工行为，避免内部人员的不当言论或行为引发甚至激化负面舆情。同时，企业应加强对员工进行舆情应对培训，提高员工的舆情意识和应对能力，应鼓励员工关注社会热点和行业动态，提升对舆情的敏感度和判断力。

第三节 中国企业发展的有利条件

一、中国经济转型机遇

有学者把经济转型的状态分为四类：经济体制转型、发展战略转型、经济增长方式转型、经济结构转型等。纵观当前我国的经济转型，无论是南方还是北方，都把科技放在了突出位置。因此，中国当前经济转型的实质就是用现代科技改造传统产业，发展高新技术产业，提高经济发展中的高科技含量。转型的主要任务是开发和应用先进技术、工艺和装备，在提高产品质量、扩大出口和控制污染等方面取得了长足进展。因此，大力发展高科技企业，开发具有自主知识产权的高科技产品，提高高科技产品的市场份额和在国民经济中的比重，高科技产业化是经济转型的必然方向。

中国经济转型的过程是从以传统产业为主导转向创新、绿色、高效的方式发展的过程。在这个过程中，新兴产业、高技术产业和服务业等逐渐成为经济发展的主导力量，而传统产业则逐渐失去主导地位。

中国经济转型的核心目标是提高经济运行的效率和质量，这需要从多个方面入手，例如，加强科技创新、推进供给侧结构性改革、优化营商环境等。同时，还需要加强人才培养和引进，提高劳动力素质和技能水平，以适应经济转型的需求。此外，政府还应该加强政策引导和支持，为企业提供更加优惠的税收政策和资金支持，推动经济转型升级。

2015年11月，国家主席习近平主持召开会议，研究中国经济结构性改革。2016年1月，习近平主席主持召开会议，研究中国供给侧结构性改革方案。方案的核心内容是，用改革的办法推进结构调整，减少无效和低端供给，扩大有效和中高端供给，增强供给结构对需求变化的适应性和灵活性，提高全要素生产率，使供给体系更好适应需求结构变化。与刺激需求侧为核心政策不同，供给侧结构性改革的重心在企业战略变革。企业需要调整其战略定位和战略资源配置计划：减少无效供给，增加有效供给。谢看（2017）认为企业要实现可持续发展，顺应企业所处环境的变化，实施战略变革是共性选择，也是必由之路。企业唯有通过战略变革来调整资源配置方式，增强企业竞争力，最终达到提升企业绩效、促进企业成长和发展的目的。周长辉（2005）认为匹配的战略和不断调整适应的战略就是正确的战略。

中国经济转型为企业带来了许多机遇。随着经济结构的调整和增长方式的转变，企业面临着新的市场环境和发展空间。首先是消费市场扩大，随着中国经济转型，消费市场逐渐扩大，尤其是中产阶级的崛起，对高品质商品和服务的需求不断增加，这为企业提供了更多的商机，可以通过创新和差异化来满足市场需求。其次是国家政策鼓励技术创新和绿色发展，政府鼓励企业加大科技研发投入，给予高新技术企业、专精特新企业、"小巨人"企业、产业龙头企业各类政策支持，包括研发费用加计扣除、税收减免、金融支持、产业政策支持等。企业可以借助政策支持和技术创新，实现产品升级和产业转型。中国经济转型强调可持续发展和绿色发展，推动生态文明建设。企业可以抓住国家支持绿色产业发展的机遇，积极推进环保产业和清洁能源的发展，更好地满足市场需求。最后是国际化发展机遇，中国经济转型与世界经济的联系更加紧密，企业可以借助国际化发展的机遇，拓展国际市场，提高品牌影响力和竞争力，通过参与国际合作和竞争，吸收先进经验和技术，提升自身实力。

总之，中国经济转型为企业带来了许多机遇，企业应该积极应对市场变化，加强技术创新和人才培养，提高自身实力和竞争力。

二、双循环国内国际市场广阔

2020年5月14日,中共中央首次提出"构建国内国际双循环相互促进的新发展格局"。同年5月两会期间,习近平总书记再次强调,要"逐步形成以国内大循环为主体、国内国际双循环相互促进的新发展格局"。2020年10月,党的十九届五中全会通过《中共中央关于制定国民经济和社会发展第十四个五年规划和二〇三五年远景目标的建议》,将"加快构建以国内大循环为主体、国内国际双循环相互促进的新发展格局"纳入其中。构建基于"双循环"的新发展格局是党中央在国内外环境发生显著变化大背景下,推动我国开放型经济向更高层次发展的重大战略部署。

双循环发展格局给大流通行业带来极佳的发展机遇,流通作为连接生产和消费的中间环节,在国民经济中发挥着基础性和先导性作用。首先,双循环新发展格局强调国内国际市场的互动和衔接,这为流通业提供了更广阔的发展空间。流通业作为连接生产和消费的桥梁,在国内市场不断扩大和国际市场逐步开放的过程中,将面临更多的商机和挑战。其次,双循环新发展格局将促进国内产业的升级和转型,推动流通业向更高层次发展。随着国内制造业的转型升级,流通业也需要适应新的市场需求,提供更高质量的服务,这将促使流通企业不断改进运营模式,提高自身的竞争力。此外,双循环新发展格局还将促进消费升级,为生产制造业和服务业带来更多发展机遇。随着居民收入水平的提高,消费者对商品和服务的需求更加多元化和个性化。生产制造业和服务业需要不断创新,提供更加优质的商品和服务,满足消费者需求。最后,双循环新发展格局还将促进数字经济的发展,为生产制造业和服务业带来新的发展机遇。数字经济是当前全球经济发展的重要趋势,生产制造业和服务业需要积极拥抱数字化转型,利用大数据、人工智能等技术提高效率、降低成本,实现高质量发展。各行各业要积极应对市场变化,创新运营模式,提高服务质量和竞争力,以适应双循环新发展格局的要求。

"双循环"发展格局为许多中国企业带来了新的发展机遇。随着中国经济从出口导向转向内需拉动,消费需求持续增长。消费品制造商、零售商、互联网平台、旅游和娱乐等行业的企业有机会受益于国内市场扩大。中国政府提出了加强自主创新、推动科技进步的目标,为科技创新型企业提供了更多机会。人工智能、新能源、新材料、生物科技等领域的企业在技术研发、产品创新和市场应用方面有机会获得支持和发展。中国政府致力于推动绿色发展和生态文明建设,加大环保产业的支持力度。可再生能源、清洁技术、环保设备以及循环经济等领域的企业有望受益于政府政策支持和市场需求增长。改善农村居民生活水平和推进农业现代化是政府的重要任务之一,农产品加工、农业科技、农村电商、农业服务等企业有机会受益于农村发展政策和乡村振兴战略。随着人们生活水平提高和消费结构升级,服务业的需求不断增长,包括教育、医疗、金融、物流、旅游、文化创意等领域的企业有机会受益于服务业的发展。

值得注意的是,以上只是一些可能受益于"双循环"发展格局的企业领域分析,具体的机遇将取决于企业的定位、战略、创新能力和市场适应性等因素。因此,企业需要根据自身情况进行深入分析和研究,抓住适合本企业的发展机遇。

三、各类区域和产业支持政策

在过去的5—10年,中国政府出台了多个区域发展与振兴规划,旨在促进各地的经济增长、改善民生、推动可持续发展。这些区域发展规划对区域内外的众多企业带来了发展机遇,政策影响长远且深刻。主要的区域发展规划有:《京津冀协同发展规划(2015年)》,旨在促进北京、天津和河北的协同发展,加强区域一体化。其目标包括优化产业布局、改善环境质量、加强基础设施建设等。《长江经济带发展规划纲要(2016年)》,致力于推动长江经济带的发展,包括沿江各省市的经济增长、生态环境保护、交通网络建设等,旨在打造中国内陆开放型经济新高地。设立国家级新区雄安新区（2017年），旨在推动北京非首都功能疏解，促进河北雄安新区的发展。该规划涉及基础设施建设、产业布局、生态环境保护等方面。《粤港澳大湾区发展规划纲要（2019年）》，着眼于广东、香港和澳门的合作与发展，旨在打造国际化创新枢纽和世界级城市群，该规划鼓励跨境合作、推动产业升级和人才流动。《西部陆海新通道总体规划（2019年）》是深化陆海双向开放、推进西部大开发形成新格局的重要举措，规划期为2019年至2025年，展望到2035年。2019年10月13日，重庆、广西、贵州、甘肃、青海、新疆、云南、宁夏、陕西、四川、内蒙古、西藏西部12省区市以及海南省和广东湛江市，在重庆市进行框架协议签约，合作共建西部陆海新通道。海南自由贸易港建设是中国政府推动改革开放的重要举措。该规划旨在打造国际一流的自由贸易港，推动外贸、金融、旅游等领域的发展。

这些区域发展与振兴规划是中国政府为了推动经济转型升级、促进区域均衡发展而出台的重要政策，它们提供了发展机遇和政策支持，吸引了大量投资和资源，为相关地区及企业发展带来了新机遇。

中国政府除了重视区域发展规划，在过去的五年里，中国政府出台多个产业振兴规划，旨在促进各个产业的发展和升级。如制造业振兴规划，中国政府实施了"中国制造2025"计划，旨在推动制造业向高端、智能化、绿色可持续方向发展，该计划鼓励技术创新、产业升级和提高制造业竞争力。信息技术振兴规划，中国政府推出"互联网+"行动计划和"新一代人工智能发展规划"，旨在推动数字经济发展、加强信息技术创新和应用，培育新兴产业。新能源与清洁能源振兴规划，中国政府实施"可再生能源发展规划"和"清洁能源替代规划"，旨在推动新能源产业的发展和应用，减少对传统能源的依赖。生物医药振兴规划，中国政府出台"健康中国2030"规划和"国家生物医药创新发展专项规划"，旨在推动生物医药产业的创新发展，提高医疗卫生水平。金融服务振兴规划，中国政府实施"金融供给侧结构性改革"，旨在推动金融体系的转型升级和服务实体经济。该改革鼓励金融创新、金融科技应用和支持小微企业发展。文化创意产业振兴规划，中国政府出台了"文化产业发展"规划和"创意设计产业发展"规划，旨在培育文化创意产业，推动文化创意产品和服务的创新与发展。

这些产业振兴规划是中国政府为了推动产业升级、促进经济结构优化而出台的重要政策，它们提供了发展机遇和政策支持，促进了相关产业的发展和创新。同时，这些规划也为各个产业提供了指导和引导，促进了经济的可持续发展。

此外，中国政府还出台了多个城市群发展规划，其中包括京津冀、长三角、珠三角、成渝、长江中游等城市群发展规划，这些规划旨在促进城市群内部的协同发展，提升产业集聚度和城市群的整体竞争力。同时，也有利于推动中国经济的持续发展和区域协调发展。其中，京津冀城市群发展规划是国家级城市群规划之一，包括北京、天津两大直辖市以及河北省的保定、唐山、廊坊等城市。长三角城市群发展规划也是国家级城市群规划之一，包括上海、江苏、浙江、安徽等省市。珠三角城市群发展规划包括广州、深圳、珠海等城市。成渝城市群发展规划包括成都和重庆等城市，长江中游城市群发展规划则包括武汉、长沙、南昌等城市。这些城市群的发展将有助于推动中国经济的持续发展和区域协调发展。

城市群发展成果显著。按两横三纵的战略布局，规划建设 19 个国家级城市群。城市群的发展潜力不断释放，建设成效显著，城市群已经成为中国经济发展的最大潜力。

四、高质量发展

2017 年，党的第十九次全国代表大会首次提出"高质量发展"的表述，表明中国经济由高速增长阶段转向高质量发展阶段。党的十九大报告中提出的"建立健全绿色低碳循环发展的经济体系"为新时代下高质量发展指明了方向。2021 年 3 月 30 日，中共中央政治局审议通过了《关于新时代推动中部地区高质量发展的指导意见》。2021 年 9 月 14 日，国务院批复了《国家发展改革委 财政部 自然资源部关于推进资源型地区高质量发展"十四五"实施方案》（国函〔2021〕93号）。2023年3月5日下午，习近平总书记参加十四届全国人大一次会议江苏代表团审议，集中系统地阐述了全面建设社会主义现代化国家的首要任务是"高质量发展"。

坚持以推动高质量发展为主题，把实施扩大内需战略同深化供给侧结构性改革有机结合起来，增强国内大循环内生动力和可靠性，提升国际循环质量和水平，加快建设现代化经济体系，着力提高全要素生产率，着力提升产业链供应链韧性和安全水平，着力推进城乡融合和区域协调发展，推动经济实现质的有效提升和量的合理增长。高质量发展给企业的战略变革和业务发展带来了新赛道、新市场、新机遇。

在新技术领域，随着科技的不断进步，新技术领域层出不穷，例如，人工智能、大数据、云计算、物联网等，这些领域的发展将为企业带来新的增长点和商业机会。在绿色发展方面，高质量发展强调可持续发展，企业可以抓住绿色发展的机遇，积极推进环保、节能、减排等方面的技术和产品创新，满足消费者对环保、健康、安全等方面的需求。在高端制造业领域，随着消费升级和产业升级，高端制造业将迎来新的发展机遇。企业可以加大技术研发和产品创新力度，提高产品质量和技术含量，满足高端市场的需求。在数字化转型方面，数字化转型是高质量发展的重要趋势，企业可以抓住数字化转型的机遇，推动自身的数字化转型，提高生产效率、降低成本、优化用户体验等方面。在对外开放和国际化方面，国家将进一步扩大开放，加强与世界各国的经贸往来。企业可以抓住扩大开放的机遇，积极开拓国际市场，提高自身的国际竞争力。总之，高质量发展为企业带来了许多新的发展机遇，企业应该紧跟时代潮流，积极拥抱变革，不断创新发展，实现自身的可持续发展。

五、互联网+

"互联网+"简单地说就是"互联网+传统行业"，利用信息和互联网平台，使互联网与传统行业进行融合，利用互联网具备的优势特点，创造新的发展机会。2012年11月，易观国际董事长兼首席执行官于扬在易观第五届移动互联网博览会上首次提出"互联网+"理念。2014年11月，时任国务院总理李克强出席首届世界互联网大会时指出，互联网是大众创业、万众创新的新工具。2015年3月5日，时任国务院总理李克强在《政府工作报告》中首次提出"互联网+"行动计划，推动移动互联网、云计算、大数据、物联网等与现代制造业结合，促进电子商务、工业互联网和互联网金融（ITFIN）健康发展，引导互联网企业拓展国际市场。"2015年7月4日，国务院印发《关于积极推进"互联网+"行动的指导意见》（以下简称《指导意见》），这是推动互联网由消费领域向生产领域拓展，加速提升产业发展水平，增强各行业创新能力，构筑经济社会发展新优势和新动能的重要举措。2020年5月22日，时任国务院总理李克强在《政府工作报告》中提出，要全面推进"互联网+"，打造数字经济新优势。

"互联网+"为企业变革和发展带来了许多新机遇，主要包括以下几个方面：在产业升级方面，随着"互联网+"的普及，传统产业迎来了升级换代的机会。企业可以利用互联网技术，对生产、管理、营销等环节进行数字化改造，提高效率、降低成本，增强竞争力。在商业模式创新方面，"互联网+"为企业提供了更广阔的市场和用户信息，企业可以更好地了解用户需求，创新商业模式，实现精准营销和个性化服务。在跨界融合方面，互联网的开放性和跨界性使不同行业之间的界限变得模糊，企业可以借助互联网平台，拓展业务范围，开拓新的市场领域。在国际化发展方面，"互联网+"为企业国际化提供了便利，企业可以更方便地进入国际市场，提高品牌知名度和市场份额。在数据驱动方面，通过互联网平台，企业可以获取大量的用户数据和业务数据，利用这些数据，企业可以进行精准决策、优化产品和服务，提高运营效率。总之，"互联网+"为企业变革和发展带来了无限的新机遇，企业应该积极拥抱互联网，加强技术创新和商业模式创新，以适应不断变化的市场环境。

借助"互联网+"腾飞的企业有很多。比如，阿里巴巴通过"互联网+

零售"的模式,实现了线上线下融合,成为全球最大的电商公司之一;腾讯通过"互联网+社交"的模式,将社交平台与各种互联网应用进行整合,为用户提供一站式的互联网服务;京东通过"互联网+电商"的模式,实现了线上线下融合,为用户提供更便捷的购物体验;美团通过"互联网+餐饮"的模式,将餐饮服务与互联网进行整合,为用户提供更便捷的外卖服务;通过"互联网+出行"的模式,滴滴出行实现了线上线下融合,为用户提供更便捷的出行服务。以上企业均借助"互联网+"实现了快速的发展和变革,成为了各行业的领军企业。

除上述典型企业之外,我国各行各业都非常重视"互联网+"应用并取得了显著的经济效益和社会效益。比如,电子商务领域通过互联网进行商品和服务的买卖,是我国最早的"互联网+"应用行业;互联网与金融的结合,诞生了余额宝、P2P、众筹等新模式;互联网+交通出行,高德地图、百度地图、滴滴出行等让出行更加便捷、高效;联网+教育,让教育资源更加公平,许多优秀的课程和知识得以共享;互联网+医疗,让医疗更加便捷和高效,远程医疗、在线问诊等新模式不断涌现;互联网+餐饮,让点餐更加方便,外卖、团购等模式大行其道;互联网+旅游,让旅游更加便捷和个性化,定制游、自助游成为新趋势;互联网+物流,提高了物流效率,智能物流成为新方向;互联网+农业,让农业更加智能化,物联网、大数据等技术得以应用;互联网+制造业,推动了工业4.0的发展,智能制造成为新趋势。通过"互联网+"的应用,各行各业提高了效率、降低了成本、创新了商业模式,取得了显著的经济效益和良好的社会效益。

六、数字化转型

2020年5月13日,国家发展改革委官网发布"数字化转型伙伴行动"倡议。倡议提出,政府和社会各界联合起来,共同构建"政府引导——平台赋能——龙头引领——机构支撑——多元服务"的联合推进机制,以带动中小微企业数字化转型为重点,在更大范围、更深程度推行普惠性"上云用数赋智"服务，提升转型服务供给能力，加快打造数字化企业，构建数字化产业链，培育数字化生态，形成"数字引领、抗击疫情、携手创新、普惠共赢"的数字化生态共同体，支撑经济高质量发展。

企业数字化转型的必要性和重要性主要体现在以下几个方面：第一，提升效率和生产力。数字化转型可以帮助企业实现业务流程的自动化和智能化，提高生产效率和管理水平。例如，通过引入工业互联网、人工智能等技术，可以实现设备的远程监控和故障预警，提高生产过程的自动化程度，降低人工干预和成本。第二，创新商业模式。数字化转型可以帮助企业探索新的商业模式和增长机会。例如，通过大数据分析和人工智能技术，可以更好地了解客户需求和市场趋势，开发出更符合市场需求的产品和服务，提高企业的市场占有率和竞争力。第三，提高客户体验。数字化转型可以帮助企业更好地满足客户需求和提高客户体验。例如，通过数字化技术，可以实现客户服务的智能化和个性化，提供更加便捷、高效的服务体验。同时，数字化转型还可以帮助企业更好地收集、分析客户数据，了解客户的需求和反馈，优化产品设计和服务质量。第四，降低风险和成本。数字化转型可以帮助企业降低风险和成本。例如，通过数据分析和监测，可以及时发现安全隐患和风险点，减少事故发生和经济损失。同时，数字化转型还可以降低企业的运营成本，例如通过优化生产过程和工艺参数来降低能耗和原材料消耗等。第五，适应数字经济时代发展需求。随着数字经济时代的到来，数字化转型已经成为企业发展的必然趋势。企业要生存要发展，必须紧跟时代步伐，积极推进数字化转型，以更好地适应市场需求和社会发展趋势。

阿里巴巴是我国民营企业数字化转型成功的典型案例之一。阿里巴巴的数字化转型不仅仅是在电商领域，更是涵盖了金融、物流、云计算等多个方面。支付宝不仅为阿里巴巴带来了巨大的金融支付市场份额，还为其积累了大量的用户数据，为其进一步进行数字化转型提供了宝贵的信息和用户资源。同时，阿里巴巴还通过云计算技术，推出阿里云实现了从电商到云计算的跨越，不仅提升了阿里巴巴自身的数据处理能力，也为其开拓了新的业务领域。此外，阿里巴巴在物流领域的数字化转型也取得了显著成效。通过菜鸟网络的建设，阿里巴巴实现了物流信息的数字化管理，大大提高了物流效率，为用户提供了更加便捷的服务。数字化转型的成功，让阿里巴巴在电商、金融、物流、云计算等多个领域占据了领先地位，为其带来了巨大的商业价值。同时，阿里巴巴的数字化转型也为其他企业提供了宝贵的经验，成为数字化转型的典范。

国有企业特别是央企，是我国企业数字化转型的创新实践主力军、先行者，也是领跑者。

国家能源集团通过数字化技术，实现了智能矿山的建设，提高了矿山的安全生产和运营效率，已建成一批智能采煤工作面、智能掘进工作面、智能洗煤厂，9家煤矿入选国家示范智能化煤矿。通过数字化实现少人化、无人化，有效提升矿山安全生产水平。

长庆油田应用物联网、大数据、云计算、人工智能等新技术，构建大科研、大运营、大监督三大支撑体系，筑牢统一数据库、统一云平台两大基础，为场站无人值守、油气井智能生产、风险作业可视化监控等业务提供全程应用支撑，探索出了一条传统大型油气田企业数字化转型、智能化发展的有效路径。

中国华能依托能源交通产业，建设了"华能智链"平台，实现了大数据支撑、网络化共享、智能化协作的供应链集成服务体系，提高了供应链的透明度和运作效率。

珠海创投港珠澳大桥珠海口岸运营管理有限公司基于5G、大数据、云计算、物联网、人工智能、区块链等新一代信息技术，建设了高效创新的"智慧口岸"平台，提升了口岸的服务管理水准和运行效率。

黑龙江省交通投资集团有限公司通过布局"161数字化工程"，即1个指挥中心、6朵业务云和1个共享平台，实现了"一图全面感知、一网数据融合、一键全局可知、一心决策智能"的高质量发展数字化管控平台。

南方电网通过"南网在线"APP，强化了数字赋能，提升了服务水平，为客户提供了更可靠、便捷、智慧的新型供电服务。中石化在数字化转型方面积极探索，建设了智能油田、智能工厂等数字化场景，提高了生产效率和管理水平。中国移动作为国内领先的通信运营商，积极推进5G、物联网等新一代信息技术的发展，为用户提供更加优质、智能的服务。中国南方航空通过数字化转型，实现了从传统制造向智能制造的转变，提高了产品质量和生产效率。中国中车通过数字化技术，优化了产品设计和生产流程，提高了产品质量和竞争力。

以上仅是中国国有企业进行数字化转型的成功代表，这些企业通过数字化转型提高了效率，降低了成本，创新了商业模式，取得了显著的效果。随着数字化技术的不断发展，越来越多的国有企业将加快数字化转型的步伐，提升自身的竞争力和创新力。

中国国有企业数字化转型的共同点包括以下几个方面：一是战略引领，国有企业数字化转型通常由企业高层领导亲自推动，将其作为企业战略发展的重要组成部分。二是创新驱动，数字化转型不仅是技术上的革新，更是思维方式和商业模式的创新。国有企业通过引入互联网思维和数字化技术，打破传统思维模式，推动企业创新发展。三是数据核心应用，数字化转型的核心是数据，国有企业通过数据采集、整合、分析和应用，优化业务流程，提升决策效率和精准度。四是智能化应用，数字化转型的目的是实现智能化生产和服务，提高企业生产效率和服务质量。国有企业通过人工智能、物联网等技术手段，实现智能化生产和服务。五是跨界合作，数字化转型需要跨界合作，国有企业通过与互联网企业、科技公司等合作，共同探索数字化转型的新模式和新业态。六是人才培养，数字化转型需要具备数字化技能和知识的人才队伍支撑，国有企业通过培训、引进等方式，培养和储备数字化人才。七是安全保障，数字化转型需要保障网络安全、数据安全和隐私保护等方面的问题，国有企业建立健全的网络安全体系和数据保护机制，确保数字化转型的安全可控。

第二章 政商关系及其演变

政商关系是政府与市场、政府与企业、权力与资本、官员与商人等多因素的综合,对我国经济政治发展进程至关重要。健康的政商关系会促进经济快速高质量发展,反之,当政商关系发展偏离正确的轨道时,会严重阻碍我国经济的发展和国家治理现代化的进程。

第一节 政商关系的概念

一、政商关系的内涵

政商关系是多层次的复合关系结构,是由各种制度性和非制度性因素共同作用、相互影响、相互制约所构成的复合型关系结构。国内外学者主要从宏观、中观和微观三个不同层面对政商关系进行定义和理解。

(一)政商关系的宏观内涵

从宏观角度分析,政商关系主要是指政府与市场之间的关系。"政"在宏观角度是指中央政府与各级地方政府,尤其是指地方政府;"商"在宏观角度是指各类企业运营所在的市场。市场无法解决追求利益最大化的微观行为、公共资源有限性以及公共产品"搭便车"现象产生的经济负外部性,导致市场资源配置效率下降,无法实现社会福利最大化,需要政府在制度制定以及经济运行中充分发挥调节作用。政府和市场两种资源配置手段相互协调是提升资源配置效率的关键。

如何协调政府"看得见的手"和市场"看不见的手"之间关系的讨论成为数百年经济学理论与实务界关注的重要问题。在资本主义发展源头的重商主义时期，强调国家对经济社会的全面干预，相比于市场，政府的作用处于绝对优势地位。随着亚当·斯密《国富论》的发表以及古典经济主义的复兴，市场这只"看不见的手"成为配置社会资源的主要手段。直到20世纪二三十年代，资本主义经济危机出现，暴露市场配置资源的缺陷，资本主义国家开始奉行强调国家干预的凯恩斯主义，重视政府这只"看得见的手"对经济的调节作用。政府大量运用财政政策和货币政策刺激经济增长，促进就业。但是20世纪70年代之后，资本国家大量出现"滞胀"现象，经济衰退以及通货膨胀现象同时出现，凯恩斯主义受到挑战，主张自由放任的新自由主义开始大行其道，市场又重新在资源配置中居于主导地位。

2021年3月发布的《政府工作报告》中，明确提出了"充分发挥市场在资源配置中的决定性作用，更好发挥政府作用，推动有效市场和有为政府更好结合"，标志着我国已经开始从"政府主导型"发展模式向"市场主导型"发展模式转变。随着经济的发展特别是市场经济体系的逐步建立，政府的管制和干预作用会日渐减少，市场配置资源的作用会进一步得到强化。政府的作用更侧重制定相关的法律规则并监督各经济主体执行，同时向全社会提供一定的公共物品和公共服务。

（二）政商关系的中观内涵

从中观角度分析，政商关系主要是指政府与企业之间的关系。此时，"商"主要是指包含公有制企业和非公有制企业在内的企业。改革开放初期到中期，我国政商关系更强调政府（包括中央政府与地方政府）与国有企业之间的关系。随着改革开放的持续深入，政府如何处理与民营企业的关系成为政商关系的重点部分。

企业的发展离不开制度、法律和环境。政府具有的公共事务管理权限，导致政府充分发挥职责是保证企业经营活动顺利进行的前提，两者之间的联系不可避免。但是政府对企业管控的边界、政府与企业规范化合作与非规范性合作的边界和规范成为各方辩论的重要问题，即什么情况下属于正常的、促进经济发展的政商关系；什么情况下属于非正常的权钱交易、暗箱操作，这是我国政府需要明确的重要问题。

（三）政商关系的微观内涵

从微观角度分析，政商关系主要是指官员干部与企业主的关系，政府工作人员（官员）与企业家之间的沟通与交流，或者说是国家机关及其工作人员和市场主体及其从业人员之间的关系。此时，"政"是指手握公权力的所有国家公职人员，尤其是官员干部；"商"是指企业主，即所谓的"商人"。

由于我国已经明确了市场在资源配置中的决定性作用，市场主导型发展模式成为我们未来的发展方向，为政府与市场之间的关系明确了主基调。因此，本书中的政商关系主要从中观层面，研究政府与各类企业之间的关系，考察政府职能变化对企业战略决策以及企业发展和成长的影响。

二、政商关系的类型

（一）市场协调型的政商关系

以英国和美国为代表的国家主要按照新古典经济学理论，以市场和契约为媒介连接起政府、企业和工人之间的三方关系，政府和企业之间保持距离型关系。新古典经济学认为，政府只负责提供公共产品（如基础设施、司法、国防安全）和必要的经济社会监管（如反垄断，制定食品药品标准、最低工资标准等），其他的经济活动应该由市场调节。在政府行使职责过程中，政府与企业的关系是基于法律、契约和规则的关系，具有非人格化、非歧视性和透明性；政府方面体现的是纯机构（组织）行为，在个体官员层面是匿名式的，不存在个人化的特征。西方主流经济学关于政企关系的认知与设定反映了以英美国家为主的实践，而健全的产权制度、法治、公民社会进一步支撑了保持距离型的政企关系。

（二）战略协调型的政商关系

以德国以及北欧国家为代表的国家采用战略协调型的政商关系。该类国家政府主要以协商、谈判、长期合作关系的方式与市场相互连接，政企以合作协商的近距离关系为主。德国及北欧国家存在分别代表资方和劳方的全国性组织，政府居间协调劳资双方的工资和收入政策的协商谈判，谈判结果对于个体企业具有约束力。但是，国家层面的多方协商合作一般不涉及具体的产业政策，更多是关于全国层面的工资、福利等再分配性的收入政策。

（三）发展型国家的政商关系

以日本、韩国为代表的国家主要采用发展型国家的政商关系。发展型国家的政商关系一般具备如下特征：第一，在中央层面，主导性政府部门和职业化的官僚队伍相对自主地制订中长期经济发展目标；第二，政府推行的产业政策聚焦于打造战略性产业的国际竞争力，并为此出台相应的政策支持体系；第三，围绕经济发展目标和产业政策，在国家层面的政企之间存在密切的合作网络。

发展型国家的政商关系和战略协调型的政商关系均强调近距离和长期合作关系，但两者有两个主要区别：一是战略协调型的政商关系以规则为基础，强调公开透明；而发展型国家的政府与企业之间除了制度化合作之外，还存在非正式关系网络以及不透明的私人往来；二是战略协调型的政商关系中，政府职能基本不涉及产业政策和行政指导。而发展型国家的政商关系中，政府以绩效为导向对企业进行扶持，政府职能包括从资金补贴到研发支持、长期扶持战略产业等各层面。

第二节 政商关系的演变

我国政商关系在不同的时期侧重点不同，导致政商关系的主体不同，政府对商业的态度也存在显著差异。总体来说，我国政商关系的演变可以分为四个阶段：古代政商关系、改革开放之前的政商关系、改革开放之后的政商关系以及目前新型政商关系。

一、中国古代政商关系

（一）中国古代"抑商"政策

中国古代从战国开始采用的"奖耕战""抑商贾"政策到秦汉统一后推行的"官本位""崇本抑末""重农抑商"等政策，反映出当时国家对商业活动以及商人持有抑制和歧视的态度，政商关系处于绝对的不对等关系。主要原因在于中国古代生产率低下、物资极度匮乏、交通不便捷，自然经济在市场中占主流、市场发展空间狭小，农业成为整个社会运行的基础。落后的经济发展状态无法支撑商业活动的快速发展。因此，国家重农抑商，并不重视商业活动，商人长期处于从属和依附地位。轻商是整体社会意识形态以及大众心理的主流，社会整体形成轻商价值观。

但"抑商"并不是对一切的商人和商业进行打击和限制，政府在经济层面上没有实行严格的"禁商"，而是限制商人在政治法律、意识形态以及文化观念等方面的权利。比如政府制定了大量限制商人司法与政治权利的政策法令，其中包括加大征税、戍边服役、禁止出仕、限制服饰、规定车马等。低下的社会地位导致商人把依附政治权力、寻求庇护作为自身的生存和发财之道，出现了"以利逐权"等畸形政商关系。

（二）从"抑商"到"重商"的转变

元代是北方游牧民族建立的大一统政权，贫瘠的土地和落后的农业发展，导致元代统治者对商业活动以及商人的重视程度提高。我国元代采用的商业政策发生了较大转变，开始由"抑商"向"重商"转变。商人受到重用，大量商人入仕为官。但是受自身利益驱动，商人入仕之后往往倾向利用手中权力获取更多利益，官吏贪污和商人贿赂等经济现象大量出现。

近代中央政权为了维护治理的有效性与体制的权威性，允许地方政府在政局变换中构筑起和商界的紧密关系网络，在国家垄断权力之下形成利益互输的官商合谋机制。清朝时期"官督商办"政策本质是权力和资本的结合。在清朝时期实行的"闭关锁国"政策导致中国和世界严重脱节，西方列强的进攻使中国接连战败。重商主义依托救亡图存的思潮而产生，19世纪60年代洋务运动"自强"口号的提出，兴办军用企业供战争之用，19世纪80年代"求富"口号的提出，兴办民用企业。无论是"自强"还是"求富"，工商业的发展都与清政府绑在一起，商业的兴起与商人社会地位的提高都是垄断性政治权力下官商合谋的产物。

手握大权的清政府与官僚扶持资本雄厚的民营企业，为其提供多项政策福利，促使被扶持的企业得到快速发展。崛起后的企业获得大量利润后，反过来回报清政府与官僚。但是，享受政府提供商机的被扶持的企业，对行业进行垄断获取超额利润，使其他民营企业无法在该行业立足，不利于行业的整体发展。同时，被扶持的企业实际上受到政府的压制，经营和决策无法获得自由，所得利润无法完全由企业掌控，而要将一部分比例的收入定期交给政府以回报政府的付出，不能用于提高企业核心竞争力、提高行业整体水平上。

清朝末期社会经济形势的变化促使商人地位得以提高，不仅要归功于政府政策的诱导，冲击自然经济并推动商品经济的盛行，伴随交通发展及信息流通，市场网络得到扩展，同时还受外来观念以及工业革命成果输入的影响。然而此时的轻商观念依旧存在，与历代出于维护社会秩序的目的相似，晚清推行重商政策是将商人作为实现国家强大的手段与工具，对商人私有财产权没有明确的制度保障措施，对商人角色和商业性质的认识并未发生根本性变化，商人始终在轻商社会风气中经营事业。

自洋务运动兴办近代工业以来，将政商融合确立为资本繁殖的载体，官僚资本主义占据主导地位的格局直至民国结束都没有发生根本转变。北洋政府时期是一个重商的特殊时期，这一时期资本主义的发展是自清朝至民国以来发展最好的阶段。自清末"新政"以来，民间的资本家迫切需要一个适应经济发展的环境，大批的有识之士回国渴望发展实业。政权刚刚建立，财政紧张，经济萧条，需要赋税发展经济改善民生，催生了北洋政府重商的行为倾向。

二、改革开放之前的政商关系

（一）新中国成立之初的政商关系

抗日战争时期日本侵略造成的严重破坏以及解放战争时期三年的摧残，新中国人口繁多、经济落后、工业薄弱、生产资料极为有限。面对如此薄弱的经济环境，1949年，毛泽东在《论人民民主专政》提出向苏联学习工业化建设，党的七届二中全会同样提出实现由农业国向工业国的转变。我国效仿苏联模式选择并且实行计划经济体制的发展路径，在工业化战略之下逐步形成以行政管理方式为主导的、直接对企业进行管理的政企关系，企业只需按照上级行政部门的计划指令行事。

新中国成立之初，私营经济在我国经济发展中处于主导地位。统计结果显示，1949年私营工业产值占工业总产值的63.2%，远超国营工业产值的34.7%；1950年402万户私营商业占商业总户数的98%；182亿元的商品销售额占商业机构批发总额的76%；私营零售商业占总零售商业的85%，远超国营零售商业的14.9%。为了推进工业化建设，党和政府通过没收官僚资本的方式，使国营经济迅速建立并发展，国营经济与私营经济在恢复国民经济与巩固新生政权方面共同发挥举足轻重的作用。为调整公私企业之间关系，1950年《私营企业暂行条例》提出"既团结又斗争"方针，促进私营企业在政策的扶持与限制下得以发展，合组公营工商业与私营工商业为工商业联合会或者工会，建立起政企沟通的纽带。

（二）计划经济时代的政商关系

从新中国成立至改革开放之前的计划经济时代，消灭资本主义私有制成为经济发展的重要任务。新中国工商业的发展从多种经济成分转变为单一的公有制经济，尤其是三大改造中对资本主义工商业实行公私合营，私营经济被取消。此时，"商"的含义变得单一，我国经济体制只包含国有企业与集体企业这两种纯粹的公有制成分。该阶段政商关系重点聚焦国营企业的强化管理，政商关系体现了政府和国营企业关系行政化。

1956年三大改造之后至1978年改革开放之前，中央和地方进行了两次放权改革尝试，对政商关系有了一定调整。第一次放权是1958年"权力下放"。1958年6月25日，中央工业部门将所属80%左右的企事业单位下放至地方管理，但因权力下放得过多过急，造成大范围的浪费与混乱等经济困境，而后被收回；第二次放权是1970年的"下放"，国务院工业交通各部将大多数直属企事业单位下放至地方管理。在较短的时间内将关系国计民生的2 600多个大型骨干企业、中央直属企事业单位下放至各个省、市或者自治区管理，结果是因下放的权力过多过猛，打乱了原有协作关系，难以维持企业正常的生产管理秩序，使经济效益大大降低。在经过两次"下放"之后，地方政府成为经济管理活动的主体，地方性的国企和集体企业也开始快速发展。但是总体上的经济管理还是以中央计划为主，"政"控制"商"的绝对主导地位没有改变，产业结构的趋同性日趋严重。"一抓就死、一放就乱"的现象愈演愈烈，中国政商关系基本陷入一种"空白的僵局"。企业完全没有自主经营权，缺乏多样性和竞争性，仅仅是根据国家提供的生产资料按照下达的计划指标生产。在看似平和的"政商关系"下，实际是空洞、缺乏创新和竞争的，背离了基本市场法则和价值规律的经济行为。

在这一阶段，政府实现了四个方面的制度嵌入，为政府和企业进行有效性互动提供了条件。一是经济嵌入。通过政府下达的指令性计划指导企业生产经营活动；二是政治嵌入。党组织充分发挥在每个企业中的政治核心作用；三是组织嵌入。政府通过任命企业主要领导人的方式来维持主导地位；四是社会嵌入。我国政府提出"企业办社会"措施，引导企业发挥涉及供水、供电、供气与物业等更加多元化的功能，导致企业由纯粹的经济组织演变为集经济、政治、社会以及教育等功能于一体的社会共同体。中国经济结构中单一的公有制以及资源配置中计划经济的管理体制，导致这一时期政商关系表现为政府与国营企业间的关系，体现了单一的上下级或者同级关系的特点，甚至体现出政企（商）合一的特征。

三、改革开放以来的政商关系

（一）改革开放初期的政商关系演变

在改革开放的初期阶段，我国政府积极反省之前政策的缺失原因，对于中国当时的经济管理体制进行较大的反思与改革，提出我国经济运行存在权力过于集中、政企不分、以政代企等缺点，并积极寻找新的发展道路，搞活经济，调整政商关系。我国政府主要采取"放权让利"政策，为企业松绑，逐步扩大企业在生产和经营方面的自主权。通过落实厂长（经理）负责制，实现新要求下的企业经济责任。在农村方面，家庭联产承包责任制得以推行，农民获得更多经济上的自主权。以中央的改革路线和方针为指导，地方政府也根据各地区的情况进行了较大程度的改革。

（二）"八零体制"下政商关系深层演变

1984年，中国共产党第十二届三中全会通过《中共中央关于经济体制改革的决定》，明确提出个体经济"是和社会主义公有制相联系的，是社会主义经济必要的有益的补充"，明确了我国以"坚持多种经济形式和经营方式的共同发展"的基本经济制度，要进一步"利用外资，吸引外商来我国举办合资经营企业、合作经营企业和独资企业"。基于此，大量的非公有制（民营企业、外资企业和合资企业等）相继出现。通过体制的协调掌控，改革步伐逐步展开，同时，快速发展的市场经济也抬高了政权威望。这一系列的调整，给中国政商关系带来了很大的变化。政商关系由政府与其管控下企业之间单一的直线式关系，向多元化的多维度关系转化，形成了新的政府与非公有制经济中各类型企业的关系，进而产生了官员和商人的各种关系。

这一时期地方政府仍处于经济发展的主导地位，各地资源仍偏向国营经济，对新兴经济力量支持力度较低，导致非公有制企业缺乏竞逐关键资源的机会。为了获得更多资源支持，非公有制企业使出浑身解数，百般讨好政府官员。此时，政商关系出现"寻租/设租"关系。地方政府依然会保护当地国有部门，但也会给非公有制企业提供便利，放宽各种进入障碍，容许非公有制企业竞争资源，导致各地市场经济初步形成，经济中竞争关系出现，市场逐步开放。但是，这种寻租关系仅局限少数民营企业，以保证少数企业的利益。因此，该阶段市场开放程度较低，只能做到地方层次、少数企业间的有限竞争，无法达到全面开放的市场竞争。该阶段的政商关系先促进了企业竞争，之后却又限制了竞争。随着更多企业参与政商关系，与政府形成寻租关系，百般结交政府，形成密切的政商互动。政府支持当地企业，企业也配合当地政府，最终形成若干地方利益共同体。企业必须嵌入国家体制，取得政府鼎力支持，才能壮大繁荣。另外，在政商关系的运作上，企业又得借由个人网络，通过人际信任超越体制的羁绊，才能搭桥牵线、整合各种资源。

（三）"九零体制"下的政商关系

1992年，邓小平发表的"南方谈话"全面提高了改革开放的实施力度，全国经济发展提速，经济规模迅速扩大。国家政府在全国推广和建立现代化的企业制度，对经济体系进行了调整。对国企实行"抓大放小"政策，即国家集中力量重点支持部分关系国计民生的国有大企业，增强其在市场上的竞争力。而对数量众多的国有中小型企业，特别是国有小型企业，实施放开搞活，允许其以不同形式转变为非国有企业。最终直接导致了非公有制企业爆发式增长，并与国有企业一起在国民经济命脉和支柱产业发展中发挥了重要作用。

国有企业和非公有制企业的快速发展，也导致该阶段政商关系极为复杂。首先，国有独资公司仍然是该阶段企业最主要的存在形式。国有独资公司在获得更多资源的同时，存在治理结构不规范、行业垄断等弊端。同时政府机构缺乏配套改革措施，管理者缺少现代管理经验，仍然采用计划经济时代管理公有制企业的落后管理方式造成国有企业市场竞争力下降，创新能力匮乏；其次，部分原国有企业转制为非公有制企业过程中，国有资产流失严重；再次，地方国有企业、非公有制企业以及地方政府之间的关系不密切，形成各自的圈子和阵营，无法形成充分的竞争关系，而且缺乏公平和公正；最后，民营经济和外资企业迅速发展，使地方政府在加快引资的同时，利用不同的方式密切与该类企业的联系，促发了政府官员，特别是主管官员与民营企业、外资企业和合资企业经营者的个人关系发生更深层次的变化，甚至很多因为特殊的利益，在应该管理的方面从主导经济的主角蜕变为仅仅是招商引资搭台的配角。而在一些应该放手的方面，却紧紧握住审批和监管的权力，以利益为导向使用甚至越权行使行政权力。

随着市场经济的进一步发展，经济结构发生变化，部分政府部门掌握了资源分配和配置的权力，导致政商关系出现更深层次的变化。因为权力的集中和膨胀，在"经济人"属性的驱动下，部分企业经营者与政府相关部门，尤其是掌握权力的官员们，交往密切。政商关系中钱权交易、官商勾结的负面现象日趋普遍，大量贪污腐败的非正常政商关系出现。

四、新型政商关系

随着经济的快速发展以及利益驱动，部分手握权力的官员干部无视公平的市场竞争规则，在项目审批、工程承包、资源划拨等方面进行有目的性的倾斜，贪污腐败情况大量出现。面对上述问题，党的十八大的胜利召开掀起了一轮历史性的改革浪潮，也导致我国出现了新型的政商关系。

反腐风暴的浪潮拉开了政商关系转型升级的序幕。党的十八大以来，规范政商交往的理论不断成熟，一系列相关法律法规与体制机制相继出台，为政商交往营造良好的环境，同时筑牢防止官商勾结的"防火墙"。但是，高压反腐的态势也催生出部分官员干部"不管就不错，少管就少错"的理念，出现管理惰性。部分官员害怕与企业主打交道，奉行"不决策、不作为、不担责"，最终极大地挫败了企业生产经营积极性，影响市场的正常发展。

党的十八届三中全会提出"提高国家治理体系和治理能力"的总目标，突出强调了市场在资源配置中起决定性作用和更好地发挥政府作用。党的十九大提出将实现非公有制经济以及非公有制经济的健康发展作为新时代构建政商关系的战略指向。这既是对西方市场经济有益因素的利用，也是对我国社会主义市场经济发展的历史经验的精辟总结，指明了我国进一步深化改革的方向和目标。所以，在新的历史条件下，处理好政府与市场这两只"看得见的手"和"看不见的手"的关系，不仅从宏观调控与市场经济的关系出发，更是在国家治理现代化的框架下，中国新型政商关系的重要基础性措施。这就是要建立政府与市场之间新型的"互补共生"的关系。

政府与市场的关系绝不是非此即彼，而是在法治的基础上，既彼此互补又相互制衡。在现代市场经济中，政府和市场是推进经济社会发展的共同动力，不能将其作为两种相对孤立的发展力量来看待。在中国特色社会主义市场经济的基础上，从国家治理现代化的角度出发，政府必须充分发挥自己的服务作用，让市场成为起决定性作用的力量。政府只需要提供各种公共服务，努力缩小收入和发展差距，保护生态环境，进行适当的宏观调控和制定中长期发展规划等。政府不能越过自己的边界，适时对市场出现的缺陷进行调整。政府如果试图替代市场的作用，甚至搞大一统的集中计划体制，那势必会造成市场损伤，也不符合国家治理现代化总目标要求。

另外，优化中央政府与地方政府关系，推动中国政商关系的健康发展。地方政府是中央制定的各项国家经济和商业方针的具体执行主体。中央政府很多时候扮演"政"的角色，而地方政府则扮演"商"的角色，双方产生了类似于政商关系的交流和博弈，这就更加需要优化中央与地方的关系。在中国特色社会主义市场经济体制下，中央和地方政府之间需要打破"直线式"的政府管理体制，优化政府间的权力体系，奠定中央政府和地方政府之间"合作式"的基础性框架。中央政府抓大局和主要方面，具体的地方管理权限要进一步扩大，充分发挥地方政府结合各地区不同的实际情况，进行经济建设和资源配置调控的职能和权限，促进各级政府间合作与交流，形成互相依存的"合作式"关系。与此同时，在明确了事权和财权等相关权限的划分之后，则需要实现对政府的监督，这也反映了目前政商关系演变，即企业和市场监督政府在相关经济领域的审批是否合法，对待企业的态度是否合理，政府官员和商人的交往是否过界，政府对待国企和民营企业的态度是否平等。这就需要建立各级政府间的纵向监督体系。

在国家治理现代化的基础上，中国政商关系的健康演变，必须建立在制度化的基础上，制度化就是要完善各项政策的制定和实施程序，并且保证各级政府在制定和执行政策过程中受到不同程度的监督。第一，要有权威性的保证。这就需要中央和地方各级政府在社会主义市场经济体制中具有调控权威，而不是肆意干预的权威。我国的市场经济是从地方开始的，通过试点的经验反馈到中央形成具体的纲领性政策，继而在全国推广，所以给予地方足够的政策制定权限是非常重要的。第二，打破横向和纵向的封锁，实现各个层级的交流和协作。中央的某些官僚主义作风和地方政府的地方主义意识严重影响了经济的发展和统一市场的形成，进而导致了政商关系的非正常结合，形成了政商关系的非良性发展。随着改革的深入，利益的分配和调整进一步细化，尤其是进入了"先富带动后富"阶段之后，更是涉及不同层面利益问题，特别是不同地区、行业、经济形式发展上的不平衡，造成差距扩大、收入悬殊问题。面对经济和社会转型导致社会的资本结构重组，势必需要完整的制度化措施。但是为了保障政商关系的稳定、健康发展，在制定和执行政策的同时需要有监督和制约，中央政府负有对地方政府实施管理和监督的重要责任。目前政府需要变直接的行政干预为间接的依法监督，变事无巨细的行政审批为相对宽松的自由裁量，从而保证地方政府在法律授权的范围内自由行使权力，并建立和完善监督程序。

现有文献中，学者们主要从以下四个方面对企业应对政治环境的行为进行探讨：一是将政治环境理解为政府出台的影响企业运营的公共政策，主要探讨企业应对公共政策的行为以及对公共政策制定与实施过程施加影响的行为，后者通常被称为"企业政治行为"。二是将政治环境作为企业非市场环境的一个部分，探讨企业应对非市场环境的策略，即非市场策略（包括政治策略、CSR策略、环境策略）以及与市场策略的整合应用。三是将企业环境分为技术环境与制度环境，将企业政治环境视为来自利益相关者对企业制度压力的一个部分，探讨企业响应制度压力以及处理来自不同利益相关者相冲突的制度压力的行为。四是将企业国内外经营中的政治风险作为研究对象，探讨企业如何进行政治风险管理。

第三节 政商关系国内外研究现状

国内外学者关于政商关系的研究主要按照"政治环境——企业响应行

为（包括响应策略和响应行动）——响应绩效"框架进行（田志龙、贺远琼，2003；Mellahi 等，2016）。这一框架下的研究主要探讨三个问题：一是"是什么"：分析企业政治环境、企业响应策略和行动等的内涵和特征；二是"为什么"：研究政治环境对企业响应行为和绩效的作用机理；三是"怎么办"：探讨企业响应策略和响应行动的具体方案。

一、关于政商关系内涵的研究

（一）关于政商关系概念的研究

关于政商关系的概念，学者们产生了两种不同的观点（Coen，1999）。第一种观点认为政商关系是企业处理政府或者政治相关事项过程中采取的策略与行动（Hillman 等，2004）。现有文献中，学者们主要从如下 4 个方面对企业应对政治环境的行为进行探讨：①将政治环境理解为政府出台的影响企业运营的公共政策，主要探讨企业应对公共政策的行为以及对公共政策制定与实施过程施加影响的行为，后者通常被称为"企业政治行为"（Bonardi 和 Keim，2005）。②将政治环境作为企业非市场环境的一个部分，探讨企业应对非市场环境的策略，即非市场策略（包括政治策略、CSR 策略、环境策略）以及与市场策略的整合应用（Funk 和 Hirschman，2017）。③将企业环境分为技术环境与制度环境，将企业政治环境视为来自利益相关者对企业的制度压力的一个部分，探讨企业响应制度压力以及处理来自不同利益相关者相冲突的制度压力的行为（Oliver，1997）。④将企业国内外经营中的政治风险作为研究对象，探讨企业如何进行政治风险管理（Hassan 等，2019）。

第二种观点认为政商关系反映企业的社会资本，即企业及企业管理者与政府部门及官员间形成的关系（魏炜、朱青元、林桂平，2017）。现有文献通常以企业高管目前或者曾经是否担任各级人大代表、政协委员或者在政府任职经历等以及数量，衡量企业的政商关系。目前，大多文献将上述政商关系称为政治关联，讨论其与企业经营行为或企业绩效间的关系。另外，在社会学领域还有一些文献探讨扭曲的政商关系（周黎安、陶婧，2009；叶青、赵良玉、刘思辰，2016；党力、杨瑞龙、杨继东，2015），即政府（包括地方政府、政府官员）或企业等没有遵循自身应该扮演的角色、没有遵循规则而发生的关系（侯方宇、杨瑞龙，2018）。

综上所述，可以看出政商关系应该是企业与政府根据各自的性质和各自的目的，在履行各自功能时形成的相互作用和相互影响的现象。

（二）关于政治环境内涵的研究

在企业经营过程中，不可避免地会受到所处政治环境的影响。政治环境是政商关系中的核心要素。那么，政商关系中的政治环境的内涵是什么？到底包含哪些要素？中外学者提出了以下观点。

1. 性质维度

性质维度包括政治体制与经济体制，是衡量政治环境最重要的维度，也是区分中国政府与外国政府的重要变量。中国的政治体制的核心特点是共产党领导、多党合作和社会主义制度。中国的经济体制是社会主义市场经济体制，逐渐从计划经济向市场经济转型。目前中国的市场经济体制基本完善，体现社会主义性质的公有制以国有投资的形式在经济中发挥重要作用，但是政府对市场活动的行政管制（如各种行政许可和非行政许可的审批）依然较多。在上述政治体制与经济体制的共同作用下，中国形成了政治集权与经济分权的政治经济发展模式（周黎安，2007）。

2. 目标和功能维度

目标和功能维度从政府在政商关系中应达成的目标或者应具备的功能角度反映我国企业所面临的政治环境（周黎安，2007）。学者们研究提出，我国政府的目标和功能主要包括：制定公共政策，形成市场经济的规则并维护规则；在商业活动需要行政许可的方面实施行政管制，反映了我国在经济转型过程中具备的计划经济特征；制定政府采购政策，实施采购；制定产业政策和创新政策，推动一些新兴行业发展；为了保证社会公共利益，进行体现中国社会主义特色的国有资产投资和国有企业管理；党的领导是我国宪法的基本原则之一。党的领导有多种体现形式，包括党组织在各级政府政策决策过程中的主导作用以及在各个企业建立党组织等。

3. 政府运行维度

政府运行维度从地区特征以及层级差异反映我国企业所面临的政治环境。首先，由于中国幅员辽阔，不同地区经济发达程度和开发程度差距巨大，在讨论地方政府时需要区分企业所在地区；其次，中国包括中央、省、市、区（县）、乡、村六级政府机构，在行政管理上实施政治集权和经济相对分权。因此，政商关系中政治环境主体所在层级将决定政商关系影响的企业范围和影响程度（徐现祥等，2018）。

4. 参与人员维度

政治环境特征还体现在政府履行各项职能过程中，不同政府主体及其成员的参与差异（徐现祥等，2018）。在各级政府发布的经济政策的决策与执行过程中，党组织成员和人民政府行政机构的成员扮演着决策者的角色，而人民代表大会的成员和人民政治协商会议成员则发挥建言献策和监督作用。

（三）关于政商关系类型的研究

学者们认为中国企业要应对的政商关系主要包括6种类型。

1. 企业要面对的第一类政商关系是指政府作为市场经济的规则（法律法规和公共政策）制定者、监管者，与企业作为规则执行者和被监管者之间关系，这也是最重要的政商关系。

2. 企业要面对的第二类政商关系体现在行政管制方面，各级政府作为行政许可方和行政审批方，与企业作为经营许可和资质申请方之间的关系（周黎安，2014）。在一些关乎国计民生的重要行业和领域，政府的行政管制和干预程度较高，如医药、食品、房地产等行业。该行业中不满足行政许可条件的企业为了获得利益和生存空间,可能会采取贿赂政府官员等不正当行为,影响政商关系(周业安、赵晓男,2002)。

3. 企业要面对的第三类政商关系体现在政府购买方面,政府作为货物、服务和工程项目的采购者与企业作为供应商之间的关系(周黎安,2018)。某些企业可能通过直接或间接行贿有决策权力的政府官员,获得政府订单,从而产生不正当的政商关系。

4. 企业要面对的第四类政商关系是指地方政府作为地方经济和社会发展的责任人、招商引资者,与企业作为投资者和税收、就业贡献者之间的关系。企业作为投资者可能利用不同地方间的竞争,而与地方政府讨价还价以获得最大利益,此时的政商关系是一种特殊的交换关系。而在地方政府与企业共同从上级政府申请政策支持时,双方之间转换为合作关系。这种场景下的政商关系可能涉及企业与政府间的大量互动行为(田志龙、陈丽玲,2019)。

5. 企业要面对的第五类政商关系是指政府作为国有资产投资者和管理者与被投资企业之间的关系(田志龙、高海涛,2005)。国有企业的特殊性质使得企业需要履行一定的社会责任,并能够得到各方的政治信任。民营企业在与国有企业竞争的同时,也不得不与国有企业合作,以增加经营活动的政治合法性和资源的获取性。此时的政商关系包括政府、国有企业以及民营企业三者之间的竞争和合作。

6. 企业要面对的第六类政商关系是指政府(党组织)作为国家的政治、经济、社会生活的领导者,同企业作为被领导者的关系(王元芳、马连福,2014)。

由于"政"与"商"的复杂性,并不能简化地从单维度探讨政商关系的内涵和作用,以上6种类型政商关系往往交织在一起,形成复杂的交互关系(田志龙等,2020)。从政府角度,我国六级政府机构,县级以上政府都有人大、政协、党委和行政四大班子,还涉及具体的不同政府部门。不同层级的政府间和同层次的不同地方政府机关间,存在利益一致性和相互竞争与博弈的复杂关系。从企业角度,由于在企业所有制、所在地区、所在行业等方面存在不同,导致各企业在发展条件、发展权利和发展地位上存在现在差异。"政"与"商"复杂性的叠加,造成了政商关系利益格局、主体性质上的复杂性。由此,我国的政商关系既是政治与经济的关系,也是不同政府组织与企业组织间的关系,还是企业组织中的管理者与政府部门中的官员之间的关系。

(四)关于政治环境包含要素的研究

政府经常采用的经济调控措施包括:税收优惠、中国政府特征(如政府干预、政府管制等)、中国制度背景(如中国转型经济的特殊背景、制度环境)、法律法规(包括地区法律制度水平、环境政策/环境规制、环境保护信息披露、货币政策环境等)。这些政策措施对企业的战略决策、职能活动等均有显著影响。

1. 一般性政治环境场景

一般性政治环境场景包括公共政策制定、行政管制以及政府采购三种要素(周黎安,2014)。公共政策是指影响企业市场运营的各种法律法规和政策。从理论上而言,公共政策的制定通常经历如下过程:问题的形成、议程的形成、备选方案的提出、政策目标确立、政策方案设计、政策方案的评估和论证、政策方案的抉择和筛选、政策执行、反馈和修正等流程。政策制定参与者及角色差异体现了国家特色。中国的经济政策基本上由国务院和地方政府的行政部门组织制定,由政府部门提出。

行政管制是指政府对企业经营的行政许可。中国目前仍处于计划经济向市场经济转型过程中,计划经济遗留下来的政府对经济活动进行"行政审批",作为政府调控市场的重要手段,也是直接影响企业生产决策的重要因素。

政府采购是指各级政府为了日常政务活动、为公众服务等而从国内外市场获取货物、劳务和工程的行为。政府从企业直接采购的数量决定了企业的利润来源和生存空间,是影响企业生产经营和决策的直接因素。

2. 产业发展场景

产业发展场景主要是指各级政府所制定的产业政策、创新政策、行政帮助等。在中国从计划经济向市场经济转型过程中,为鼓励各地方政府积极推动地方经济发展,我国中央政府与地方政府之间呈现政治集权和经济分权关系(周黎安,2018)。在政治和行政上,实行中央政府和共产党统一领导,由上级政府根据社会经济发展情况,对下一级政府的政绩进行评估并决定领导人的升迁。同时,各地方政府对当地的经济发展负责,需要制定与上级政府政策一致又具有地方特色的经济政策。在这种机制下,为了促进地方经济发展、提高本地政绩,各地方政府之间形成一定的竞争关系,包括对人才投资、产业和对上级政府资源的竞争。各地政府积极开展招商引资,出台各种支持本地企业和吸引国内外企业投资的地方优惠政策,出台推动企业创新行为的创新政策,建立各级经济开发区及科技园区,给予相应企业财政补助、税收优惠、融资支持以及政治肯定。

在推动本地经济发展过程中,地方党政负责人与当地主要企业高管联系密切,甚至政府会基于特定企业对当地经济发展的贡献、在当地的影响力等,推荐企业高管成为人大代表、政协委员,给予企业一定的参政议政的机会(田志龙、陈丽玲、顾佳林,2019)。

3. 社会主义性质场景

与其他国家政治环境相比,我国政治环境还体现了社会主义性质这一特色。首先,国有资产投资和国有企业在国家经济中占有较大比例,是中国社会主义性质重要特征的表现(曾萍、邓腾智、宋铁波,2013)。国有经济是我国国民经济中的主导力量。政府与国有企业之间、国有企业与民营企业之间的关系是我国政治环境社会主义性质的体现;其次,体现社会主义性质的场景是党的领导(田志龙、高海涛,2015)。各级政府政策的制定和执行需要在同级党组织直接领导下进行,企业的设置以及活动开展也需要在党组织领导下进行。

二、关于企业对政治环境响应策略与行动的研究

面对政府制定的政策以及本地的政治环境，企业需要掌握和理解各级政府制定的政策，按照政策要求进行资源配置以建立技术、产品和市场能力（田志龙、邓新明，2007），在组织上改进组织方式和积累经验与能力，更多地获得政府产业政策和创新政策的支持，以及影响政府政策的制定与实施。在企业的反馈、决策和执行过程中，形成了与各级政府的积极互动。

（一）企业政治策略与行动的研究

企业为构建自身发展所需的市场环境，会采取影响政府决策或行为的策略，即企业政治策略（田志龙、高勇强、卫武，2003）。也有部分学者提出企业政治策略的狭义定义，认为企业政治策略是指企业通过接近和发展与政府（官员）的特殊关系而取得资源、得到优待的做法和行为。学者们认为企业主要会采取7种政治策略：政治经营、直接参与、政府关联、财务刺激、代言人、制度创新、信息咨询和调动社会力量。这些政治战略可以分为企业主动出击的先发制人战略和企业被动承受的被动反应战略（张建君、张志学，2005）。

（二）不同类型企业对政治环境响应策略与行动的研究

面对所在地区的政治环境变化时，不同性质、不同战略、不同组织结构的企业所采取的响应策略和具体行为会存在差异。以下因素会导致企业对政治环境响应策略与行动的异质性。

1. 性质维度

现有研究从以下几个方面描述企业的外在特征：①所有制（民营企业、外资企业、国有企业、合资企业等）；②行业（行业/子行业）；③科技领域（传统/高科技等）；④地域范围（如地方性公司、全国性公司或国

际化公司等)；⑤在当地的地位与影响（如规模、地位、地方排名、行业排名等)。在这里列出的企业性质维度上，有些统计意义上的企业样本是研究政商关系的学者们需要注意的。

2. 目标/功能维度

一般而言，企业的目标包括如下两个方面：①市场成功（规模与盈利能力、市场地位与竞争实力、品牌影响力等）；②社会认可（在当地的影响力和地位、从各级政府获得的企业称号和政治认可等）。由此，企业的使命或功能就常常表现为满足市场需求和做出社会贡献。这个维度上的企业特征影响着企业是否以及如何响应政商环境。

3. 结构/运行维度

企业的组织结构以及总部/分子公司在各地方的分布决定着企业可能要与哪些层级的地方政府打交道。在运行方面，企业的政府事务在总部与分支机构的集权与分权、企业的政府事务管理系统与能力的建立、项目考核与激励机制以及处理政府事务的方法等都影响着企业政商关系管理实践的开展与效果。

4. 人员维度

一般而言，企业中有4类人员可能会参与到政府事务活动中：①股东/董事（如企业创始人/董事/主要投资人）；②公司总部的高管层（如总经理/副总经理）；③事业部/职能领域的高层管理者、基层管理人员；④公司专职处理政府事务的部门主管及专员。这些不同的人员可能参与到企业政商关系管理的不同事项和不同环节，扮演不同的角色。需要注意的是，有政治身份的人员与其他人员在政商关系管理中存在差异。

三、关于企业政治绩效的研究

企业政治绩效主要是指企业处理政商关系的价值所在。企业通过实施政治策略和行动，会获得政治和经济收益，包括获取经济资源（如财政支持等）和关系资源（如企业组织身份等）（卫武，2006），有利于提升企业的竞争优势和经济效益（严若森、姜潇，2019）。当企业能够与经营业务归属的主管政府部门或者官员维持良好关系，形成政治关联，将显著影响企业经济决策行为，影响公司层战略选择（魏江、寿柯炎、冯军政，2013）、竞争战略选择（李健、陈传明、孙俊华，2012）、战略实施方式（邓新明等，2014）以及企业职能活动（贺小刚、连燕玲、吕斐斐，2016），并提高企业经济效益。

企业可以从政商关系管理中获得以下利益：①企业遵守法律法规和公共政策的要求，会获得合法经营的权利、获得经营许可以及通过正当竞争获得政府订单；②当企业经营活动属于政府重点扶持范围，且投资规模和经营成果达到政府政策要求时，企业可以享有进入各级政府的产业园的资质、获得科技型企业身份、获得示范项目或者各级研发中心称号、进入地方政府专项支持的计划等便利，从而从各级政府获得税收优惠、税收减免、研发项目财政补贴等政府扶持，为企业节约大量资金；③随着企业持续扩张、在当地有较大影响时，企业高层管理者或企业家可以被当地政府推荐成为人大代表或政协委员，从而获得政治认可（项国鹏、胡玉和、迟考勋，2011；尹珏林、张玉利，2009）。

企业可以通过以下三种方式获得政治绩效：①企业高管通过获得人大代表、政协委员等政治身份参政议政，直接影响政府政策（高勇强、田志龙，2005）；②企业通过新闻媒体等舆论工具对政府施加压力，间接影响政府政策（高勇强、田志龙，2005）；③企业通过贿赂、钱权交易等腐败手段获得政府产业发展、政策扶持等信息或政策资源，影响政府决策行为（张建君、张志学，2005）。

四、文献综评

以往文献对我国企业政治环境的特点进行了研究，并揭示了中国企业政治策略与行动的特征，也对企业政治绩效的构成要素做了一定的描述。学者们对我国政商关系的研究已经形成了丰富的研究成果，但现有研究也存在不足。

首先,对政商关系"是什么"的问题缺乏明确定义。已有关于政商关系的研究,大部分将政商关系中的"政府"当成点概念来处理,但是我国政府部门是由中央、省、市、县(区)、乡镇、农村构成的、纵向关联但横向差异的多层次综合网络,忽视中国政府内部的丰富层次和相对的多样性而进行"企业政治环境"研究,导致得出的结论常常比较笼统,对企业决策缺乏参考价值。例如,当各级政府部门都出台纵向关联但横向差异化的创新政策时,不同的创新政策在推动企业创新行为决策过程中发挥着不同作用。因此,在探讨"政治环境如何影响企业决策?企业如何反馈?"等问题之前,先需要明确各级政府出台的影响企业经营活动的产业和创新政策是什么?政府制定政策过程是什么?政府补贴如何决定发给企业?如果学者们把中国政府政策当成点变量来处理,就会忽略对上述问题的思考,研究结论的参考价值也就有限。

其次,对政商关系"如何发生"的机理问题缺乏深层次研究(李海洋、李新春,2018;Shernkar、李炜文,2017)。研究政商关系管理实践活动时,需要考虑我国政治环境的丰富性,以及不同政治环境要素如何影响企业决策。例如,市场规则和政府作用的同时发挥、政府多重功能的履行、不同类型政府机构的角色、地方政府的庞大数量下不同区域的地方政府间的巨大差异、中央与地方间的政治集权和经济分权形成的晋升锦标赛,以及中国企业的多样性特征。

最后,关于政治绩效研究主要集中于实证研究(Emeyer、钟惠琳,2017)。国内外很多学者探讨了政治关联与企业经营行为和绩效的关系。在这些研究中,几乎所有研究都将企业与政府之间建立的关系称为"政治关联",并将企业高管的人大代表、政协委员或前政府官员身份等作为是否具有政治关联的测量方式。这些文献的基本结论是,企业的政治关联与企业经营行为或企业绩效存在较高的相关性,且从资源基础观的角度将上述变量间的相关性当成因果关系,来解释企业建立政治关联是否有用。但这些研究对政治关联与企业绩效及经营行为间的因果假设可能存在偏误。"政治关联"相关文献主要探讨它是否有用以及产生何种作用。但这些文献没有回答的关键问题在于:"某企业家为什么能成为该省的全国人大代表?"或"一地级市某企业家为什么能成为该市的省级人大代表?"原因可能是该企业因其市场绩效和社会绩效优秀,且具有省级或国家级科技企业资质,故能帮助有关企业家在当地或更高一级的人大代表或政协委员竞选中胜出,而不是相反。但是,对于此类内生性问题,尚鲜有研究进行关注。由此,"政治关联"不是一个独立的自变量,仅将政治关联作为自变量来分析其对企业绩效和经营行为的影响作用的做法是对中国政商关系实践的误解。

第四节 政商关系研究的未来展望

基于上节梳理政商关系的研究成果以及研究不足的分析,未来关于政商关系的研究应该基于以下几点。

一、政商关系内涵及关系机制的研究

未来关于企业政商关系的研究,首先应该从总体上探讨"政治环境——企业政商响应策略及行为——政治绩效"各是什么以及三者间的关系,更深入地从直接和间接角度研究企业政治环境不同场景的特征、不同类型企业响应策略与行为、政治绩效等要素的内涵,探讨上述要素间的关系机制。

(一)关于各要素内涵的深入研究

未来,学者们可以集中研究:企业政治环境中宏观制度的改善及其实施,尤其我国各级政府特征的研究。各级政府是发展地方经济的行动主体,为了培育本地产业和市场主体,地方政府如何将经济绩效压力传递至

当地企业？这对企业间的竞争会产生什么影响？当地企业会采取什么战略和措施，在不同地方政府间进行博弈，以获得利益最大化？随着我国经济发展以及地区间经济差异逐渐拉大，当前我国中西部地区和东北地区人才、资金和技术等资源向东部沿海地区流失，导致当地经济退化，中西部地区和东北地区地方政府与企业的关系如何演变？

除了影响企业的政治环境外，未来学者可以分析政府如何影响企业高管行为。比如，各级政府赋予企业各种身份的价值研究；政府是如何赋予这些企业身份意义从而使企业感知其价值的？企业获取各类身份的过程和方式是什么？企业如何发挥所获得的企业身份价值？比如，对政府官员的政治企业家行为的研究；各级政府官员为了推动法律法规、公共政策和产业政策创新，如何与当地企业交往，从而在工作思路和工作方法上有所创新。

（二）关于各要素间的关系机制研究

探讨企业从政府获得的各种身份如何帮助企业获取政府资源、赢得市场竞争和获得社会认可（李维安、徐业坤，2013；冯延超，2012）。大量的现有文献直接探讨企业获得的个人身份（人大代表/政协委员，描述为政治关联）与企业行为或企业绩效的相关性，并将这种相关关系延伸为因果关系来讨论企业身份的作用，但是这些政治身份也可能只是在一定程度上能够起到信号传递的作用（杨子绪、彭娟、唐清亮，2018）。例如，这些政治身份形成的良好声誉在信息不对称的新兴市场中作为补充渠道，会传达企业经营良好的信息，可帮助消除利益相关者因为信息不对称而进行的逆向选择；或曾在政府任职的高管熟悉有关部门的工作流程，进而更好地表达企业自身的诉求。对于这些现象，学术界还需要进行大量的案例研究以揭示企业高管个人政治身份的内涵与作用机制。

企业将在海外的影响力转化为对国内政府和社会影响力的策略与行为研究（项国鹏、胡玉和、迟考勋，2011）。随着我国国际化进程的加快，部分企业成功地将在海外经营中获得声誉，这些企业如何将国际声誉转化为对国内的影响，并通过这样的方式来改变现有规则以建立竞争优势或获取资源？

在市场对资源配置的决定性作用与政府重要作用的双重影响下的企业应对策略和行动研究。中国的市场经济体系与政府影响力都发挥着重要作用，因此，政府和市场作为两种关键因素长期同时影响着企业的创业、创新和发展战略（曾萍、邓腾智、宋铁波，2013）。

二、关于企业决策与实施过程的研究

未来政商关系管理研究的第二个层面，应该探讨企业在面对政商关系时的反馈、决策和实施机制。在应对政商关系或者政治环境变化时，企业决策过程包括哪些环节以及每个环节会发挥何种作用。明晰企业决策机制是研究政商关系的基础。

首先，应关注企业对政治环境信息进行理解、解读的方法、方式及其过程。探寻企业对待政治环境的态度和总体思路，以及企业对政治环境的现状、未来趋势的了解和认识程度，了解企业解读政治环境信息的方法与过程，这是明确企业决策和行为选择的基础。

其次，需要研究不同类型企业在面对不同政治事项下，如何确定自己的目标和应对事项的策略。例如，企业的目标是什么？采用的响应策略如何分类？在不同政治事项下，企业确定目标和策略时的考虑因素有何差别？企业如何考虑不同策略的风险及防范举措？企业目标及应对策略如何受企业领导人特质与领导风格的影响？企业如何通过策略的实施放大政治事项对自身的有利影响；同时，规避政治事项对自身的不利影响？

三、关于政商互动的研究

在政商关系管理实践活动中，企业和政府有关部门及人员、同行企业和其他利益相关者以及为企业和政府提供服务的中介机构等均是政商互动的参与者。众多参与者之间存在复杂的合作、竞争关系。企业与政府间会有众多的互动,且这些互动行为存在于企业政商关系的各个阶段。

  学者们可以从以下三方面对政商互动关系进行深入研究。一是关于政企互动的情境和过程,企业政商管理过程的各个环节中都可能存在着政府和企业的互动行为。此时,需要明确企业在收集政治事项的有关信息过程中,产生互动关系的政府部门以及工作人员,以及当企业争取更高层级政府资源或项目时,企业如何利用当地政府官员的帮助,以及怎样与更高层级政府部门和官员互动?二是关于政企互动策略与方式的选择,学者们需要探讨在政商关系的不同场景下,企业判断某个政治事项对企业产生价值量的依据,判断企业对当地政府影响程度的依据。明晰地方政府与企业的相互依赖作用产生的原因、影响因素以及企业维护互动关系的方式。三是关于政企互动的有效性,理解政府作为行动主体的组织行为以及政府资源配置过程,以及政企互动的动机。

第三章 营商环境

随着我国经济社会的快速发展,我国社会主要矛盾转变成"人民日益增长的美好生活需要和不平衡不充分的发展之间的矛盾"。如何改善经济的不平衡不充分发展是我国政府亟需要解决的问题。经济的健康发展有赖于社会主义市场经济体制的不断完善,需要充分发挥市场在资源配置中的决定性作用以及政府的调控作用。因此,优化营商环境、完成地方政府职能转变,直接决定着地方经济的发展。营商环境也成为各级政府以及学术界关注的热点。

第一节 营商环境的概念及发展历程

一、营商环境的概念

"营商环境"概念出现并广泛使用于20世纪90年代我国香港地区。社会各界对于营商环境日益重视、并逐渐进入公众的视野,始于世界银行每年发布的《全球营商环境报告》(Doing Business)。目前,学术界尚未对营商环境达成一致定义,根据现有文献可分为狭义、相对广义和最广义三种。

(一)狭义的营商环境

狭义的营商环境主要是指政策、法律、文化、制度等物质环境以外的外部因素和条件的总和(娄成武、张国勇,2018),通常也称为营商软环境。政府通过税收制度、产权保护、市场监督、维护金融市场和劳动力市场运行等方面，有效塑造营商制度软环境（Asaftei 等，2008；董志强等，2012）。这与世界银行2008《中国营商环境报告》中提及"营商环境是反映企业经营的软环境"基本一致。还有其他机构给出类似的含义，如企业发展捐助委员会（DCED）认为，营商环境是支配商业活动所需要的制度、规制、政策、法律等复杂的融合体，包括落实政策的行政和执法体系、体制安排等，以及对公权的监督、创新制度建设、创新行政审批程序、改善政企关系等政策（刘锦、王学军，2014）。另外，还有学者认为营商软环境还包括政府提供的对中小企业放款政策、贴息政策、风险补偿政策、建立行业协会、公平的竞争环境等（周瑞芳，2008），以及政府效率、腐败程度等制度质量（Escaleras 和 Chiang，2017）。

（二）相对广义的营商环境

与狭义的营商环境仅包括软环境相比，相对广义的营商环境还包括企业在商业活动中面临的由政府所塑造的基础设施硬环境，即一个国家或地区的自然禀赋和硬件设置。此时，营商环境是指区域市场主体面临的包括社会、市场、政务、基础设施等环境要素构成的综合发展环境（Eifert 等，2005），是一种具有制度特征的公共产品（娄成武、张国勇，2018）。企业在投资时不仅需要考虑地价、房租、水电等显性成本，也要考虑产业配套、行政效率、通关速度等隐性成本，其中政府投资和行政都会影响企业的营商环境（刘军林，2010）。

（三）最广义的营商环境

与相对广义的营商环境包括软环境和基础设施硬环境两项相比，最广义的营商环境还包括宏观环境，是伴随企业活动过程的各种系统性环境和条件的总和（董彪、李仁玉，2016；赵勤，2018）。按照世界银行发布的《营商环境报告》指出，营商环境是一个经济体内的企业在开办企业、金融信贷、纳税、保护投资者等方面，覆盖企业生命周期内需要花费的时间和成本的总和，可以分为宏观环境、制度环境和基础设施三个部分。包括汇率、税收等国际化因素，劳动力成本、运输成本等区域因素，产品、贸易等供应链因素（Zhang等，2014）。营商环境可以影响企业的区位选择，是一个地区能否开展国际合作、取得国际经济技术竞争力的关键因素（厦门市发展研究中心，2016），最终改变全球制造业的趋势。

2019年10月，我国国务院正式公布了中国优化营商环境领域的第一部综合性行政法规《优化营商环境条例》，将营商环境定义为"企业等市场主体在市场经济活动中所涉及的体制机制性因素和条件"。因此，我国政府对营商环境的定义符合最广义的营商环境的概念，是对经济体商业经营能够产生影响的各项因素的集合。

综上所述，目前学术界尚未对营商环境形成统一的定义。在具体研究问题时，还可以对营商环境进行细分，如法制营商环境、税务营商环境等。现有的实证研究文章中，大都将其理解为一种"软环境"；在规范研究中，更多将其定义为一种外部环境的有机综合体。

二、我国营商环境的发展历程

虽然我国近几年才明确提出营商环境概念，但是改革开放以来我国从未停止对营商环境建设的探索。归结起来，我国营商环境建设大致经历了四个时期：尝试探索期（1978—1991年）、加速推进期（1992—2002年）、反思调整期（2003—2011年）和全面深化期（2012年至今）。

（一）尝试探索期（1978—1991年）

1978年12月，党的十一届三中全会作出了实行改革开放的新决策，促进经济建设成为我国党和政府的工作重点。我国也由此开启了营商环境建设的探索与尝试，国家一方面通过建设经济特区、开放港口、建设大学等方式完善硬件条件，另一方面通过制定配套法规、完善管理制度等举措提升软件水平。

1978年,邓小平同志明确提出了"两个大局"的对外开放战略思想,提出沿海地区尽快通过对外开放先发展起来,内陆地区要顾全分步发展的大局。由此,极大地激活了我国市场活力。为更好地吸引外资,以简政放权为重心的体制改革开始在全国范围内推行,转变政府职能,强化市场的调控能力。同时,还制定减免税收、信贷优惠等一系列优惠政策吸引外商投资。另外,我国还恢复普通高考、出台高端人才引进政策,为营商环境建设提供了丰富的人力资源要素。改建和扩建火车站、汽车站、机场、高速公路等交通设施、大力兴建水电站和引水工程等措施,极大地改善了营商环境建设的硬件设施。

总体来看,这一时期我国营商环境治理工作主要呈现以下几个特点:一是外来投资主体较单一,主要以港澳台的外商投资为主;二是外商投资领域单一;三是吸引投资的手段单一,仅限于税收、土地、廉价劳动力等优惠手段;四是治理模式单一,集中体现为"自上而下"的,从宏观(中央顶层设计)到中观(地方政府政策供给)再到微观(招商部门具体落实)的政府主导型模式。

(二)加速推进期(1992—2002年)

1992年,邓小平同志的"南方谈话"拉开了我国营商环境建设加速推进的序幕,市场环境、政务环境、要素环境、公共服务、创新发展环境等营商环境要素得到了极大改善。政府职能加速转变,政务环境便利化、规范化,行政审批制度改革成效明显。截至2002年,国务院取消了572项行政审批事项,行政审批程序得到极大简化,人才、金融等要素条件得到极大改善,向多元化、集约化方向发展。各地政府加快完善公共环境和公共配套资源,为营商环境建设打下坚实的物质基础。在营商环境改善推动下,我国外贸企业在优惠政策推动下快速增长,非公有制经济发展迅速,每年GDP增速高于10%。

另外，同期全国各级政府建立了 5 000 多个包括开发区、高新区、出口加工区、保税区、物流园区、高教园区等不同形式、不同功能、涵盖不同领域的园区，标志着营商环境建设的主导力量从中央政府转变为各级地方政府。同时，营商环境建设的区域也从沿海地区大面积地向内陆区域覆盖，中西部地区营商环境建设工作得到了极大推进，从而在全国形成了东中西部协同推进的局面。

总之，这一时期营商环境建设呈现快速推进的趋势，市场环境、政务环境、要素环境、公共服务等营商环境要素改善成效明显。不过，国家过于重视 GDP 增速，地方经济发展增速成为地方政府官员晋升和考核的重要标准，各地呈现"GDP 锦标赛"态势，粗放型经济发展的倾向明显。

（三）反思调整期（2003—2011 年）

1992 年至 2002 年过于注重 GDP 增速的经济政策，导致 2003 年开始我国钢铁、水泥等行业出现了投资过热的现象，各地开展的"GDP 锦标赛"将各地方政府推入无序竞争的混乱状态，粗放型的发展给资源与环境造成了极大的破坏。面对上述困境，我国不得不开始反思和调整营商环境建设。中央开始对各类经济园区进行清理整顿，保留国家和省级园区，其他园区采取升级保留、合并与撤销的形式进行整顿，最终全国园区数量从原来的 5 524 个压缩到 2 065 个。同时，中央加大了对经济园区进行控制和调整的力度，引导地方政府发展经济思路从仅注重发展速度向注重提质增效转变。

因此，各地调控政策逐步从工业化建设转向城区和市政的营商硬件环境建设。我国东南沿海的劳动密集型产业也逐步向资本和技术密集型产业转换升级，信息技术、物流仓储、金融服务等现代服务业得到了快速发展。与此同时，为了配合各地经济发展思路的转向，政府职能也持续转变，大量缩减行政审批制度。这一时期，国务院先后进行了 6 次行政审批制度改革，共取消和调整了近 70%、共计 2 479 项行政审批项目。

（四）全面深化期（2012年至今）

党的十八大的召开对我国的经济发展做出了新的战略调整，提出推进国家治理体系和治理能力现代化的目标。随着经济增长速度放缓成为我国"经济新常态"，原先低成本快速扩张策略已经不符合我国经济发展要求，各级政府及时调整了经济发展的思路，实现从规模速度型向质量效率型转变，从以要素和资本驱动转向以创新驱动。为此，党的十八届三中全会通过的《中共中央关于全面深化改革若干重大问题的决定》，首次提出要建设良好的营商环境。营商环境就是生产力。尤其是党的十九大以后，我国经济发展也进入了由高速增长到高质量发展的新时代，为适应这一新变化，党中央对优化营商环境工作提出了更高的要求，对其重视程度也达到了空前未有的高度。2018年的中央经济工作会议再次明确指出，营造优良的营商环境对实现我国经济转型升级、迈向高质量发展将起到十分关键的作用。良好的营商环境是建设现代化经济体系的内在要求和重要基础，也是推动我国经济高质量发展，实现质量、效率、动力三大变革的重要保障。而随着国务院对营商环境改革"五个为"和"六个一"要求的大督查全面启动，一场遍及全国的营商环境改革在全国范围全面展开。本阶段地方政府的角色逐渐从以前的"GDP至上"导向的"重招商"向"造环境"转变，营商环境特征具体表现为以下四个方面。

1. 更强调发挥市场的作用

党的十八届三中全会和党的十九大报告中均强调"使市场在资源配置中起决定性作用"。之前政府的职责在于主导招商引资，其工作的重心完全放在抓引进项目上，是典型的"项目核心"的工作导向。目前政府职责转变为辅助招商，工作重心转移到营造政策软环境，优化营商环境的制度建设上。

2. 更注重经济发展的质量

党的十九大报告指出，中国经济已由高速增长阶段转向高质量发展阶段。必须坚持质量第一、效益优先。明确把建设现代化经济体系的着力点集中于实体经济，将主攻方向确定在提高供给体系质量上。因此，各级政府出台了一系列促进企业科技创新的经济政策，对科技创新行为提供了大量政府财政补贴。

3. 更强调营商环境的影响

之前各级地方政府单纯依靠税收、土地等优惠政策作为招商引资的吸引手段，导致各地恶性竞争加剧、市场无序混乱运行。本阶段党中央、国务院从整体性和全局性出发，制定和颁布了一系列旨在优化营商环境的战略举措，从中央到地方、从沿海到内陆地区都在积极推进营商改革和营商环境建设工作。营商软环境成为各地吸引投资的重要手段。自贸区建设、负面清单管理模式等一系列改革管理创新举措，极大地优化了中国营商环境，有效提升了中国的国际影响力。

4. 政商关系发生了根本性变化

之前由于政府过度干预经济运行，导致政企关系模糊、政府越位错位。而现阶段，政府职能转变，营商环境改革以简政放权、创新监管和优化服务为目标任务，政商关系开始向"既亲又清"的方向发展。党中央、国务院先后颁布实施了《关于完善产权保护制度依法保护产权的意见》和《关于营造企业家健康成长环境弘扬优秀企业家精神更好发挥企业家作用的意见》，强调加强产权保护，发挥企业家作用和培育企业家精神。此举有助于凝聚各方对企业家重要作用的共识，对营造企业家健康成长的环境、积极培育和弘扬优秀企业家精神、更好地引导发挥企业家的重要作用具有战略性和全局性的指导意义，政商关系和政府形象得到重塑。

第二节　营商环境研究综述

国内外学者对营商环境展开了大量研究，形成了丰富的研究成果，对当前进行营商环境研究提供了大量经验。研究内容集中于三个方面：优化营商环境的影响因素、优化营商环境的政策措施以及优化营商环境的经济后果。

一、关于优化营商环境影响因素的研究

国内外学者从多个角度对营商环境的影响因素进行深入研究，认为宏观经济环境、货币政策（Jaroslav 和 Jan 等，2019）、社会制度（包含法律制度）、基础设施的质量、政治、社会文化问题（Gregory 和 Fuming 等，2010）、政务环境（王秋菊等，2020）等众多因素均会影响地区营商环境。各因素可以分为政治、经济、社会、法制四个层面（Stern，2002）。

（一）政治因素对营商环境的影响

政治环境是营商环境最主要的影响因素，从本质上说营商环境是一种政府规制环境（武靖州，2017），企业所在地区的政治稳定和政治方向对市场主体具有极大影响（Ayse 和 Osman，2012）。地方政府是营商环境最重要的决定因素之一，它为商业制定并执行规则，支持或阻碍该地区的发展。影响营商环境的政治因素具体包括以下几类。

1. 政府职责对营商环境的影响

各级政府的职责体系以及权责边界是企业考虑投资环境时的重要因素，对地方招商引资具有深远影响（潘同人，2014）。政府规模、政府分权、对外开放水平（孙群力、陈海林，2020）、政策完善、制度性腐败的克服（宋林霖、黄雅卓，2020）、监管政策及其执行过程中自由裁量权（Dinissa，2012）会显著促进营商环境水平的提高。但是，也有学者以越南企业为样本，研究发现大部分企业并不关心政府的政策以及服务水平（Maiuichi，2019），政府职责并不会影响企业的投资选择。

2. 市场准入机制对营商环境的影响

市场准入机制主要强调合法企业进入产业所需的时间和成本。政府设

置企业进入市场的最低标准,有利于维持市场秩序和提高治理水平,营造良好的投资环境(Kim 等,2018)。但是如果政府设置的市场准入标准过高,会大幅增加企业遵循法定程序的成本与时间,降低市场竞争,甚至形成行业垄断(刘丹鹭,2013),抑制企业创新动力与生产率水平(明秀南、王科,2016),为企业留下寻租空间,导致腐败行为滋生、营商环境恶化(Djankov 等,2002)。放松行业进入壁垒和市场结构规制,能够促进行业适度竞争,促进企业研发创新(David Osborne 和 Ted Gaebler,2006),提升行业效率,降低生产经营成本,优化营商环境(Zhang 等,2008)。

我国《服务业发展"十二五"规划》中,明确提出政府应该放宽市场准入条件,建立公平、透明、规范的市场准入标准(江静,2017),改革行政审批制度,为企业提供公平竞争的市场环境(夏杰长、刘诚,2017)。地方政府设置的贸易壁垒、进入规制等政策,会影响生产要素的流动。生产要素是构成营商环境的核心要素,引导生产要素自由流动、提高竞争程度是优化营商环境的重要条件(娄成武、张国勇,2018)。

3. 政府运行效率对营商环境的影响

高质量的政府官僚机构或有效且得以准确实施的政府政策,可以显著提高中小企业的绩效。一个地区的规章制度太过于复杂,比如商业登记文件的冗长程序、政府落后的立法程序和严苛的规章制度将显著阻碍中小企业的发展,也促使中小企业倾向于使用腐败的非法获取利益最大化(Artistovnik 和 Obadic,2015;Tonoyan 等,2010)。

(二)经济因素对营商环境的影响

宏观经济因素是一个地区企业发展的决定性因素,因此经济因素对营商环境优化有显著影响(Bekeris,2012;Dragnic,2014)。经济维度包含大量、复杂的影响营商环境的具体因素,比如所在地区的经济发展周期、经济增长速度、通货膨胀、融资难度等(Ahmedova,2015;Bazo,2019)。

由于上述因素对营商环境的影响较为明显,学者们进行争鸣探讨的相对较少。关于经济因素对营商环境影响的争论主要集中于资源定价以及金融业规制方面。

1. 资源定价对营商环境的影响

资源定价主要是指政府制定或者干预水、电、天然气等资源类产品,以及医药制品等关乎国计民生产品的市场销售和交易价格。我国垄断行业的价格规制往往采取最低限价。这种定价方法明显有利于垄断企业形成非公平竞争价格(戚聿东、李峰,2016),提高企业预期利润效应和现金流入(Vernon,2005),降低了企业创新动力和研发支出投入(Golec等,2010;Bardey等,2010)。但是也有学者研究发现带有激励机制的最高限价能促进企业创新(Prieger,2002)。

2. 金融业规制对营商环境的影响

金融业规制的目的是纠正信息不对称与外部性相关的市场失灵,以支持金融市场效率和资源有效配置(Robert Balduin等,2017),有助于市场主体降低交易成本、优化营商环境。但是,政府过度干预金融业发展会导致资本市场长期低迷,投资者保护机制缺失(沈伯平,2012),国有金融机构竞争力低下,民间借贷市场混乱,资本配置效率低(沈伯平、范从来,2012)。部分学者认为我国目前金融业规制过于严格,政府对于金融业干预过多,抑制了金融市场的市场化进程,增加了市场主体交易成本(李宏瑾、苏乃芳,2018)。减少政府对金融业的干预可以降低银行集中度,增加市场竞争,激励银行业技术创新,推动银行业结构转型升级(Acemoglu 和 Guerrieri,2008)。我国政府对金融业的管制应该侧重于金融市场供给侧结构性改革(周凡,2020),将监管重点转向合规运营以及金融风险管控,给予金融机构更大的自主性和创新性(原凯,2019),可以在一定程度上推动利率市场化、降低信息不对称和解决中小企业融资问题,对营商环境具有促进作用(廖理等,2014)。

(三) 社会因素对营商环境的影响

社会因素主要包括环境中人们的价值观、观点和生活方式，以及人口、文化、生态、宗教和民族条件的演变，是营商环境重要的间接影响因素（Gregory，2010；徐昱，2015）。社会和文化环境往往会通过企业家精神和创新精神，影响地区经济发展，进而影响地区营商环境；服务业水平、创新资源、人力资本水平、区域交通等因素，能够有效影响投资地域集聚效应。

(四) 法制因素对营商环境的影响

加强法制建设是未来经济持续发展的重要保障，完善的法律保护能够有效改善企业营商环境。影响营商环境的法制因素主要包括：所有权保护以及知识产权保护、契约维护以及司法公正性的重视程度（孙群力、陈海林，2020）。

完善的法律环境可以降低企业资金成本，促进企业融资，提高企业经济效率（Ohanyan 和 Androniceanu，2017）。提升地区经济绩效（Marinescu，2013），是营商环境的关键影响因素。但是有部分学者认为政府的政策法规对企业的创业和商业活动影响不明显（Wapshott 和 Mallett，2018；Jaroslav 等，2019）。知识产权保护政策可以保护竞争者和消费者的权益不受侵害，建立激励与约束相容的责任机制，激励守法企业创新，优化调整产业结构（Akerlof，1970），激发市场内在动力，从而营造诚信守法的营商环境（罗英，2014）。

二、优化营商环境的政策措施

优化营商环境可以显著推进各级地方政府经济社会发展，促进企业高质量发展。加强营商环境建设是一项系统改革工程，需要多元主体系统、整体和协同参与、持续优化（郭燕芬，2019）。

首先，政府是优化营商环境的主体，对营商环境的改善具有直接决定作用。地方政府应从直接参与经济的"经济人"向中立公正的"公共权威"角色转型（李旭东，2019），通过创新机构职能、精减行政事务审批机构等途径优化政府的机构设置和职能配置（钱锦宇等，2019），建设高效服务型政府（魏向前，2019），充分赋权社会主体，提升公共服务能力，有利于降低交易成本、推动高质量发展，从而全面优化营商环境（马相东等，2018）。

其次，有学者从经济、法治等角度提出优化营商环境的政策措施。加强社区治理法治化进程可以有效发挥社区治理多元规范、合作共治的作用（陈光等，2019）。打击商业贿赂营造良好政商生态、"打假"和保护知识产权，可以培育各类治理主体的法治意识（张瑄，2014），从而为营商环境优化提供制度保障和观念基础。另外，政府部门也可以加强金融基础设施建设力度、优化中小企业信贷政策环境以及减轻企业税负压力等经济措施，以优化营商环境（许可、王瑛，2014）。

三、优化营商环境的经济后果

（一）优化营商环境对微观企业的影响

1. 优化营商环境对外商直接投资的影响

大量学者通过宏观层面数据以及企业微观数据，均验证了优化营商环境有利于简化行政审批和减少审批流程步骤，使注册登记的企业数量增加（Bruhn，2011），从而显著促进外商直接投资的进入（Corcoran 和 Gillanders，2015；Bobeni－Hintoová，2016；Contractor 等，2020；张应武、刘凌博，2020）。但是王正新和周乾（2019）基于 2007—2017 年中国企业对"一带一路"国家的直接投资数据发现，中国企业更倾向于投资营商环境总体情况较差的"一带一路"国家。

2. 营商环境对企业绩效的影响

关于营商环境对企业绩效的影响，学者们形成了三种观点。第一种观点认为营商环境优化能显著提高企业的全要素生产率（杨进、张攀，2018），促进企业绩效提升（Prajogo，2016；Gogokhia 和 Berulava，2020；Reyes 等，2021）；第二种观点认为优化营商环境会降低企业进入市场的门槛，加剧市场竞争，影响原先进入市场的企业的经营发展（Susanne Prantl，2012），导致营商环境对中小企业绩效没有显著促进作用（Shehu 和 Mahmood，2014；Prajogo，2016；赵海怡，2020）；第三种观点认为不同营商环境对企业绩效的影响存在异质性。社会文化环境、制度环境和技术环境对企业绩效的影响较为显著，而社会文化因素对企业绩效的影响较小（Laouiti 等，2014）。可能原因在于营商环境是否能促进企业全要素生产率提高取决于营商环境政策对企业家的调动作用（薄文广等，2019），导致营商环境的不同方面对企业生产率的影响存在差异（Augier 等，2012）。

3. 营商环境对企业研发创新的影响

关于营商环境对企业研发创新的影响，国内外学者基本达成一致意见，均认为营商环境优化可以促进市场机制完善、政务服务提升和知识产权保护力度的强化（雷挺、栗继祖，2020），可以降低企业运营过程中可能的制度性交易成本（Yan 等，2018），从而激发企业加强研发投入（孙琛，2020），促进企业创新（夏后学等，2019；张美莎等，2019；陈颖等，2019）。

（二）优化营商环境对宏观经济的影响

优化营商环境能促进经济发展（赖先进，2020），通过价值链迁移与创新激励路径显著提高企业出口的国内增加值率（戴翔、秦思佳，2020），促进资本市场发展（Ibraheem，2020），对宏观经济发展存在显著影响。

1. 优化营商环境可以降低制度性交易成本

优化营商环境可以规范行政审批事项、优化与精简行政审批流程与材料、强化信息共享，促进行政效率提升，从而有效地降低企业费用性与效率性的制度交易成本（白景明等，2019；闫永生等，2021）。同时，优化营商环境可以深化财税体制改革，清理各项税外收费，降低水、气、电与路等相关价格，强调财税体制的公平与透明，由此降低企业制度性交易成本（夏后学等，2017；Yan 等，2018）。

2. 优化营商环境可以激发市场主体活力

良好的营商环境可以保障政府与市场互相促进，政府具有合理的权责边界和清晰的角色认识，有利于建立亲商清商型政商关系。从而稳定市场主体预期，推动企业家精神发展（解维敏，2016）。另外，可以出台普惠倾向的产业政策，以解决知识产权、环境污染等外部性问题。通过合理的产权制度、契约制度与市场准入制度等，缓解政府与市场主体间的信息不对称程度，保护市场竞争公平性，将更多精力用于培育市场环境，赋予市场主体的自由度，促使企业生产率提升，激发市场主体活力（Augier 等，2012；李志军，2022）。

3. 优化营商环境可以促进生产要素的有效分配

优化营商环境可以为企业提供良好管理与服务、参与和调控，从而能持续汇聚资金、项目与人才等生产要素，有利于生产要素的配置（武靖州，2017）。首先，良好的营商环境有利于降低企业融资成本，缓解金融市场信息不对称，增加企业融资渠道，避免可能的融资约束（赵瑞瑞等，2020）；其次，良好的营商环境蕴含着良好的教育与科研环境，可以促进产学研之间的合作，形成地区人才生产要素培育机制（李志军，2020）；最后，良好的营商环境可以保证人才政策与岗位匹配，具备完备的人才评价体系，从而降低人才流动制度性成本，有利于人才跨区域或跨国流动。

四、文献综评

目前国内外学者从多个角度对政府职能及其转变、营商环境建设以及治理等方面进行了大量研究，形成了多元性的理论和多样化的视角，丰富了人们的思维，拓宽了人们的视野，为后续研究提供了丰富的理论源泉。然而，随着我国迈入中国特色社会主义新时期，地方政府面临着更加复杂多变的形势，需要学者们从更加多元化的视角进一步丰富和完善营商环境研究。

首先，已有研究过度地以"政府"为中心。现有关于优化营商环境的研究大多停留在对政府角色、职能边界、政府转型、服务型政府建设等方面的探讨，过度强调政府在优化营商环境过程中的作用。然而，营商环境的治理不单是政府的职责，更需要全社会共同参与。因此，探讨营商环境优化需要考虑多元治理主体，将政府、市场、社会融入营商环境改善过程中，着重论证公民个人、团体或社会组织等如何参与政治或行政，以最大程度发挥营商环境优化的效用。另外，政府职能是一个历史范畴，其内涵会随着时间推移发生不同的变化。党的十八大以后，我国国内外形势发生了巨大的变化，尤其是党的十九大标志着我国进入新时代，社会的主要矛盾也发生了深刻变化。需要学者们及时更新营商环境的理论研究，与时俱进。

其次，研究方法和研究内容比较单薄。从研究方法来看，现有研究集中于定量研究，学者们更多地从宏观对策性和统计分析角度，研究营商环境相关问题；从研究范围来看，现有研究更多的是针对省级以上的政务环境、市场环境、法治环境等全部或者某一单方面的宏观层次研究，缺少对市县级层面营商环境的研究。

最后，现有研究探讨了营商环境推动经济发展的作用机制，但是很多研究主要着眼于企业绩效和投资贸易两个维度，缺乏从更广泛的角度对营商环境影响经济发展的机理进行分析，导致部分文献的实证研究结论可信度存疑。因此，还需要结合我国国情和现状，充分地研究经济发展和营商活动二者之间的关系，尤其是针对两者影响的因果关系以及内部机制进行详细论证。

第三节　营商环境的测量

对于营商环境的准确测度是评价营商环境发展先进性、分析营商环境对企业影响等相关研究的基础，国内外学者和实业界对营商环境测量进行了大量研究，也构建了不同的营商环境评价体系。但是关于营商环境评估及其指标体系的构建，当前我国学术界和实务界中尚未形成统一共识。

一、国内外常用的营商环境指数

根据营商环境的定义和内涵，一些国际组织和国内的学者、媒体、研究智库以及社会企业从不同的角度，采用不同的衡量指标构建了营商环境评价体系。

（一）国际主流营商环境评价指标体系

为了评估各国企业营商环境，一些国际组织如世界银行、经济合作发展组织（OECD）、经济学人智库等从不同维度构建了营商环境指标，为我国营商环境评价指标体系的构建奠定了基础。

1. 世界银行营商评价指标体系

2003年，世界银行发布了全球首份《营商环境报告》，截至2023年已连续发布20年，成为目前国际上最具权威的营商环境评估报告。世界银行营商评价指标体系立足于企业生命周期，从企业开办、经营以及结束过程中所面临的外部环境，评价全球将近200个国家和地区的营商便利度。世界银行营商环境评价指标体系包括10个领域：开办企业、办理施工许可证、获得电力、登记财产、获得信贷、保护中小投资者、纳税、跨境贸易、执行合同以及办理破产的时间和成本。表3-1显示了世界银行营商环境评价体系的构成要素。

表3-1　世界银行营商环境评价体系构成

一级指标	二级指标	三级指标	考察议题
企业开办	开发企业	最低资本要求	进入
		手续、时间和成本	
	登记财产	手续、时间和成本	财产权

续表

一级指标	二级指标	三级指标	考察议题
企业扩建	获得信贷	信贷信息系统	获得信贷
		动产担保法律	投资者保护
	保护投资者	相关方交易过程中的信息披露和责任	
	执行合同	解决商业纠纷所需办理的手续及所需要的时间和成本	
企业经营	办理施工许可	手续、时间和成本	管理负担
	获得电力	手续、时间和成本	人员雇佣的灵活性
	纳税	税款、时间和总税率	
	开展跨境贸易	文件、时间和成本	
	雇用员工		
企业破产	办理破产	时间、成本和回收率	资产调整

世界银行营商环境评价指标体系通过假设开办或经营一家企业面临的实际约束评价地区营商环境，是典型的基于经济活动过程的事前评价，而非事后表现。从表3-1可以看出，世界银行营商环境评价体系主要考量地区营商的软环境和营商便利度，对经济体的基本制度框架和关键监管程序的效率状况进行了综合评价，并未包含所有对企业经营具有重要影响的商业环境指标，如市场规模、金融开放、劳动力素质和技能以及腐败、宏观经济稳定性等与地方竞争力相关的制度性因素。

2. 全球竞争力评价体系

从1979年开始，世界经济论坛（World Economic Forum，WEF）每年推出年度《全球竞争力报告》（The Global Competitiveness Report），持续对各个国家竞争力进行综合考评。目前，全球竞争力评价指标体系从12个维度98个具体指标衡量各个国家生产力和竞争力的发展水平。12个维度分别为：机构、基础设施、信息和通信技术、宏观经济稳定、健康、技能、产品市场、劳动力市场、金融体系、市场规模、商业活力和创新能力。全球竞争力评价指标体系中每项指标均采用0到100评分值，100分对应每项指标的目标位置，通常代表一项政策的最终目标，实际得分则表明目前该国家所取得的进展以及存在的差距。《全球竞争力报告》能够全面反映各个国家的实际经济发展能力,以及与其他国家之间的差距,并为其指明了提升竞争力需要努力的方向。但《全球竞争力报告》选取的指标仍然集中于从宏观层面对营商环境的评价,缺乏直接影响企业经营活动的因素。

3. OECD 创业环境评价指标体系

经济合作发展组织依据企业创业的不同发展阶段评价该地区的营商环境,具体包括影响创业企业的决定因素、反映企业发展的直接效应以及企业成熟所产生的社会效应三个方面的指标。其中,影响企业创业决定的因素包括 6 类:市场状况、技术研发情况、地区创新能力、地区创业文化、资金获取的难易程度以及地区的创业文化氛围(Ahmad 和 Hoffman,2007)。OECD 创业环境评价指标体系主要反映创业企业面临的营商环境,缺乏对其他类型企业,尤其中大型企业营商环境的考量。

(二)我国主流营商环境评价体系

由于国际主流的营商环境评价体系并不能反映"中国特色",为了有效评价我国整体以及不同地区的营商环境,学者从省份、城市、企业等不同维度出发,构建了符合中国特色的营商环境评价指标体系。

1. 中国市场化指数

中国市场化指数由中国国民经济研究所和中国企业家调查系统合作完成,旨在对中国各省(自治区、直辖市)企业经营环境的总体情况和各方面状况进行综合评价,并持续跟踪各地区企业生产经营环境的变化情况。中国市场化指数包括 5 个维度 18 个方面的指标:一是政府与市场关系维度,具体包括缩小政府规模、市场分配经济资源比重、减少企业对外税费负担、减轻农民税费负担以及减少政府对企业干预 5 个指标;二是非国有经济发展维度,具体包括占工业销售收入比重、固定资产总投资比重以及占城镇总就业人数 3 个指标;三是产品市场发育维度,具体包括价格市场决定程度和减少商品地方保护 2 个指标;四是要素市场发育维度,具体包括金融市场化程度、引进外资程度、劳动力流动性以及技术成果市场化4个指标；五是中介组织发育和法律维度，具体包括知识产权保护、对生产者合法权益保护、中介市场发育度、消费者权益保护4个指标。

2. 中国营商环境指数蓝皮书

从2021年开始，中科营商环境大数据研究院连续三年发布《中国营商环境指数蓝皮书》，从做好"六稳"、落实"六保"和助推经济高质量发展的角度出发，构建不同层面的营商环境评价指数，全面分析了中国31个省级行政区（不含港澳台）、333个地级行政区、1 879个县级行政区，217个国家级经开区，169个国家级高新区的营商环境情况。省、市、县的营商环境评价指标体系包括公共服务、市场环境、政务环境、融资环境、普惠创新5个维度；国家经开区和高新区营商环境指标体系由产业基础、要素成本、政务环境、开放程度、人才教育、基础设施6个维度、21个二级指标构成。

3. 中国城市营商环境报告

粤港澳大湾区研究院中国城市营商环境课题组从2017年开始发布《中国城市营商环境报告》，从软环境（权重25%）、市场环境（权重20%）、商务成本环境（权重15%）、基础设施环境（权重15%）、生态环境（权重15%）、社会服务环境（权重10%）6个维度选取指标，对全国直辖市、副省级城市、省会城市共35个城市营商环境进行评价。

二、营商环境评价指标体系构建方法

指标体系构建方法是构建指标体系采取的评价方式、理念与手段。已有研究文献主要采用社会指标评价方法、政府绩效评价方法和满意度测评方法作为构建营商环境评价指标体系的方法。

（一）社会指标评价方法

社会指标评价方法主要体现为利用社会指标构建指标体系，以测量和描述某地区福利程度和生活状态。社会指标评价方法并不局限于统计学角度的数据衡量和评价，更强调评价所衡量对象的现状，聚焦于发现问题，分析各指标和维度的内在联系，并用系统性方式作出回应。与归纳法或描述法更注重衡量"社会处于何种状况"相比，社会指标评价方法还强调采用演绎法或分析法探寻社会运行的机理，回答"这些状况为何存在"。

早期社会指标评价方法强调实证主义和科学主义方法。实证主义意味着构建评价指标体系时需要结合演绎逻辑推理的方法进行结果检验，揭示社会现象背后的"客观"规律；科学主义意味着需要采用数理模型建构和计量分析预测等定量、客观指标保障评价结果客观和价值中立。随着社会系统测量越来越复杂，需要将价值取向和价值判断引入评价指标体系中，表达利益相关者感受的主观指标逐渐被纳入指标体系。当前，社会指标评价方法已从单纯的实证导向转化到规范与实证的综合导向。具体而言，营商环境评价指标体系构建应将工具理性与价值理性相结合、主观指标与客观指标相结合、定性分析与定量分析相结合，充分反映利益相关者诉求与营商环境建设实效。

（二）政府绩效评价方法

政府绩效评价方法秉持结果导向和满意度导向的理念，以公众满意为根本评判标准，强调产出结果效能和公共责任的落实，有利于政府部门建立以结果为导向的绩效反馈及持续改善机制，从而可以保证评价结果更加客观公正。

政府绩效评价方法的优势包括：首先，更加追求公平正义结果。以世界银行构建的营商环境指数为代表的评价方法，从企业设立、运营和退出过程中花费的时间和成本角度衡量营商环境，体现了过程导向，也导致评价结果存在偏差。比如缩短行政许可审批时间并不意味着会产生更好的经济效果；其次，政府绩效评价方法以公众满意为根本评判标准，强调服务公众和社会效益，有利于对偏离公众需求的政府行为进行纠错纠偏，更好地体现人民主权和民主法治精神。

(三) 满意度测评方法

满意度测评被广泛应用于公众生活领域，可以用来反映人们对社会生活的直接体验和主观感受，表现为人们的心理状态、情绪和愿望等，反映了社会对营商环境水平以及建设成效的认可和满意程度。市场主体是营商环境建设的最终受益对象和直接利益相关者，优化营商环境的根本目的是让市场主体提升"获得感"。营商环境建设成效应该由市场主体作出评价，而不是由政府部门自己评价。因此，营商环境评价指标体系构建时应该突出满意度指标，特别是将企业满意度指标纳入评价指标体系。

三、营商环境评价指标的选取

(一) 宏观层面评价指标的选取

1. 省级营商环境评价指标的选取

学者们对各省营商环境进行评价时，主要从营商环境的影响因素角度出发，从市场环境、经济金融环境、政务环境、法治环境、人文环境因素中的全部或者部分维度（杨涛，2015；王小鲁等，2019；张三保等，2020），选取具体二级指标，构建省级营商环境评价指标体系。

另外，杨枝煌等（2020）从经济金融、社会文化、自然生态和政治军事等不同方面，构建了中国营商环境评价体系。邱康权等（2022）从营商开展环境和营商生活环境两个维度构建省份营商环境指标体系，以揭示中国省份营商环境的地区差异及动态演变规律。可以看出，学者们选取的省份营商环境评价指标更倾向软环境指标，更注重市场、经济、法治等制度指标。

2. 城市营商环境评价指标的选取

城市是企业生产经营活动和居民生活的主要场所，对营商环境的评价不能脱离企业和居民的具体生产生活环境。因此，学者们对不同城市营商环境评价时，非常重视居民和企业的满意度，大部分将居民和企业的感知、意愿指标纳入评价指标体系。张语恒（2020）从地区生活便利度、政务服务水平、产业发展情况和科技人员丰富度4个维度，构建区域营商环境优化指数，对长三角三省一市和京津冀地区营商环境进行评价。郭晶（2020）从地区物价水平、财政收入规模、居住环境、文化发展环境、医疗环境等维度，评价北京、上海、深圳和广州4个城市的营商环境。丁鼎等（2020）从市场发展环境、金融市场环境、创新发展环境、政府政务环境、公共设施环境和人力资源丰富程度等维度，构建城市营商环境评价指标体系。

另外，学者们对不同城市营商环境评价时，所选取的指标更倾向较广义营商环境概念，除了制度类软环境指标外，往往还考虑基础设施建设等硬环境指标。比较典型的是由中央广播电视总台发布的《中国城市营商环境报告》，由粤港澳大湾区研究院发布的《中国城市营商环境评价报告》以及由普华永道中国、数联铭品、财新智库、新经济发展研究院联合发布的《中国城市营商环境质量报告》中，除了市场发展程度、社会服务水平、创新、法制、政务环境以及金融服务、人力资源等软环境指标外，均加入了基础设施或者城市功能指标。

（二）微观层面评价指标的选取

营商环境是市场主体从事商业活动或经营行为的各种境况和条件的综合（董彪、李仁玉，2016）。因此，评价营商环境水平应从微观企业的感知和反馈层面选取指标，以市场主体和社会公众的满意为根本判断标准，构建营商环境评价指标体系（许志端、阮舟一龙，2019）。盛从锋、徐伟宣和许保光（2003）从市场状况、综合成本、支持能力、投资风险4个方面选取二级指标，建立我国各省市区投资环境竞争力评价指标体系。娄成武、张国勇（2018）从整体感知、政务环境感知和要素环境感知3个维度选取评价指标，从"顾客"视角对各地区营商环境满意度进行测评。刘迎霜（2018）聚焦于直接影响本地企业经营效率、质量的要素，特别关注企业与行政机关、司法机关互动的法治环境，评价非外资企业的经营环境。廖福崇（2019）基于生命周期理论，从企业办理经营许可的难易度、办理税务手续的繁杂度、市场监管力度以及劳动力监管力度4个方面选取指标，构建营商环境评价指标体系。

  通过对学者们构建的营商环境评价指标体系的梳理，可以看出学者们进行了大量研究，形成了丰富的研究成果。但是，关于我国营商环境的评价并没有形成统一结论，没有构建出一套各方均认可的评价指标体系。

第四章　企业战略变革

第一节　战略及企业战略概述

一、战略

战略一词源于军事领域,古称"韬略",是指对战争全局的筹划和谋略,是一种从全局考虑谋划实现全局目标的规划,是长远的规划、远大的目标。

在中国,最早见于春秋时期著名的军事家、政治家孙武(尊称兵圣、孙子或孙武子)所著的《孙子兵法》。《孙子兵法》是中国古代著名的兵书,也是世界军事史上最古老的兵书。它提出了许多具有深远影响的思想,其中战略思想是其核心之一。《孙子兵法》认为战略是取得胜利的关键。它强调了战略的重要性,指出战略决定战争的胜败,而战术只能影响战斗的胜败。同时,它也提出了许多战略原则和思想,如"知己知彼,百战不殆""上兵伐谋,其次伐交,其次伐兵,其下攻城""兵无常势,水无常形"等。在《孙子兵法》中,战略的制定和实施需要遵循一些原则。首先,战略必须符合实际情况,不能盲目追求胜利。其次,战略必须具有全局性,不能只看到局部利益。再次,战略必须具有长远性,不能只看到眼前利益。最后,战略必须具有应变性,能够根据实际情况进行调整。《孙子兵法》的战略思想具有深远的影响,不仅在军事领域被广泛应用,也在政治、经济、管理等各个领域得到广泛应用。其含义演变为泛指统领性的、全局性的、左右胜败的谋略、方案和对策。

越王勾践在灭吴王夫差的过程中,充分体现了《孙子兵法》的战略思想。他的成功实践对于我们制定和实施战略具有重要的启示和借鉴意义。一是勾践在战前做了充分的准备，他采纳了群臣关于明赏罚、备战具、严军纪、练士卒等建议，并以为国复仇为号召，动员了人民的支持。这些准备工作体现了《孙子兵法》中"未战庙算"的思想，即不打无把握之仗，不打无准备之仗。二是勾践在实战中运用了奇正之术，即先以正兵与吴军相持，然后以奇兵进行突袭。他先命士兵在阵地两翼鸣鼓佯攻，引得吴军兵分两路后，乘机率主力隐蔽渡过笠泽，出其不意攻击吴军薄弱之处，迫使吴军溃逃，然后乘势追击，三战皆捷，取得了灭吴的决定性胜利。这一战术的运用体现了《孙子兵法》"兵者诡道"的思想，即用兵要善于变化，不可拘泥于常法。三是勾践在战争中采取了奇正相生的原则，即以正兵为主，以奇兵为辅，正奇结合。他以正兵与吴军相持，以奇兵进行突袭，最终取得了胜利。

在西方，strategy 一词源于希腊语 strategos，意为军事将领、地方行政长官。后来演变成军事术语，意指军事将领指挥军队作战的谋略。

二、国家战略

国家战略是指筹划和运用国家总体力量，以实现国家目标的总方略。它包括国家生存和发展的总体规划和长远计划，涉及国家的根本利益、发展方向、发展目标、发展步骤和力量运用等内容。国家战略具有全局性、长期性和根本性的特点，是指导国家各个领域的总方略。

2015 年的《政府工作报告》提出了三大支撑带战略，即，"一带一路"、长江经济带和京津冀协同发展三大战略。

（一）"一带一路"

考虑到国内外宣传的区别，在国内，"一带一路"可以被称为战略，但在国外宜称为倡议。该战略的提出是为了改变东强西弱的现状，实现经济的东西平衡。"一带一路"战略是对美国"亚太再平衡战略"的再平衡，也是对俄罗斯"欧亚经济联盟"的新平衡;"一带一路"贯彻了欧亚大陆的中心和边缘,是中国周边战略和欧亚战略的重要体现;"一带一路"战略是地区经济合作的创新版和经济外交的升级版,它不具有强制性,而是提倡共商、共建、共享、互利共赢的共同发展理念,是中国外交经济战略的一个重要方面;"一带一路"战略是中国和平崛起与和平发展的新尝试和新努力,它排除了过去西方国家以强凌弱的模式,为国际社会提供了一条具有包容性的共同发展新路线。

(二)长江经济带开发战略

长江经济带覆盖上海、江苏、浙江、安徽、江西、湖北、湖南、重庆、四川、云南、贵州等11个省、市,面积约205万平方千米,占全国总面积的21%。人口和生产总值均超过全国的40%。实施长江经济带开发战略,是党中央、国务院作出的重大决策部署。在重庆召开的推动长江经济带发展座谈会上,习近平强调:"推动长江经济带发展必须从中华民族长远利益考虑,走生态优先、绿色发展之路,使绿水青山产生巨大生态效益、经济效益、社会效益,使母亲河永葆生机活力。"习近平的讲话为长江经济带战略的实施进一步确立了方向和基调。实施长江经济带开发战略,对于实现长江全流域生态修复、推动经济要素有序流动、促进区域经济协同发展、支撑中国经济持续增强,具有十分重大的战略意义。

(三)京津冀协同发展战略

京津冀协同发展的核心是京津冀三地作为一个整体协同发展,要以疏解非首都核心功能、解决北京"大城市病"为基本出发点,调整优化城市布局和空间结构,构建现代化交通网络系统,扩大环境容量生态空间,推进产业升级转移,推动公共服务共建共享,加快市场一体化进程,打造现代化新型首都圈,努力形成京津冀目标同向、措施一体、优势互补、互利共赢的协同发展新格局。2018年11月,中共中央、国务院明确要求以疏解北京非首都功能为"牛鼻子"推动京津冀协同发展，调整区域经济结构和空间结构，推动河北雄安新区和北京城市副中心建设，探索超大城市、特大城市等人口经济密集地区有序疏解功能、有效治理"大城市病"的优化开发模式。2023年12月25日，京津冀三地在雄安新区共同签署了《京津冀自贸试验区协同发展行动方案》，并共同发布系列协同创新成果，以务实举措推进京津冀三地自贸试验区协同发展。

三、企业战略

企业战略是指企业面对变化激烈、挑战严峻的经营环境，在总结历史经验、调查现状、预测未来的基础上，为谋求生存和发展而作出的长远性、全局性的谋划或方案。它是企业为实现其愿景和目标而确定的组织行动方向和资源配置纲要，是制订各种计划的基础。

制定战略、实施战略并进行战略管理是每个企业在激烈竞争的市场环境中获得优势的关键。明确企业战略有助于企业识别和利用机会，以适应不断变化的市场环境。它可以帮助企业明确市场定位，制定有效的竞争策略，实现可持续发展。此外，正确而清晰的企业战略还可以提高企业的竞争优势和盈利能力。通过合理的资源配置、组织结构和文化氛围的优化，企业可以获得更高的市场份额和更多的利润。

企业的战略部署甚至关系到企业的生死存亡，正如习近平谈中国的粮食安全所言，中国人的饭碗要牢牢端在中国人自己的手中。从2018年、2019年美国制裁中兴通讯和华为事件即可得到印证。

2018年，美国制裁中兴通讯，导致中兴通讯当即休克，股价持续跌停，市值缩水2/3左右，中兴通讯最终接受了美国政府提出的和解条件，向美国支付罚款和保证金共达14亿美元，并替换董事会。美国商务部派"特别合规协调员（SCC）"入驻中兴通讯，实行长达十年的监视。中兴通讯被美国商务部罚款不止这一次，在2017年，美国对中兴通讯进行了三轮重惩，累计罚款高达30亿美元。"中兴事件"表明，如果不抓自主可控而完全依赖外国技术，就像在别人的地基上砌房子，结果是美国一动根基中兴通讯就休克，这是一个惨痛的教训，所有的企业都要引以为戒，避免重蹈覆辙。

与"中兴事件"相距半年多的 2018 年 12 月，华为创始人任正非之女、华为 CFO 孟晚舟在加拿大被捕，华为成为这一轮中美摩擦中第二家被制裁的科技企业。与中兴通讯不同，在华为遭受政治迫害和芯片断供以及手机操作系统禁用的威胁下，华为壮士断臂出售荣耀，及时启动鸿蒙系统并加速自研芯片。2021 年 9 月 26 日，被困 1028 天后，孟晚舟终于无罪释放回国。经过三年砥砺前行，华为携 Mate 60 强势回归。2024 年 1 月 18 日，华为在深圳举行鸿蒙生态千帆启航仪式，华为携手各个垂直领域的头部应用伙伴、顶尖高校、人才培养机构、权威媒体等，一起见证鸿蒙生态的新里程，共同开启新流量、新商机、新未来。研究机构 TechInsights 发布预测报告称，华为 HarmonyOS 将在 2024 年取代苹果 iOS 成为中国第二大智能手机操作系统，安卓和苹果 iOS 在中国市场上的份额将被华为鸿蒙操作系统渐次替代。

华为和中兴通讯都有使用美国原生的通信技术的产品领域。华为和中兴通讯不同的是，华为在核心领域采用了预防战略，为规避风险，华为早在芯片、专利授权、技术储备等方面有了巨大的投入。华为在美国禁止使用美国原生操作系统的情况下，紧急启用备胎鸿蒙系统，避免了外部技术和市场变化给企业带来的灭顶之灾。试想如果华为早期没有预防战略，那后果将是多么可怕。因此，企业特别是科技型企业务必要常怀危机意识，坚持技术自主创新。只有掌握核心技术并与时俱进才能行稳致远。

四、企业战略的分类

企业战略有多种分类方式，常见的分类方式如下。

（一）按战略层次可以分为总体战略、业务战略和职能战略

总体战略又称公司战略，是企业最高层次的战略，主要解决企业发展

的全局性、长远性问题，如企业的经营方向、组织机构调整等。业务战略又称经营战略，是企业竞争战略的一部分，主要解决企业在某一特定经营领域如何构造竞争优势的问题，包括成本领先战略、差异化战略和集中化战略等。职能战略又称职能层战略，主要解决企业中各个具体职能部门如何更好地为总体战略和业务战略服务的问题，包括市场营销战略、财务战略、生产战略、研发战略等。

（二）按规划时间长短可分为长期战略、中期战略和短期战略

长期战略是指时间跨度很长的战略，通常为5—10年；中期战略是指时间跨度适中的战略，通常为2—5年；短期战略是指时间跨度较短的战略，通常为1—2年。

（三）按性质可分为进攻型战略、防御型战略和撤退型战略

进攻型战略是指企业积极主动地开发新产品、开拓新市场、扩大企业规模、抢占市场份额等；防御型战略是指企业保持现有市场和产品、维持现有经营状况等；撤退型战略是指企业主动或被动地缩小规模或退出某个行业或市场等。

（四）按影响空间可以分为全球战略、区域战略和国内市场战略

全球战略是指企业在全球范围内进行资源配置和市场竞争的战略；区域战略是指企业在一定区域范围内进行资源配置和市场竞争的战略；国内市场战略是指企业在国内市场进行资源配置和市场竞争的战略。

（五）按企业在市场中的竞争地位可以分为领先者战略、挑战者战略和追随者战略

领先者战略是指企业通过技术创新、品牌建设等手段，在市场中占据领先地位。挑战者战略是指企业通过差异化竞争等手段，挑战市场领先

者。追随者战略是指企业跟随市场领先者，学习其成功经验，避免犯错。

（六）按企业在资源利用的策略不同可以分为资源依赖型战略和资源控制型战略

资源依赖型战略是指企业通过利用外部资源来发展自身业务；资源控制型战略是指企业通过自身拥有和控制资源来发展业务。

（七）按企业在组织结构和管理方式可以分为集权型战略和分权型战略

集权型战略是指企业将决策权集中于高层管理者手中，以实现统一管理和控制；分权型战略是指企业将决策权下放给中下层管理者，以提高组织的灵活性和反应速度。

（八）按竞争策略不同可以分为成本领先战略和差异化战略

成本领先战略以低成本获得竞争优势。这种战略通常通过提高生产效率、降低成本等方式实现；差异化战略通过提供与众不同的产品或服务，满足消费者的特殊需求，从而获得竞争优势。

以上是常见的几种战略分类方式，除了上述分类方式外，战略还有其他分类方式。

（九）横向一体化战略和纵向一体化战略

获得对经销商或者零售商的所有权或对其加强控制，称为前向一体化；获得对供应商的所有权或对其加强控制，称为后向一体化；获得与自身生产同类产品的企业所有权或加强对他们的控制，称为横向一体化。

中青旅是实施横向一体化战略的典型企业之一。中青旅通过整合行业内的优质资源，扩大了企业的业务范围，提升了服务品质，增强了品牌影响力，从而更好地满足客户需求，提高客户满意度。通过整合行业内的资源，中青旅实现了资源共享，避免重复建设，提高资源利用效率。横向一体化还有助于中青旅实现规模经济，随着业务规模的扩大，中青旅的单位成本下降，盈利能力得到提高。

纵向一体化战略的典型企业有海尔集团。海尔集团在发展过程中，先从冰箱做起，在管理、品牌、销售、服务等方面形成自己的竞争优势，然后在相关制冷技术方面拓展，逐渐进入空调、洗衣机等其他家电领域。

（十）同心多元化战略和离心多元化战略

同心多元化也称为相关多元化，是以现有业务为基础进入相关产业的战略。当企业在产业或市场内具有较强的竞争优势，而该产业或市场的成长性或者吸引力逐渐下降时，比较适宜采取同心多元化战略；离心多元化战略是指企业进入与当前产业和市场均不相关的领域的战略。如果企业当前产业或市场缺乏吸引力，而企业也不具备较强的能力和技能转向相关产品或市场，较为现实的选择就是采用非相关多元化战略。

苹果公司的多元化战略可以被视为同心多元化的一个典型案例。苹果公司起初以生产电脑起家，随着技术的发展和市场的变化，苹果公司逐步将产品线扩展到音乐播放器（iPod）、智能手机（iPhone）、平板电脑（iPad）等领域。这些产品虽然形态各异，但都是基于苹果公司的核心技术（如操作系统、工业设计等）和品牌影响力进行开发的。

亚马逊公司的多元化战略则是离心多元化的一个典型案例。亚马逊公司起初是一家线上书店，后来逐步扩展到销售各种商品，包括电子产品、家居用品、服装等。此外，亚马逊公司还通过收购和内部开发等方式，进入了云计算（Amazon Web Services）、流媒体视频（Amazon Prime Video）等全新领域，这些领域与亚马逊公司原有的在线零售业务并无直接关联。

需要注意的是，同心多元化和离心多元化并不是互相排斥的，企业可以根据自身情况和市场环境灵活选择。同时，多元化战略也需要注意风险管理和资源配置等问题，避免过度扩张导致企业陷入困境。

(十一) 稳定型战略和收缩型战略

稳定型战略，也称为防御型战略、维持型战略；收缩型战略，也称为撤退型战略，包括三种类型：转变战略、放弃战略、清算战略。

可口可乐公司是典型的实施稳定型战略的企业。作为全球最大的饮料制造商之一，可口可乐公司一直致力于维护和提升其核心品牌的市场地位。通过持续的产品创新、营销策略和渠道优化，可口可乐公司成功地保持了其在全球饮料市场的领先地位。这种稳定型战略使可口可乐公司能够在竞争激烈的市场环境中保持稳定的市场份额和盈利水平。

而通用汽车公司在过去曾面临严重的财务困境和市场压力，为了应对这些挑战，采取了收缩型战略，其中包括削减非核心业务、关闭不盈利的工厂和减少员工数量等。通过实施这些措施，通用汽车公司成功地降低了成本、提高了运营效率，并逐步恢复了盈利能力。这种收缩型战略使通用汽车公司能够在困难时期保持稳健的运营，并为未来的发展奠定了基础。

需要注意的是，稳定型战略和收缩型战略并不是一成不变的，企业可以根据自身情况和市场环境进行调整和转变。同时，这些战略也需要与企业的整体战略目标和市场定位相协调，以确保企业的长期稳健发展。

以上是不同的战略分类方式，每一种都有其特点和适用范围。企业可以根据自身实际情况选择适合的战略类型，以实现可持续发展和提高竞争力。

五、企业战略变革及其分类

企业战略变革是指企业为了应对内部或外部环境的变化，对自身的使命、愿景、目标、战略和业务模式等进行的重大调整或重新设计。这种变革旨在提高企业的竞争力、适应性和绩效，以更好地满足市场需求和实现可持续发展。

Ginsberg 和 Venkatraman（1985）把企业战略视为产品和市场领域定位

的选择以及对企业未来决策的展望。Minzberg 和 Westley（1992）认为企业变革的内容涉及要素组织、使命定位和业务流程的调整与变更。已有研究文献中与变革相近的概念有很多，如转型、调整、更新、创新等。项国鹏（2015）认为战略转型是为了对变革对象实现一种根本性的转变，是变革的一种最高模式，Porter（1996）指出"选择"和"转换"是战略的本质。战略转换往往发生在企业的成长或衰退阶段，而战略变革则可以发生在企业的任何一个阶段。裴莹喆（2014）指出战略调整与战略变革的差异主要体现在程度上，而不是内容上。Huff（1992）认为战略更新是彻底地改变现有战略状态，是解决问题的最后一步。戈亚群、刘益认为（2005）战略创新是打破旧的战略模式，形成新模式的行为。

多数研究战略变革的学者们认为，战略转型是组织调整战略以实现战略与环境的重新匹配。这种匹配方式包含两个方面的内容：一是企业的业务范围、资源配置、竞争优势与协同作用的变化；二是引起公司战略内容变化的组织和组织外部环境的变化。

企业战略变革可以根据不同的维度和角度进行分类，以下是常见的分类方式。

（一）按变革范围可分为全面变革和局部变革

全面变革，涉及企业整体的使命、愿景、价值观、组织结构、业务流程等多个方面的根本性变革。局部变革，仅针对企业某个具体方面或业务进行的变革，如产品创新、市场扩张等。

IBM 在 20 世纪 90 年代初面临严重的经营困境，公司临近破产边缘。为了挽救这一局面，IBM 进行了一次全面的战略变革。首先是领导层更换，路易斯·郭士纳被任命为新的 CEO，他带来了外部的视角和新的管理风格。其次是业务重组，IBM 从硬件制造商转变为提供综合解决方案的服务商，强调软件和服务的重要性。再次是组织结构调整，IBM 简化管理层级，使决策更加迅速和灵活。最后是文化变革，IBM 重塑企业文化，强调客户为中心,注重团队合作和创新。这次全面变革使 IBM 成功转型,重新获得了市场竞争力,实现了财务上的稳健增长,并巩固了其在 IT 行业的领先地位。

星巴克是全球知名的咖啡连锁品牌。在 2008 年经济危机后,星巴克面临了业绩下滑和品牌形象受损的问题。为了应对这一挑战,星巴克进行了一系列局部的战略变革。一是进行产品创新,星巴克推出新的饮品和食品,以满足不同顾客的需求。二是门店改造,星巴克对现有门店进行翻新,提供更舒适和现代化的用餐环境。三是进行数字化转型,星巴克加强移动支付和数字订单系统的建设,提高顾客体验。四是进行国际市场扩张,专注于在新兴市场的扩张,如中国、印度市场。星巴克的局部变革策略使其成功恢复了业绩增长,提升了品牌形象,并在全球范围内扩大了市场份额。这些变革举措也增强了星巴克与顾客之间的情感连接,使其成为许多人日常生活中不可或缺的一部分。

(二)按变革程度可分为渐进式变革和革命式变革

渐进式变革,是指通过逐步改进和优化现有战略和业务模式,实现平稳过渡和持续改进;革命式变革,是指对企业战略和业务模式进行彻底的重构和创新,以实现根本性的转型和突破。

丰田汽车是全球知名的汽车制造商,以其高效的生产方式和高质量的产品而闻名。在面对市场竞争和技术变革的压力时,丰田采取了渐进式变革的策略,主要从三方面改革:一是持续改进,丰田汽车在其生产体系中不断寻求小的改进和优化,通过逐步引入新工艺、设备和管理方法,提高生产效率和产品质量;二是加强员工培训,丰田强调员工的参与和持续改进的文化,通过培训和激励机制,使员工成为变革的推动者和实施者;三是市场适应,丰田汽车密切关注市场需求的变化,并逐步调整其产品线和市场策略,以适应不同地区的消费者偏好。通过渐进式变革,丰田汽车成功保持了其在全球汽车市场的竞争力,并实现了可持续的增长。这种变革方式使丰田能够在保持稳定的同时，逐步适应和引领市场的变化。

Netflix是一家全球领先的在线流媒体服务提供商，以其创新的商业模式和高质量的内容而著称。在面对传统影视行业的颠覆和互联网技术的快速发展时，Netflix采取了革命式变革的策略。一是在商业模式上创新，Netflix最初以邮寄DVD租赁业务起家，但意识到互联网技术的潜力，于是决定转型为在线流媒体服务提供商。这种商业模式的转变彻底颠覆了传统影视行业。二是内容自制，为了提供独特和高质量的内容，Netflix开始大力投资自制剧和电影，与知名导演和演员合作，打造了一系列备受称赞的原创作品。三是全球化扩张，Netflix积极推进全球化战略，将其服务扩展到世界各地，使更多观众能够享受到其丰富多样的内容。Netflix的革命式变革使其在短短几年内成为全球领先的流媒体服务提供商之一。这种变革方式使Netflix能够在竞争激烈的市场中脱颖而出，并引领了整个影视行业的变革。

（三）按变革内容可分为技术变革、产品和服务变革、结构和体系变革及人员变革

技术变革，是指引入新技术或升级现有技术，以提高生产效率、降低成本或创造新的市场机会。产品和服务变革，是指开发新产品、改进现有产品或调整服务策略，以满足客户需求和提高市场竞争力。结构和体系变革，是指调整企业的组织结构、管理体系和业务流程，以提高运营效率和灵活性。人员变革，是指改变员工的价值观、技能和行为方式，以提升员工绩效和适应企业战略变革的需求。

亚马逊是全球最大的电子商务公司之一，它通过持续的技术变革，不断提升自己的竞争优势。亚马逊推出了Amazon Web Services（AWS），为企业和个人提供强大的云计算服务，彻底改变了IT基础设施的提供方式。亚马逊将AI技术应用于推荐系统、语音识别（如Alexa）和自动化仓库管理等方面，提高了用户体验和运营效率。通过技术变革，亚马逊不仅扩大

了市场份额，还开创了全新的业务领域。

苹果公司以不断创新和高品质的产品而著名，它多次通过产品和服务变革引领市场潮流。例如，苹果公司推出 iPhone 彻底改变了手机市场的格局，将传统手机转变为集通信、娱乐、工作于一体的智能设备；推出 Apple Music、iCloud、Apple Pay 等服务，进一步增强了用户黏性和收入来源。苹果公司的产品和服务变革使其成为全球最有价值的品牌之一，并持续影响着全球消费者的生活习惯。

海尔是一家全球领先的家电制造商，它通过结构和体系变革，成功实现了从传统制造向智能制造的转型。海尔推行了"人单合一"模式，打破了传统层级结构，鼓励员工自主创新和快速响应市场需求。海尔通过引入智能制造技术和系统，实现了生产过程的自动化、智能化和柔性化，提高了生产效率和产品质量。结构和体系变革使海尔保持了市场竞争优势，同时也为其他传统制造企业提供了转型的借鉴。

微软是全球最大的软件公司之一，它曾面临市场竞争和内部文化的挑战，通过人员变革重塑了企业竞争力。微软进行了领导层更换，由萨提亚·纳德拉接任 CEO，推动微软的文化变革，强调合作、开放和创新。微软加大了对员工培训和发展的投入，鼓励员工不断学习和适应新技术，提高了整体员工素质。人员变革使微软重新焕发了活力，加强了内部团队合作和创新能力，使其在云计算、AI 等新兴市场取得了显著进展。

（四）按变革速度可分为急速变革和缓慢变革

急速变革，是指在短时间内迅速实施变革，以应对突发事件或抓住重大市场机遇。缓慢变革，是指在较长时间内逐步实施变革，以降低变革风险和确保员工适应环境。

优步是一家通过智能手机应用连接乘客和司机、提供出行共享服务的公司。在其初创阶段，优步迅速实施了多项急速变革。优步在短时间内进入多个国家和地区，通过提供便捷、相对廉价的出行服务，迅速占领了市场份额。优步不断推出技术创新，如实时定位、动态定价、无缝支付等功能，提升了用户体验和服务效率。急速变革使优步在短时间内获得了巨大的市场份额和品牌影响力，成为全球领先的出行共享平台之一。

通用电气是一家多元化的工业巨头，拥有多个业务部门和产品线。在面对市场变化和竞争压力时，通用电气采取了缓慢变革的策略。通过引入智能制造、大数据分析等技术，通用电气逐渐从传统的制造业向数字化和服务型制造转型，提升了生产效率和产品附加值。通用电气进行了多次组织结构调整，逐步优化管理层级和业务流程，以适应市场变化和提高运营效率。缓慢变革使通用电气得以在保持稳定运营的同时，逐步适应市场变化和引入新的业务模式。这种变革方式降低了变革风险，但也可能导致变革速度较慢，错失一些市场机遇。

（五）按变革主体分为自主式变革和引导式变革

自主式变革，是指由企业内部主动发起和实施的变革，通常基于内部资源和能力。引导式变革，是指在外部力量（如政策、法规、市场环境等）的引导下进行的变革。

特斯拉以其创新的技术和商业模式而著名。特斯拉的变革主要来自公司内部的自主决策和推动。特斯拉自主研发了电动汽车的核心技术，包括电池管理系统、电机和电控技术等，推动了电动汽车行业的发展。特斯拉采用直销模式，通过互联网和自家门店销售汽车，打破了传统汽车经销商的销售模式。特斯拉的自主式变革使其成为全球领先的电动汽车制造商，同时也推动了整个汽车行业的变革。

中国石油是中国最大的石油和天然气生产商之一，也是全球最大的石油公司之一。在面对能源转型和环境保护的压力时，中国石油在政府政策的引导下实施了变革。中国石油积极响应政府的清洁能源政策，加大了对天然气、太阳能等清洁能源的投资和研发。为了降低碳排放和环境污染，中国石油采取了多项环保措施，包括提高能源利用效率、减少废气排放等。中国石油的引导式变革使其更好地适应了能源市场的变化和环保要求,同时也为公司的可持续发展奠定了基础。这种政策引导式变革使中国石油有序地进行转型和升级,降低了变革的风险和不确定性。

对企业战略变革进行分类有助于企业根据自身情况和市场环境选择合适的变革策略和实施路径。同时,不同类型的变革也要求企业具备不同的能力和资源,以确保变革的成功实施。

六、企业战略变革的影响因素

影响企业战略变革的因素是多方面的,常见的影响因素有以下几方面。

(一)环境因素

企业在市场竞争中时刻面临着环境因素的变化,包括竞争环境、客户需求、技术发展等。这些变化具有很强的不可预见性,对企业战略变革产生重大影响。例如,新技术的出现可能改变行业的竞争格局,企业需要调整战略以适应新的技术环境。大家普遍感知的就是最近几年小鹏、蔚来、理想、AITO、零跑、哪吒、小米、滴滴、云度、前途等新能源汽车对传统汽车制造企业带来的巨大冲击。

(二)资源因素

企业在发展中会涉及各种资源的相互平衡问题,如资金、人力、物资等。一旦资源平衡出现问题,企业可能需要进行战略变革以重新配置资源。例如,当企业面临资金短缺时,可能需要调整投资策略或寻求新的资金来源。自2015年万达集团开启了"卖卖卖"模式,主要是受资金压力和房地产市场压力的影响,顺应环境变化实施的轻资产转型战略。

(三)组织因素

企业在整个发展过程中,组织结构和文化对战略变革具有重要影响。

组织设计的合理与否、员工对变革的接受程度等都会在一定程度上影响企业战略的变革。例如，僵化的组织结构可能阻碍企业对新市场机遇的响应速度，从而需要进行组织上的调整。

上海汽车工业供销公司是上海汽车工业总公司的核心组成部分，随着市场环境的快速变化和公司目标的调整，其组织结构也经历了一次重要的变革。早期的上海汽车工业供销公司主要负责上海汽车工业总公司系统内的物资供应和产品销售。这种模式下，公司的运营相对封闭，与外部市场的互动有限。当上海汽车工业供销公司成为桑塔纳销售的全国总经销后，其业务重心和市场定位发生了变化。原先的组织结构已无法支撑新的战略目标，变革势在必行。上海汽车工业供销公司重新划分了各部门职责，将原先较为分散的业务进行整合。为了提高决策效率和响应速度，上海汽车工业供销公司减少了管理层级，实现了扁平化管理。这使信息在公司内部传递更为迅速，决策更加灵活。为了更好地与外部市场对接，上海汽车工业供销公司积极引进外部人才和资源，包括与国内外知名汽车企业的合作，以及聘请具有丰富行业经验的专业人士。扁平化管理和部门重组有助于提高公司的决策效率和响应速度，使其在面对市场变化时能够迅速作出反应。变革后，上海汽车工业供销公司的运营效率得到了显著提升，市场表现也有所改善。特别是桑塔纳等产品的销售成绩斐然，进一步巩固了公司在市场中的地位。上海汽车工业供销公司的组织结构变革是公司发展过程中的一次重要调整。这次变革不仅使公司更好地适应了市场环境的变化，还为其未来的发展奠定了坚实基础。

（四）目标因素

企业的发展目标指引着企业一段时间内的发展方向。当企业的发展目标发生改变时，企业战略自然也要作出相对应的调整。例如，企业从追求短期利润最大化转变为追求长期可持续发展时，需要调整原有的市场战略、产品战略等。

苹果公司，作为一家全球知名的科技企业，在其发展历程中经历了多次战略变革。其中，最为显著的一次变革就是从追求短期利润转向谋求长期发展。这一变革不仅使苹果公司成功摆脱了困境，还为其后续的辉煌奠定了坚实基础。在20世纪90年代初期，苹果公司曾一度陷入困境。当时，公司过于追求短期利润，忽视了产品创新和市场需求的变化。结果，苹果公司的市场份额不断下滑，财务状况也日趋恶化。为了扭转这一局面，苹果公司决定进行战略变革。苹果公司重新审视了自身的市场定位和发展方向，决定将重点从追求短期利润转向谋求长期发展。为此，苹果公司加强了对产品研发和创新的投入，致力于推出更具竞争力的产品。例如，iPod、iPhone和iPad等产品不仅设计独特、功能强大，还满足了消费者的多样化需求，使苹果公司在市场上重新获得了竞争优势。苹果公司还积极拓展全球市场，通过与各国运营商和零售商合作，成功将产品推向了全球，实现了市场份额的快速增长。苹果公司的战略变革案例充分展示了企业从追求短期利润到谋求长期发展的重要性。通过重新定位、产品创新和市场拓展等举措，苹果公司成功实现了战略转型，为自身的持续发展奠定了坚实基础。

（五）战略形成方式因素

当企业面临难以预测的发展机遇或挑战时，可能需要打破原有的发展机制，进行企业战略上的变革。这种变革可能涉及企业的业务范围、市场定位、竞争策略等多个方面。

特斯拉公司是一家领先的电动汽车和清洁能源公司，近年来因业务范围、市场定位和竞争策略的变化而进行了战略调整。这一调整不仅使特斯拉保持了市场领先地位，还为其未来的发展打开了新的道路。早期特斯拉主要定位为高端电动汽车市场的小众品牌，以生产高性能的电动跑车为主。然而，随着电动汽车技术的成熟和市场需求的增长，特斯拉意识到必须调整战略以抓住更大的市场机会。

特斯拉的业务范围从最初的电动跑车扩展到更广泛的电动汽车产品线，包括轿车、SUV 和卡车等。特斯拉还进军了太阳能和储能领域，通过提供太阳能屋顶和家用储能电池等产品，进一步扩大了业务范围。此外，随着市场竞争的加剧，特斯拉改变了早期侧重于产品性能和技术创新的竞争策略，转向提高生产效率和降低成本。通过建设超级工厂、优化生产流程和采用垂直整合模式，特斯拉成功降低了车辆价格，推出价格更为亲民的车型，如 Model 3 和 Model Y，成功吸引了更多消费者，并在全球范围内扩大市场份额，提高了市场竞争力。

通过战略调整，特斯拉的市场份额实现了快速增长，特斯拉的战略调整使其品牌影响力得到了进一步提升；通过提高生产效率和降低成本，特斯拉的盈利能力也得到了显著增强。

企业战略变革是一个复杂的过程，受到多种因素的影响。企业要抓住市场机遇，综合考虑各种因素，制订出符合自身实际情况和市场环境的变革方案，才有可能保持领先地位。

第二节　企业战略变革的相关理论综述

一、环境适应理论

环境适应理论早期是在人类学和地理学研究中提出的，其核心观点是自然环境与人类活动之间存在互相作用的关系。1923 年，美国地理学家 H. H. Barrows 研究了人类活动和分布与自然环境之间的关系。1930 年，英国地理学家 P. M. Roxby 从不同侧面阐述人类活动对环境的适应能力。19 世纪末以来，人类学者逐渐将研究重点转移到人类社会如何协调与自然环境的关系。

Miles 和 Snow（1984）将适应理论引入企业管理领域，他们讨论了管理行为和组织分析的几个方面，特别指出组织实现战略需要具备合适的市场环境，通过适当设计结构和管理过程以获得战略支持。Edward J. Zajac 和 Stephen M. Shortell（1989）提出了策略与环境组合的概念，分析了组织为应对环境变化而改变其战略的可能性、方向和绩效影响。Edward J. Zajac 等人（1993）研究发现，重组是一种可预测的、常见的、提高绩效的对变化的环境条件的反应，该研究讨论了企业重组和战略变化的适应性。Edward J. Zajac 和 Matthew S. Kraatz 等人（2000）研究发现，战略变化的时间、方向和规模可以根据特定环境力量和组织资源的不同从逻辑上进行预测。

产业经济和国际问题分析专家们认为，影响企业进行战略调整的环境因素包括内部环境因素和外部环境因素。在不同的情况下，有的时候是内部环境起决定作用，如公司治理结构和治理机制调整；有的时候是外部环境起决定作用，如2020年上半年COVID-19病毒在全球蔓延，导致美国政府和日本政府决定重构本国的产业链，要求美国和日本在中国投资的产业回迁本国国内并在政策上给予支持；更多的时候，企业战略变革是内部环境和外部环境共同作用的结果。

从理论层面理解，适应性不只是一种过程，更多的时候体现为一种状态，即动态性的调整和摸索使企业和环境之间相契合，然后调配企业内部资源来维持环境适应性；马李沛沛（2019）认为从实践层面来看，适应性需要企业在战略管理和组织结构调整中磨合协调机制。

环境适应理论存在三种较为重要的分支观点，分别是：权变与规制理论、环境视角理论和动态适应理论。

（一）权变与规制理论

权变与规制理论在环境适应理论的基础上，融入管理与公司治理理论，从而出现了权变理论和规制理论的研究争议。权变理论者提出，企业不能过度地适应环境，而是按照环境的特点确定组织形式，使组织内部的结构框架及资源配置获得适应性。其主要观点是，任何一个组织都不可能适应所有的环境变化（陈国权，2001）。而规制理论认为，尽管组织对环境的适应是必要的，但制度环境对企业的影响更加重要。企业或其他组织为保持和环境的契合，应该改变组织内部的制度和规则。马李沛沛（2019）认为权变理论中的适应性关注企业绩效的变动，适合用稳定性较弱、波动性较大的环境；规制理论则更加重视组织制度的作用，适合用于稳定性较强、波动不大的环境。

（二）环境视角理论

已有文献中，学者们把环境视角划分为客观环境视角、感知环境视角和塑造环境视角三种。客观环境视角认同者们认为，环境属于客观存在的事实，企业行为不能影响环境的变化。通常情况下，理论研究者将环境作为客观事实引入研究内容。感知环境视角的认同者们主张，个体认知的差异性使他们在环境因素的认知中表现不同，理论研究者一般采取默认企业的管理者拥有正常的环境感知能力。塑造环境视角的认同者们偏向于研究组织和环境之间的影响作用和机理。

（三）动态适应理论

主张该理论的研究人员认为，企业推动战略变革的决策是由组织内部和组织外部的因素共同决定，战略变革并不一定只是为了适应环境的变化。也正是因为这一原因，导致了企业战略变革在实践过程中会存在与环境适应或不适应这两种情况。不同企业的适应性差异决定了企业绩效的差异。环境适应理论为战略变革过程中动态调整的可行性与必要性提供了理论支持。

二、战略变革理论

Levy 和 Merry（1988）、Schendel 和 Hofer（2008）等人的研究，将企业战略研究区分为战略内容研究和战略过程研究，前者关注企业决策的详情,而后者不仅关注决策是什么,同时还关注决策的实施路径和步骤。黄旭(2005)以及Hutzschenreuter等(2012)持有相同或相近的观点。

但也有少数学者持有不同的看法,Rajagopalan和Spreitzer(1996)从理性视角、学习视角以及认知视角来考察战略变革。冯海龙和刘俊英(2012)则认为战略变革内容学派对战略变革的定义属于理性视角的变革定义,而战略变革过程学派可以归属于学习视角和认知视角的战略变革。

(一)内容学派的观点

黄旭(2005)认为,内容学派的研究可以总结为因果关系、市场地位、权变因素、产业视角和环境因素五大范式。而Hutzschenreuter等(2012)则从战略变革层次的角度进一步将战略变革内容细分为公司战略变革、竞争战略变革两类。

Markus和Robey(1988)将企业变革的原因归结为技术决定论、组织决定论和突现论三种观点,Kelly和Amubrgey(1991)将战略变革细分为核心型战略变革与周边型战略变革。

此外,还有学者对影响战略变革的调节和中介变量进行了研究。Hambrick和Schecter(1983)以企业市场占有率作为调节变量,按照战略变革对企业带来的财务指标增减将战略变革区分为兴业导向和效率导向两类。他们将公司的市场地位看作企业决定变革的中介力量。他们的研究结果显示,当企业的市场占有率较高时,管理层多倾向采取效率导向的变革战略。反之,则更倾向采用兴业导向的变革战略。O"Neill H M.(1986)提出了6个影响战略变革的调节因素:市场竞争地位、产品所处的生命周期、产业发展形态、公司成长阶段、战略集团、衰退原因,并得到了与Hambrick和Schecter(1983)相似的结论。

(二)过程学派的观点

过程学派研究的重点在于变革执行过程中管理者的角色及所需的程

序。这是对企业行为层面及组织层面的研究以及对变革的程序及变革成功的影响因素的研究。

Lewin（1947）是战略变革过程学派最早作出重要贡献的学者之一，他将战略变革划分为解冻、变革、再冻结三个阶段，这一观点被后续研究者们广泛引用。Lippitt 等（1958）、Kast 和 Rosenzweig（1979）在 Lewin（1947）的研究基础上，提出了组织变革五阶段理论和模型。Brown 和 Moberg（1980）提出了组织变革四个程序理论。

早期的变革过程学说对概念和模型描述比较多，细分程度和系统程度略显不足。Hakan 和 Lindfors（1998）认为"战略变革是企业不断对行为领域进行解释和选择的过程"，而 Balogun 和 Hailey（2004）认为战略变革是用来评估组织的当前状态、定义组织的目标状态及管理组织的过渡状态。20 世纪 90 年代开始，学者们进行了更系统、更精确的描述。黄旭（2005）对过程学派的观点进行了总结，完善了以观念重构、结构重整、战略变革、能力更新为核心概念的 4R 模型。

战略变革过程的研究优点在于对战略变革的过程观测比较深入，但是，由于观测难度较高，适宜以单个或少数几个企业为研究对象。因此，对战略变革内容的研究较多的做法是选取一个横截面，将研究问题简化，以增加可操作性。

（三）理性视角、学习视角以及认知视角观点

1. 理性视角

理性视角的具体思路是通过确定企业的未来目标，改进已经通过的方案和内容，实现最佳的变革效果。理性视角从企业的外部环境和内部组织环境的变化，从内外两个层面全面描述了企业战略变革制订计划和具体实施的过程。外部环境影响因素通常包括环境的复杂性、动态性和多边性。内部组织环境通常包括企业规模、企业年龄和股权结构等。理性视角认为环境是客观的，不受主观因素的制约，而企业是组织和人组成的实体，每

个企业个体的特征、决策方式不同。

2. 学习视角

学习视角强调，企业战略变革过程实际上是一个不断重复和改进的学习过程。这一过程既包括竞争对手的变化、专业技术的更新等外部环境带来的学习压力，也包括内部环境的变化迫使管理者学会计划调整，从而影响和激励管理层学习新事物并作出战略性改革行动。汪克夷、冯海龙（2009）研究发现，持续性的学习行为可以帮助组织降低结构惯性，并进一步增强组织战略变革的合理性。

3. 认知视角

以 Pearce 和 Zalra（1992）为代表的研究者借鉴社会构建理论的观点，认为企业的战略变革行为会受到管理认知的影响，这种影响也是一个动态过程。认知视角观点认为，由于管理认知的介入，客观环境和企业自身变得更加主观，同时管理认知受许多管理者个体特征的影响，如管理人员的教育背景、性格特征等。管理认知直接影响战略行为和结果，由于主观色彩的认知影响，战略变革最终会表现出差异。

理性视角确定了战略变革会受到外部环境因素的影响，认知视角和学习视角则证明战略变革在制订计划后不是一成不变的，变革过程中仍可以通过企业和管理者的学习与监测不断调整、优化和创新。

三、资源依赖理论

资源依赖理论起源于 20 世纪 40 年代，但直到 20 世纪 70 年代才被正式提出来。该理论以资源为着眼点，认为任何企业都需要从外部获取相应的资源，并着重分析企业和环境之间的资源互动。Penrose（1984）认为企业资源是保证企业持续稳定增长的内源基础；企业拥有或正在创造和获取的资源是构建竞争优势、提升绩效能力的源泉。

Wernerfelt（1984）指出，企业是由不同功效的资源组成的集合体。企业的运行依赖于企业拥有的资源，同时也与其他组织产生的资源息息相关。Wernerfelt（1984）强调，企业内部独特、稀缺、异质性资源对于其形成核心竞争优势、获得持续和稳定的发展至关重要。企业和外部环境的互动能力决定了企业的生存能力，为了提高对环境的适应能力和控制能力，企业会通过兼并、联合等变革，以不断积累企业发展所需的资源。

Pfeffer 和 Salancik（1978）认为，企业的高管特征在企业对于外部环境的依赖性中具有调节机制的作用。Salancik 和 Pfeffer（1980）指出，当企业绩效差的时候，CEO 更换事件可以看作企业对环境的适应措施。Hambrick 和 Fukutomi（1991）指出，新任 CEO 相比起原任者，在作出重大决策时会更加关注企业所处的外部环境与企业的关系。Borokhovich、Parrino 和 Trapani（1996）认为新任 CEO 的来源对企业与外部环境的交流程度有影响，外来继任者会给企业带来更多的信息和资源，并且以更大胆和更开放的态度推动企业变革。

企业董事会规模越大，具有政府背景的董事概率和数量也会增大，获取政府支持的可能性越大，从而有利于战略变革绩效的提升。李锐（2013）指出，身兼多个企业的董事能为企业进行战略变革提供更广泛的资源，从而使企业更容易出现战略变革行为。而与之相反的观点指出，董事会规模越大，董事之间出现意见分歧的概率就越高，对企业进行战略变革的阻力也就越大。资源依赖理论强调，企业要充分利用并合理配置关键战略资源，提升战略识别能力，适时推进战略变革以获取超额利润。

四、会计职能理论

会计职能是指会计在经济管理中所具有的功能。现代会计的基本职能归纳为反映和控制，而为了达到反映与控制的目的，现代会计在发展中逐步构建了两大工作系统：会计的信息系统和会计的控制系统。随着信息技术和管理理论的发展，会计控制已由侧重利用内部信息施行控制转向从管理战略目标出发，充分利用可获取的市场信息以及来自外部的同行业企业的财务会计信息进行全面控制。管理会计职能是会计职能的重要组成部分，管理会计的决策、计划、控制等职能的发挥服务于企业目标和企业战略的需要。设定各级组织的财务指标和非财务指标是企业绩效考核的重要内容和方法。

会计专家杨时展教授指出："现代会计是一个以认定受托责任（Accountability）为目的、以决策为手段对一个实体的经济事项按货币计量及公认原则和标准进行分类、记录、汇总、传达的控制系统。"杨教授认为会计基本目标在于认定受托责任的履行情况。

在企业经营权和所有权分离的情况下，对企业所有者来说，企业必须遵照公认会计原则和标准，进行分类、记录、汇总企业的经营信息并形成经营成果。对企业经营者来说，为完成受托责任目标，控制和调整是基本手段。常用的方法是，基于财务信息和业务信息生成一系列财务指标和非财务指标来描述和跟踪企业实际运行状态和受托责任目标之间的差异，并基于这些差异，决定是否采取必要战略变革，从而导致企业的业务种类、业务数量、营销方式、资产结构、资本结构、营业收入结构等方面产生变化，最终影响企业的成长和发展，并体现在描述企业成长能力的系列财务指标和非财务指标及其变化上。比如，成本费用利润率、总资产周转率和净利润增长等财务指标以及科研人员比例等非财务指标。

第三节 企业战略变革的测量

战略调整或变革的定义有多种观点，主要包括"变革说""差异说""组合定位说""过程说"以及"行为说"等。冯海龙（2010）指出，不同观点导致研究者在战略变革的定义上存在差异，从而在研究样本的选择、测量维度、测量工具、测量内容、测量时段等各方面存在较大的差异。

一、四层次测量法

陈传明、刘海建（2005）早期对战略变革的内涵与测量方法进行了详细的讨论,将战略变革划分为四个层次:产业层次、企业层次、业务层次以及运作层次。他们认为,产业层次是国家或政府部门从产业规划的立场去研究战略变革。企业层次是指站在董事会的视角关注企业如何提高市场价值。而业务层次是指企业如何在具体的市场上进行经营,如产品、价格、分销渠道、促销方面的战略。而在公司各职能部门中,如市场部、财务部、人力资源部等都有自己的发展战略,这种战略是指运作层次的战略。

经过近20年战略变革理论和实践的发展,四层次测量法现在有新的理解和实践。

(一) 产业层次

产业层次的战略变革主要关注企业在整个产业中的定位以及产业结构的变革。测量方法包括分析产业趋势,分析产业内的竞争格局、市场集中度、进入与退出壁垒等,以理解产业结构的动态变化。评估新技术、新政策、消费者偏好等对产业未来发展的影响,以及这些因素对企业战略变革的影响。通过衡量企业在产业价值链中的位置、市场份额、品牌影响力等,以判断企业在产业中的竞争地位。

(二) 企业层次

企业层次的战略变革涉及企业的整体战略方向、组织结构、资源配置等方面的变革。测量方法包括分析企业的愿景、使命、战略目标等是否发生变化,以及这些变化是否与企业外部环境的变化相一致。评估企业组织架构的适应性、决策效率、内部控制体系等,以支持战略变革。评估企业的资源配置与能力建设情况,包括分析企业在人力、物力、财力等资源方面的配置,以及核心能力和动态能力的培养。

(三) 业务层次

业务层次的战略变革主要关注企业在各个业务领域的市场竞争决策活

动。测量方法包括分析企业的产品或服务组合、市场定位、营销策略、销售渠道等是否发生变化，以及这些变化是否与企业整体战略变革相一致。此外，还可以评估企业在研发、生产、质量控制等方面的变革是否支持业务层次的战略变革。在产品或服务组合方面评估企业产品或服务的创新、多样化、定制化等，以满足市场需求。在市场定位与营销策略方面分析企业的目标市场选择、品牌定位、营销渠道和促销策略等。此外，还可以分析客户关系与供应链管理的变化，衡量企业在维护和发展客户关系、优化供应链方面的变化。

（四）运作层次

运作层次的战略变革涉及企业日常运营活动的变革，包括生产流程、供应链管理、人力资源管理等方面的变革。测量方法包括分析企业生产流程的现代化程度、自动化水平、生产效率、供应链管理是否更加优化等；评估企业在产品质量、服务质量、过程质量等方面的管理体系和持续改进能力；分析人力资源管理是否更加灵活等，以及这些变革是否有助于实现企业整体和业务层次的战略变革目标。

以上四个层次的战略变革是相互关联、相互影响的，因此在测量时需要综合考虑各个层次的因素，以确保评估结果的全面性和准确性。同时，具体的测量方法和指标可能因企业所处行业、发展阶段以及战略变革的目标和内容而有所不同，因此需要根据实际情况进行调整和完善。

二、关键活动资源分配测量法

Porter（1997）跟随 Chandler（1962）的观点，认为经营级战略变革涉及对企业现有资源的分配。Finkelstein 和 Hambrick（1990）将经营级战略的测量划分为战略持续性和战略一致性两个维度。Carpenter（2000）通过企业关键活动上资源分配变化来测度战略变动和战略背离。

关键活动资源分配是指在企业战略变革中，根据战略目标的要求，对企业内部的关键活动进行资源优化配置的过程。这些关键活动通常包括研发、生产、营销、供应链管理等，它们是支撑企业战略变革的重要基石。通过测量这些关键活动在资源分配上的变化，可以有效地评估企业战略变革的深度和广度。

通过比较企业战略变革前后在关键活动上的资源配置比例，可以直观地反映出企业在资源分配上的调整情况。例如，如果企业在变革后加大了在研发活动上的投入，这表明企业更加注重技术创新和产品升级。针对每个关键活动，设定相应的绩效指标，如研发投入占比、生产效率、市场份额等。通过分析这些绩效指标在变革前后的变化情况，可以定量地评估企业战略变革对关键活动的影响。除了关注资源分配的数量变化，还需要关注资源使用效率的提升。通过比较变革前后关键活动的资源使用效率，如单位产出所需的资源投入量等，可以评估企业战略变革在资源利用方面的改进效果。

通过分析关键活动资源分配的变化情况，可以揭示企业战略变革的实质和重点，这有助于企业管理者深入理解变革的内涵和要求，从而更好地推动变革的实施。通过测量关键活动资源分配的变化，发现可能会暴露出企业在变革过程中存在的潜在问题和风险，这为企业及时调整变革策略、防范潜在危机提供了重要依据。通过对关键活动资源分配的评估结果进行分析和总结，可以为企业未来的资源配置决策提供有价值的参考，这有助于企业在实施战略变革过程中更加科学、合理地进行资源配置，从而实现战略目标。

关键活动资源分配测量是评估企业战略变革的重要手段之一。通过运用合适的测量方法和工具，可以有效地揭示变革的实质、发现潜在问题与风险，并为企业未来的资源配置决策提供有力支持。

三、多元化程度测量法

一些学者使用多元化程度的变化来测量公司层面的战略变革。Boeker

(1997)用熵值测量多元化程度并以此测量企业战略变革的程度,郭月娟(2011)、徐建(2012)用多元化调整的方法表示企业战略行为的变化。现有文献中对多元化水平的测量,主要有以下四类方法:经营或业务单元计数法、赫芬达尔指数、熵指数法和专业化率。

(一) 经营或业务单元计数法

经营或业务单元计数法,是通过测量公司经营涉及的业务或行业的数量来度量企业的多元化程度。

经营或业务单元计数法的核心思想是通过计算企业所经营的不同业务单元或产品线的数量来评估其多元化程度。

经营或业务单元计数法能够提供一个简单的、量化的指标来衡量企业的多元化水平。通过统计企业涉足的不同行业、市场或产品领域的数量,直观地展示企业在多个领域的经营情况,从而评估其多元化程度。这种方法特别适用于那些业务结构清晰、产品线明确的企业。然而,这种方法也存在一些明显的局限性。首先,它只考虑了业务单元的数量,而没有考虑不同业务单元之间的相对重要性和贡献度。因此,即使两个企业拥有相同数量的业务单元,它们的多元化水平也可能存在显著差异,因为某些业务单元可能对企业的整体经营状况和财务表现产生更大的影响。其次,经营或业务单元计数法没有考虑到企业多元化战略的类型和动机。企业可能出于不同的原因选择多元化战略,如追求范围经济、分散风险、响应市场机会等。不同类型的多元化战略可能对企业的组织结构、资源配置和管理方式产生不同的影响,而这些因素都无法通过简单的业务单元计数法来准确衡量。最后,经营或业务单元计数法还可能受到数据可获得性和准确性的限制。在实际操作中,要准确统计企业经营的不同业务单元的数量并不容易,可能需要大量的数据收集和分析工作。同时,由于企业内部的组织结构和产品线可能经常发生变化,因此保持数据的及时性和准确性也是一个挑战。

(二) 赫芬达尔指数

赫芬达尔指数 (Herfindahl – Hirschman Index, HHI), 是用于衡量产业市场集中度或企业多元化程度的指标, Berry (1971) 和 Mevey (1977) 将其引用到企业多元化测量领域。在测量企业多元化方面, 赫芬达尔指数提供了一种量化的方法来评估企业在不同业务领域的分布情况。

赫芬达尔指数的计算基于各业务单元营业收入在企业总营业收入中所占的比例。具体而言, 它是将每个业务单元市场份额(或营业收入占比)的平方数相加得到的总和。这个指数的值介于 0 和 1 之间, 其中较低的值表示更高的多元化程度, 而较高的值则表示较低的多元化程度, 趋近于专业化。使用赫芬达尔指数测量企业多元化的优点在于其能够综合考虑企业内各个业务单元的相对重要性。由于采用了平方的计算方式, 较大的业务单元在指数中的权重更大, 这反映了它们对企业整体多元化的更大贡献。然而, 赫芬达尔指数也存在一些局限性。首先, 它主要关注业务单元在营业收入方面的分布, 而忽视其他可能影响企业多元化的因素, 如产品线的多样性、市场的地理分布等。其次, 赫芬达尔指数对于市场份额的敏感度较高, 但对于企业数量的敏感度较低。这意味着, 在业务单元数量较多但市场份额分布相对均匀的情况下, 赫芬达尔指数可能无法准确反映企业的多元化程度。

(三) 熵指数法

Berry (1979) 提出用熵指数法测量公司的多元化水平, 即 $DT = \sum_{i=1}^{n} P_i \ln(1/P_i)$, 其中 P_i 为第 i 个产业的销售占总销售额的比重, n 为企业经营的产业数, 多元化系数 (DT) 越大, 表示企业的多元化程度越高。

使用熵指数法测量公司多元化水平的优点在于, 它能够综合考虑公司在不同业务领域的分布情况和相对重要性。与简单的计数法相比, 熵指数法更加注重各业务领域对公司整体多元化的贡献度, 从而更准确地反映公司的多元化水平。此外,熵指数法还具有一些其他优势。首先,它克服了多元化回归分析中可能存在的多重共线性问题,使分析结果更加可靠。其次,熵的可分解特性使我们能够深入了解公司多元化各业务之间的相互关联程度,为公司制定和调整多元化战略提供有力支持。然而,熵指数法也存在一些局限性。一是,计算熵值需要详细的公司业务数据,如果数据不准确或难以获取,可能会影响结果的准确性。二是,熵指数法只关注业务领域的分布情况,而忽视其他可能影响公司多元化的因素,如市场环境、竞争态势等。

(四)专业化率

Wrigley(1970)选择企业的主要业务销售收入占全部销售收入的比重作为专业化率,来度量企业的多元化程度。在评估企业的多元化战略时,专业化率是一个经常被提及的指标。专业化率,顾名思义是用来衡量企业在某一特定领域或行业的专注程度,进而反映其多元化程度或多元化战略实施效果的指标。它通过计算企业某一核心业务的营业收入或利润占企业整体营业收入或利润的比例测量多元化程度。比例越高,说明企业的专业化程度越高,多元化程度相对较低;反之,则表明企业多元化程度较高。

专业化率通常定义为企业主要业务或产品线的收入、利润、资产等关键指标占企业整体的相应指标的比例。例如,一家以制造汽车为主的企业,其汽车业务的营业收入占公司总营业收入的比例就可以作为专业化率的衡量标准。通过专业化率可以了解企业是专注于某一核心业务还是追求多元化发展。随着市场环境的变化,企业的专业化率可能会发生变化,通过监测这一指标可以及时发现市场趋势。投资者在评估潜在投资对象时,可能会考虑将专业化率作为判断企业未来发展方向和稳定性的依据。

专业化率的优点主要有:专业化率的计算相对直观,易于理解和解释;能够清晰地反映出企业在某一核心业务领域的表现;可以为企业制定或调整战略提供数据支持,如决定是否进一步深耕某一领域或拓展新的业务领域。

然而，专业化率也存在一些不足之处：一是片面性，仅从某一业务领域的表现来评估企业的多元化程度可能过于片面，忽略了其他潜在的增长点或风险。二是静态性，专业化率反映的是某一时间点的状态，难以动态地反映企业的多元化进程。三是敏感性不足，对于处于转型期或业务结构调整中的企业，专业化率的变化可能不够敏感，难以及时反映企业的实际多元化情况。

在实际应用中，专业化率作为评估企业多元化程度的一个工具，其效果受到多种因素的影响。为了提高评估的准确性和有效性，除了专业化率，还可以考虑使用如赫芬达尔指数、熵指数等其他多元化测量指标，以获得更全面的评估结果。另外，还要定期更新和监测专业化率的变化，以便及时捕捉企业的多元化动态。同时，不同行业中的企业其多元化程度和模式可能存在差异，因此在使用专业化率时应根据行业特征进行适当调整。在得出专业化率的基础上，进一步分析企业多元化的动因、过程和结果，以提供更深入的洞察和决策支持。

四、六维度测量法

Kraatz 和 Zajac（1993）从广告投入、研发投入、厂房与设备更新、非生产性费用投入、存货水平与财务杠杆共 6 个维度，分别计算企业每个指标下一年度与本年度的差值，取绝对值后再进行标准化，将六个标准化的数值予以加总，最终得到该企业当年的战略变革指数，以此来测量企业各年的战略变革程度。Finkelstein（1998）也采用了六维度的指标测量战略变革的程度，分别是：广告强度、研发强度、厂房及固定设备更新率、非生产费用率、存货率、负债率。Carpenter（2000）通过企业关键活动在资源分配上的变化来测量战略变动和战略背离。刘鑫（2013）基于 Mintzberg 的战略资源配置观，采用企业内部资源配置变化和企业跨行业的资源配置变化两个维度测量企业战略变革。张双鹏、周建和周飞谷（2019）等的研究也沿用了六维度指标测量方法，通过计算企业资源分配变化情况来测量企业战略变革的程度。

广告投入是反映企业市场扩张和品牌建设意愿的重要指标。通过分析广告投入占销售额的比例、广告投入的增长率以及广告投入的效果（如品牌知名度、市场份额变化等），可以评估企业在市场营销方面的战略变革。

研发投入是衡量企业创新能力和技术实力的重要标志。通过分析研发投入占销售额的比例、研发人员的数量和素质、新产品的开发周期以及专利申请情况等数据，可以判断企业在技术研发方面的战略变革及其对未来竞争力的影响。

厂房与设备的更新情况反映了企业在生产能力和生产效率方面的投入。通过分析厂房与设备的投资规模、更新周期、技术先进性以及产能利用率等指标，可以评估企业在生产制造方面的战略变革及其对成本结构和产品质量的影响。

非生产性费用投入包括管理费用、销售费用、财务费用等，这些费用反映了企业在管理和运营方面的效率。通过分析非生产性费用的构成、占比以及变化趋势，揭示企业在管理和运营方面的战略变革及其对盈利能力的影响。

存货水平是衡量企业供应链管理能力和市场需求预测能力的重要指标。通过分析存货周转率、库存天数以及滞销品的比例等数据，可以评估企业在库存管理方面的战略变革及其对现金流和资产利用效率的影响。

财务杠杆反映了企业的资本结构和财务风险水平。通过分析资产负债率、流动比率、利息保障倍数等指标，可以判断企业在财务策略方面的战略变革及其对偿债能力和经营稳定性的影响。

此外，还可以基于会计的基本职能，运用会计学科的理论和方法，从财务指标的变化透视企业资源配置的变化，研究战略变革的测量及其对企业成长性的影响关系。从营销力度变化、研发强度变化、厂房及固定设备更新程度的变化、非生产费用占比的变化、存货周转效率的变化以及负债水平的变化,共 6 个维度资源配置情况的变化来测量企业战略变革的程度。6 个维度的指标计算规则如表 4-1 所示。

表 4-1　　　　　　　企业战略变革测量指标及其定义

序号	测量维度	符号	变量定义
1	营销力度	X1	销售费用/营业总收入
2	研发强度	X2	研发投入/销售收入
3	厂房及固定设备更新率	X3	新增厂房和设备/总厂房及设备
4	非生产费用率	X4	(销售费用+管理费用+财务费用)/销售收入
5	存货率	X5	存货/销售收入
6	负债率	X6	负债/总资产

企业战略变革指数(SC)计算公式如下所示:

$$SC = \sum_{n=1}^{6} standardization \mid X_{n,t+1} - X_{n,t} \mid$$

其中,$X_{n,t}$ 表示被测量企业第 t 年度第 n 个指标的值,standardization 表示标准化处理。第 i 个企业第 t 年的战略变革指数表示为 $SC_{i,t}$。

通过分析营销费用占销售额的比例、广告投入的增长率、市场份额的变化等数据,可以评估企业的营销战略是否有效,以及是否需要进行调整。通过分析研发投入占销售额的比例、研发人员的数量和素质、新产品的开发周期等数据,可以判断企业的研发战略是否符合市场需求和技术发展趋势。通过分析厂房和设备的投资规模、更新周期、技术先进性等数据,可以评估企业的生产战略是否适应市场需求和行业发展。通过分析非生产费用的构成、占比以及变化趋势,可以判断企业的管理效率和成本控制能力是否需要进行改进。通过分析存货周转率、库存天数等数据,可以评估企业的库存管理战略是否有效,以及是否存在过剩或缺货的风险。通过分析资产负债率、流动比率、利息保障倍数等数据,可以判断企业的财务战略是否稳健以及是否存在财务风险。这些指标之间并不是孤立的,而是存在着相互关系和影响。例如,增加营销力度可能会提高销售额和市场份额,但同时也可能增加非生产费用;加大研发强度可能会带来新产品和技术的突破，但也可能增加财务风险；提高厂房及固定设备更新率可能会提高生产效率和产品质量，但也需要考虑资金投入和回报周期。

叶康涛（2014）基于财务或业务指标对公司绩效的贡献程度以及指标之间的互补性、数据的可获取性，从6个关键战略维度的复合度量方法测量企业的战略变革程度。具体指标及计算方法如表4-2所示。

表4-2　　　　　　　企业战略变革测量指标及其定义

序号	战略维度	变量定义
1	广告和宣传投入	销售费用/营业收入
2	研发投入	研发支出/营业收入
3	固定资产更新程度	固定资产净值/固定资产总值
4	管理费用投入	管理费用/营业收入
5	资本密集度	固定资产/员工人数
6	财务杠杆	负债总额/所有者权益

战略变革程度的计算方法如下：首先，计算每项指标当期（t）与上一期（t-1）的变化值，并基于行业平均数进行调整；其次，对每项指标变动值取绝对值，并对绝对值进行标准化；最后，将标准化后的六项指标加总后求平均值。

五、其他测量方法

企业战略变革除了上述四种常用的测量方法之外，还有战略集团分布变化测量法、关键绩效指标（KPI）测量法、量表开发测量法等。

（一）战略集团分布变化测量法

该方法通过观察企业在战略集团中的分布变化来评估战略变革。它首先对战略集团划分标准进行选择，其次对同质战略进行归类，最后观察在一段时间内，样本企业战略集团分布是否发生了变化。这种方法适用于特定行业内企业战略变革的测量，但只能判断战略变革是否发生，无法准确测量变革的程度。

(二)关键绩效指标(KPI)测量法

KPI 测量法是一种基于企业战略目标的测量方法,它通过设定一系列关键绩效指标来评估企业战略变革的效果。这种方法可以将战略变革的目标具体化、量化,有助于企业更直观地了解变革的进展和效果。然而,KPI 测量法的有效性取决于指标选择的合理性和数据收集的准确性。

(三)量表开发测量法

量表开发测量法是一种针对企业战略变革不同维度和指标进行细化测量的方法。它通过设计涵盖战略观念转变、目标调整、资源配置等多个方面的量表,对企业战略变革进行全面评估。量表开发测量法具有灵活性和针对性强的优点,但也需要投入较多的时间和精力进行设计和验证。

综上所述,企业战略变革的测量方法各有优缺点,适用于不同的场景和需求。在实际应用中,企业可以根据自身特点和变革目标选择合适的测量方法或组合使用多种方法进行综合评估。同时,随着市场环境和企业战略的不断变化,测量方法也需要不断更新和完善以适应新的需求。

第五章 企业成长性

第一节 企业成长性概述

一、企业成长性的定义

企业成长性是指企业在长期的经营活动中,通过优化资源配置、提升运营效率、创新产品和服务,以及有效应对外部环境变化等手段,实现持续、健康的发展和壮大。这种成长不仅关乎企业的规模扩张,更涉及企业在市场中的竞争地位、盈利能力、创新能力以及组织管理等层面的提升。

二、企业成长性分析的目的和意义

企业成长性分析的目的在于观察该企业在一定时期内的经营能力发展状况。通过分析企业的成长性,可以评估企业的持续发展能力和未来潜力,从而帮助投资者作出更好的投资决策,同时也有助于企业识别自身在成长过程中的优势和劣势,制定更加科学的发展战略。具体来说,企业成长性分析的意义包括以下几个方面。

1. 评估企业的发展潜力

通过对企业成长性的分析,可以了解企业的经营状况、管理能力、市场竞争力等方面的信息,从而评估企业的发展潜力和未来成长空间,这有助于投资者判断企业是否具有长期投资价值。

2. 预测企业的未来发展

通过分析企业的成长性,可以预测企业在未来一段时间内的经营状况和发展趋势,这有助于投资者和企业制订更加科学、合理的发展计划和战略目标。

3. 发现企业的潜在问题

通过分析企业的成长性,可以发现企业在经营过程中存在的问题和瓶颈。企业可以针对性地采取措施解决这些问题,提升自身的竞争力和经营效率。

4. 提高企业的管理效率

通过对企业成长性的分析,可以帮助企业识别自身在管理方面的优势和不足,从而优化管理体系、提高管理效率、增强企业的市场竞争力。

5. 为投资者提供决策依据

投资者在进行投资决策时,需要了解企业的经营状况和发展前景。企业成长性分析可以为投资者提供有价值的参考信息,帮助其评估企业的投资价值和风险水平。

企业成长性分析的意义除了上述提到的几点,还可以通过对企业成长性进行分析,帮助企业更好地了解自身的资源配置状况,发现资源利用不足或过度的情况,从而优化资源配置,提高资源利用效率和企业的经营效益;企业成长性分析还有助于评估企业在市场中的表现和影响力,从而帮助企业制定更加有针对性的品牌推广策略,提升品牌知名度和美誉度,提升企业的整体形象和声誉。

三、企业成长性的特点

企业的成长性具有多种特点,包括扩张性、持续性、效益性、全面性、健康性、动态性和波动性等。

1. 扩张性

企业成长一般是以企业价值的增长为目标,实现企业权益资本的保值增值及其股本扩张等。权益的增加、利益的增值,也必然会导致企业所有者为了追求更大的效益而不断扩大规模与资本。

2. 持续性

企业成长应以持续经营为前提，在此基础上实现经济效益的持续增长。企业的可持续成长不是单纯追求成长的速度，而是在与外部环境相协调的前提下，追求持之以恒的创新和对产品、技术等寿命周期的超越。

3. 效益性

企业成长主要以经济效益的提高与否为标志，具体可以通过投入要素和产出要素的优化对比加以反映。如果成长不能带来价值增长，那么这种成长轨迹将难以持续。

4. 全面性

企业成长涉及各个方面，包括产品线的拓展、市场份额的增加、品牌影响力的提升等。

5. 健康性

企业的成长应该是健康的，即企业应具备稳健的财务状况、合理的资产结构以及良好的盈利模式。企业在成长过程中应具备应对各类风险和挑战的能力，从而确保持续发展。

6. 动态性

企业成长是通过企业生产要素不断投入及其成果不断产出的资金运动表现出来的，是一个动态的变化过程。这个过程表现为各种生产要素充分赋能并产生成效的持续动态变化。

7. 波动性

企业成长的过程会受到各种相关因素的影响，如行业环境、政策变化、技术进步等，这使企业成长轨迹并非一帆风顺，而是呈现出局部回落但总体上升的趋势，具有一定程度的波动性。

综上所述，企业成长性的这些特点共同构成了企业成长性的综合表现，并为企业的发展壮大提供了动力和基础。

四、影响企业成长性的因素

企业成长性的影响因素既有外部因素也有内部因素，具体来说包括以下几个方面。

1. 企业自身素质

企业自身素质是企业成长性的基础。企业需要具备核心技术和创新能力，能够适应市场需求的变化，不断推出新产品、新服务，提高产品质量和品牌影响力，从而获得更多的市场份额和消费者的认可。

2. 宏观经济环境

宏观经济环境对企业成长性具有重要的影响。如经济增长、政策环境、行业发展趋势等。企业需要密切关注宏观经济环境的变化，及时调整自身的发展战略和经营策略，抓住机遇并应对挑战。

3. 市场需求

市场需求是企业成长性的关键因素之一。随着人们生活水平的提高和消费观念的转变，市场需求也在不断变化。企业需要深入了解市场需求，把握消费者的需求和偏好，从而推出更符合市场需求的产品和服务，提高市场占有率。

4. 行业竞争格局

行业竞争格局对企业成长性产生直接的影响。企业需要了解竞争对手的情况，分析其竞争优势和劣势，从而制定出更有针对性的竞争策略，提升自身的竞争力。

5. 技术创新和产品升级

在技术不断进步的背景下，企业需要持续投入研发，保持技术领先优势，不断推出具有创新性和竞争力的产品和服务，以满足市场的需求。同时，还需要关注产品的升级换代，不断优化产品结构，提高产品的附加值和市场竞争力。

6. 企业管理水平

企业管理水平对企业成长性具有重要的影响。企业需要建立科学的管理体系和规范的管理制度，提高管理效率和决策水平，优化资源配置，降低成本，增强企业的盈利能力。

7. 企业家精神与领导力

企业家精神与领导力是推动企业成长的重要动力。企业家需要具备创新精神、战略眼光和领导能力，能够引领企业不断向前发展。同时，还需要建立一支具备高素质和执行力的管理团队，为企业的发展提供有力支持。

企业成长性的影响因素是多方面的，包括企业自身素质、宏观经济环境、市场需求、行业竞争格局、技术创新和产品升级、企业管理水平以及企业家精神与领导力等。企业需要全面考虑这些因素，制定出科学的发展战略和经营策略，不断提升自身的竞争力和市场地位。

第二节 企业成长性的相关理论综述

企业成长理论的思想可以追溯到亚当·斯密的《国富论》，亚当·斯密（1776）在《国富论》中用分工的规模经济利益来解释企业成长问题，是企业内生性成长理论最早的思想来源。经济学家马歇尔（1965）等人研究了企业的成长现象。李军波、蔡伟贤等人（2011）将现有的企业成长理论划分为企业内生性成长理论和企业外生性成长理论两大类。

一、企业内生性成长理论

从企业内部因素出发来研究企业的成长问题的理论归类为企业内生性成长理论，其共性观点是，企业的内生性因素（资源、知识等）决定了企业成长的程度和范围，是决定企业成长的主导因素。主要代表包括：彭罗斯的内生性成长理论、管理者理论的企业成长理论、企业制度变迁理论的内生性成长理论、演化经济学的企业成长理论、资源基础的成长理论和学习型组织的成长理论。

（一）彭罗斯的内生性成长理论

彭罗斯（Edith Penrose，1959）将注意力集中到单个企业的内生性成长过程。彭罗斯以单个的企业为研究对象，探究了决定企业成长的因素和企业成长的机制，建立了"企业资源——企业能力——企业成长"的分析框架。彭罗斯认为，企业新知识促进机制和知识积累机制，加速了企业成长。彭罗斯指出，共同知识的积累，一方面稳定了企业组织成员行为的预期；另一方面提高了企业成员的决策效率，推动了企业的成长和发展。

彭罗斯的内生性成长理论主要基于对企业内部因素的关注。彭罗斯认为，企业的成长并非仅由外部环境因素决定，而是更多地受到内部因素的影响。企业内部的一系列资源、能力、知识和组织结构的相互作用，推动着企业的发展和成长。这种成长不是简单的规模扩张，而是涉及质的变化，即企业从一种组织形态向更高层次的组织形态转变。

彭罗斯特别强调了企业内部资源的重要性。彭罗斯认为，这些资源不仅是物质资产，还包括了企业的知识、技术、品牌和商誉等无形资产。这些资源不仅决定了企业的竞争优势，更是企业持续成长的源泉。因此，企业管理者的重要任务之一就是有效地管理和利用这些资源，以推动企业的持续成长。

彭罗斯还指出，企业的成长并不是无限的。企业存在一个成长的边界，这个边界是由企业内部的管理协调和权威沟通的能力决定的。当企业规模扩张到一定程度时，这些内部因素可能会成为制约企业进一步成长的瓶颈。因此，有效的管理是企业持续成长的关键。

彭罗斯的内生性成长理论价值在于它提供了一种新的思考企业成长的方式，挑战了传统的以外部环境因素决定企业成长的理论，强调了企业内部因素的重要性。这不仅丰富了我们对企业的理解，也为企业实践者提供了指导。例如，企业可以通过投资于人力资源、技术和管理系统等方式来提升内部资源的质量，从而推动企业的持续成长。然而，这一理论也存在一些局限性。首先，它可能过于强调内部因素的作用，而忽视了外部环境对企业成长的影响。其次，它对如何具体实施有效的内部管理缺乏具体的操作建议。

（二）管理者理论的企业成长理论

以鲍莫尔（Baumol，1962）和马里斯（Marris，1964）为代表的管理者理论的主要观点是，随着现代企业所有权与控制权的分离，企业的经营管理者掌握了企业的实际控制权，导致企业的管理者阶层追求自身的效用最大化。由于管理者利益与企业规扩大、利润增加密切相关，也导致了企业成长成为企业管理者追求的目标之一。

管理者的个人特质、技能和决策不仅影响着企业的日常运营，更在很大程度上决定了企业的成长轨迹。近年来，越来越多的学者和企业界人士开始关注这一领域，试图从管理者的特质和行为中寻找企业成功的秘诀。

管理者的个人特质如决断力、创新思维和危机管理能力等，往往决定了企业在面对复杂多变的市场环境时的应对能力。一个具有远见和创新精神的管理者更可能引领企业在行业中脱颖而出。技能方面，管理者需要具备战略规划、团队建设和资源整合的能力。这些技能能够帮助企业更加高效地运营，从而实现健康成长。

管理者的决策对企业成长的影响更为直接。在企业的不同发展阶段，都需要管理者作出一系列重大决策，如投资决策、战略选择和组织结构调整等。明智的决策能够使企业抓住市场机遇、规避风险，从而快速成长；而错误的决策可能导致企业陷入困境，甚至走向衰败。

然而，这一理论也存在不少争议和问题。首先，管理者的个人特质和技能是否可以后天培养？如果可以，企业应如何进行管理者的选拔和培养？其次，管理者的决策是否总是理性？在作出决策时，管理者是否会受到个人偏见和情绪的影响？最后，不同行业、不同规模的企业对管理者的要求是否一致？

在不同情境下，管理者的角色和作用可能有所不同。例如，对于初创企业，管理者的个人魅力和创新思维可能更加重要；而对于大型成熟企业，管理者的战略规划和组织协调能力则显得更为关键。此外，企业文化、组织结构和外部环境等因素也会对管理者的角色产生影响。

管理者理论为企业成长提供了新的视角，强调了管理者在推动企业发展中的核心作用。然而，这一理论仍有待进一步完善，如管理者的培养方式、决策过程的影响因素以及不同情境下的适用性等。未来研究可以深入挖掘这些领域，为企业寻找合适的管理者提供更多指导。

（三）企业制度变迁理论的内生性成长理论

钱德勒（1979）认为，管理层级制是现代工商企业的一个显著特征。现代企业曾先后采用过三种内部管理层级制：第一种是控股公司结构，简称 H 型结构；第二种是以权力集中为特征的功能垂直型结构，简称 U 型结构；第三种是以企业总部和分支公司之间的分权为特征的多部门结构，即 M 型结构，又称事业部制。在钱德勒（1979）看来，现代工商企业的出现是与两项重大的企业制度变迁相联系的：一是所有权与管理权的分离；二是企业内部层级制管理结构的形成和发展。而威廉姆森（1985）则从理论思维的角度系统阐述了企业成长过程中组织结构的演变，以及不同组织形态的效率。

钱德勒的企业制度变迁理论视角的内生性成长理论从企业内部因素出发，探讨了企业成长的内在动力和机制，为企业发展提供了新的思路和方向。钱德勒的内生性成长理论主要包括以下几个方面：一是企业内部资源的积累，钱德勒认为，企业的成长源于其内部资源的积累，包括物质资源、技术资源、组织资源和人力资源等。这些资源的积累和优化配置是企业实现内生性成长的基础。二是企业组织能力的提升，钱德勒强调，企业成长不仅是资源的积累，更重要的是组织能力的提升。通过建立有效的组织结构和管理体系，企业能够更好地整合和利用资源，提升运营效率和市场竞争力。三是企业家精神与创新，钱德勒认为，企业家精神是企业成长的重要驱动力。企业家通过创新和创业，发现和抓住市场机遇，推动企业不断发展和壮大。四是企业战略与市场定位，钱德勒认为，企业战略和定位对企业成长至关重要。企业应根据市场环境和自身资源能力，制定合适的战略，明确市场定位，以实现持续的成长和发展。

钱德勒的内生性成长理论为企业发展提供了重要的理论支撑和实践指导。首先，该理论突出了企业内部因素对企业成长的关键作用，为企业内部资源的积累和优化配置提供了方向。其次，该理论强调组织能力的提升，为企业建立高效的管理体系和组织结构提供了指导。再次，该理论还激发了企业家精神，鼓励企业通过创新和创业抓住市场机遇，实现快速发展。最后，该理论还提醒企业在制定发展战略时，要充分考虑市场环境和自身资源能力，以实现可持续的成长。

尽管钱德勒的内生性成长理论具有重要价值，但也存在一些问题和局限性。首先，该理论过于强调企业内部因素的作用，而忽视了外部环境对企业成长的影响。事实上，企业的成长和发展是内部因素和外部环境共同作用的结果。其次，该理论缺乏对不同行业、不同规模企业的具体指导。不同类型和规模的企业在资源积累、组织结构和管理体系等方面存在差异，因此需要针对具体情况进行个性化的指导。再次，该理论未能充分考虑技术变革和创新对企业成长的影响。随着科技的不断进步，技术变革和创新已成为企业发展的重要驱动力。最后，该理论缺乏对企业家精神与创新的具体操作建议，导致企业在实践中难以有效实施。

（四）演化经济学的企业成长理论

尼尔逊和温特（1982）在阿尔钦（1950）的演化论经济学思想基础之上建立了一个比较完整的解释经济变迁的演化理论。他们指出，在环境选择机制作用下，企业生产性知识和能力的积累决定了企业成长的方向和模式，同时也决定了企业之间竞争性行为的结果。尼尔逊和温特（1982）认为，企业的惯例在一段时间内将保持一定的稳定性，如果企业按惯例运行能够获得满意的收益，那么这些惯例往往不会发生变化，因而不会促进企业的成长。但是，如果企业的运行状况出现了异常而使收益低于某一限度时，企业将有可能对惯例加以调整，从而可能引起企业的成长。因为在企业的组织活动中，知识和能力表现为具体的惯例，它构成了企业组织成员决策活动的前提，即企业的内生性成长表现为内在的惯例依赖过程。刘巨钦（2008）认为企业集群的发展是一个内生性的自我成长过程，而企业间的合作是集群化成长的起点，这种企业间的融合构成了一种独特的生产性网络自组织，其成长和演进具有自我增强机制与路径依赖性，并沿着横向网络化扩展和纵向产业链延伸。

演化经济学中的企业成长理论的核心观点是，企业成长是一个不断适应环境变化、持续学习和创新的过程。在这一过程中，企业内部的能力、资源和组织结构不断得到优化和调整，以适应外部市场的需求和变化。

企业成长不是一蹴而就的，而是一个持续的、动态的过程。在这个过程中，企业不断地与外部环境进行物质、信息和能量的交换，逐渐适应环境并发展壮大。企业成长类似于生物的进化，是通过自然选择的过程实现的。成功的企业能够更好地适应环境变化，获得更多的资源和市场份额，而不太成功的企业可能会逐渐被市场淘汰。企业的成长路径不是线性的，而是受到历史、文化和先前经验的影响。企业过去的决策和行为往往会对其未来的发展产生深远的影响。在不断变化的环境中，企业必须不断地进行创新，包括产品创新、过程创新和组织创新，以保持其竞争优势。

影响企业成长的因素是多方面的，一是资源，企业拥有的资源是企业成长的基础。这些资源包括物质资源、技术资源、人力资源和组织资源等，它们的丰富程度和质量决定了企业成长的潜力和速度。二是组织结构，企业的组织结构决定了企业内部的信息流动、决策过程和协调机制。一个高效、灵活的组织结构能够更好地适应环境变化，提高企业的成长速度。三是战略选择，企业的战略选择决定了其在市场中的定位和竞争策略。一个明智的战略能够使企业更好地抓住市场机遇，实现快速成长。四是外部环境，企业的成长受到外部环境的影响，包括市场需求、竞争状况、技术进步和政策法规等。这些因素的变化可能会给企业带来机会，也可能会带来挑战。五是企业家精神与领导力，企业家的创新精神和对未来的远见对企业成长起着至关重要的作用。同样，高层管理者的领导能力和战略视野也会对企业的发展产生深远的影响。

演化经济学中的企业成长理论为我们提供了一个全面、动态的视角来理解企业的成长过程。然而，该理论仍有待进一步完善，特别是在如何更好地平衡内部因素和外部环境对企业成长的影响方面。

（五）资源基础的成长理论

20世纪80年代以来，许多学者从企业内部资源角度讨论企业的内生性成长。他们认为企业内部的资源、知识和能力决定了企业成长的方向和模式。Parahalad和Hamel（2010）认为，企业的成长表现为企业之间不断的模仿和创新性竞争活动，并取决于企业如何快速而有效地积累起适应外部环境变化的核心知识和能力。因此，企业成长是企业内部持续的知识积累过程。巴尼（1991）指出，实施竞争性战略取决于企业内部长期知识和资源积累过程中形成的长期的动态生产成本优势。J. C. Hayton（2005）实证研究发现，企业高管人力资本和组织名誉对企业行为具有显著的影响，认为智力资本是形成企业持续竞争优势和技术发展的潜在源泉。邢建国（2003）提出，以不断变革与创新能力为依托，强调核心能力的自我超越和保持"创新个性"，实现"代际推进"的企业持续成长的观点。

资源基础成长理论是战略管理领域中的一个重要理论，它强调企业竞争优势和成长的关键在于企业拥有的独特资源和能力。资源基础成长理论的基本思想是，企业是一组资源的集合体，这些资源包括有形资产、无形资产和组织能力等。每个企业都有自己独特的资源和能力，这些资源和能力构成了企业的异质性，使企业之间存在资源和能力的差异。资源基础成长理论认为,这些独特的资源和能力是企业获取竞争优势和成长的关键。

资源基础成长理论的主要观点包括:一是资源的异质性,企业所拥有的资源和能力是异质的,这意味着不同的企业在资源和能力方面存在差异。这种差异是企业获取竞争优势的源泉。二是资源的不可模仿性,企业的竞争优势不仅来源于资源的异质性,还来源于资源的不可模仿性。有些资源和能力是其他企业难以模仿的,这使拥有这些资源和能力的企业能够保持竞争优势。三是资源的动态性,企业的资源和能力不是静态的,而是随着企业发展和环境变化而动态变化的。企业需要不断地对资源和能力进行更新和升级,以保持竞争优势和成长。四是资源的价值性,企业的资源和能力必须是有价值的,能够为企业创造竞争优势和带来绩效提升。无价值的资源对于企业来说没有意义。五是资源的配置与战略选择的匹配,企业的资源配置和战略选择对其成长和发展至关重要。企业需要合理配置资源,制定合适的战略,以最大化资源和能力的价值。

资源基础成长理论对企业战略管理具有重要的指导意义。首先,它强调了企业战略的核心是获取和配置独特的资源和能力,以构建竞争优势。其次,该理论提醒企业在制定战略时应该注重资源的异质性和不可模仿性,以创造持久的竞争优势。此外,资源基础成长理论还提醒企业要不断地进行资源更新和升级,以应对环境变化和竞争挑战。

资源基础成长理论为战略管理领域作出了重要贡献。首先,它强调了资源和能力在企业成长中的重要性,为企业的资源管理提供了理论基础。其次,该理论提出的独特资源和不可模仿性概念为企业在实践中创造竞争优势提供了指导。此外,资源基础成长理论还促进了企业内部资源和外部环境之间的匹配和互动关系的研究,进一步丰富了战略管理领域的理论体系。

在实践应用方面,资源基础成长理论为企业提供了以下价值:一是企业可以根据该理论确定关键资源,进行有效的资源配置和管理,以最大化资源的价值。二是企业可以利用该理论分析自身的资源和能力,识别和培育独特的、难以模仿的资源,从而构建持久的竞争优势。三是企业在进行战略决策时可以参考该理论,根据自身资源和能力制定合适的战略,以实现更好的绩效和成长。四是企业可以利用该理论促进组织学习和创新,不断更新和升级自身的资源和能力,以适应不断变化的市场环境。

虽然资源基础成长理论具有重要的理论和实践价值,但也存在一些局限性。首先,该理论过于强调企业内部因素的作用,而忽视了外部环境对企业成长的影响。事实上,企业的成长和发展是内部因素和外部环境共同作用的结果。其次,该理论缺乏对不同行业、不同规模企业的具体指导。不同行业和规模的企业在资源积累、组织结构和管理体系等方面存在差异,因此需要针对具体情况进行个性化的指导。再次,该理论未能充分考虑技术变革和创新在企业成长中的重要作用。随着科技的不断进步,技术变革和创新已成为企业发展的重要驱动力。最后,该理论缺乏对企业家精神与创新的具体操作建议,导致企业在实践中难以有效实施。

(六)学习型组织的成长理论

建立良好的内部学习机制是企业长期进步和发展的基础,更是企业获得核心竞争力的关键所在。世界500强企业(集团)都建立了良好的学习机制。学习型组织理论认为,组织学习是企业成长过程中必不可少的内部机制。Lucy Firth和David Mellor(2000)认为,企业的每一步成长都与组织的学习有着密切的联系。Dodson(1993)认为,现代企业是一个学习型的生命体。组织通过学习以提升对市场需求的感知能力,不断开发出新产品,并根据竞争对手的情况调整自己的市场策略,通过系统化的制度开发智力资本等。因此,通过适应环境、自我调整而获得生存与发展,是企业组织生命体的基本机制。崔永光、陈亚飞等人(2018)运用生命体理论,在一线运维班组试点,加强班组的协调发展,促进班组生长和进化以不断提升班组工作效率。杨杜(2005)强调分析了构成企业成长理论之核心的规模经济、成长经济和多元化经济,以及它们的结合状态——复合经济。

尹义省（1997、1998）对企业多角化成长过程、企业战略决策机制以及政府对多角化企业的调控机制进行了研究。梁洪海（2005）对构建中小企业的多角化成长模式的综合评价指标体系进行了研究假设和实证分析。

随着知识经济的崛起和全球化竞争的加剧，传统的企业管理模式已经难以满足企业持续发展的需求。学习型组织作为一种新型的组织形态，旨在通过不断学习和创新来适应变化多端的环境，提升企业的核心竞争力。

学习型组织的核心在于建立一种能够持续学习、适应并发展的组织形态。这种组织形态强调团队学习、知识共享和创新精神，通过不断学习和改进来应对外部环境的变化，实现组织的可持续发展。

学习型组织的成长是一个动态的过程，主要包括四个时期：一是创立期，这一阶段，组织开始意识到学习和变革的必要性，并初步建立学习型组织的愿景和目标。二是成长期，组织开始实施学习型组织的战略，建立支持学习的机制和文化，并开始取得初步的成效。三是成熟期，组织在学习方面取得显著成果，形成独特的学习文化，并能够快速适应外部环境的变化。四是持续发展期，组织进入持续学习和发展的良性循环，不断创新并保持竞争优势。

影响学习型组织成长的因素也是多方面的，首先是高层领导的支持和推动对于学习型组织的建设至关重要。领导者需要远见卓识，积极倡导并推动组织的变革。其次是员工参与和学习氛围，员工的积极参与和支持是学习型组织成功的关键。组织需要建立有效的激励机制，鼓励员工主动参与学习和创新。学习型组织需要建立一种鼓励学习、开放性和创新的文化氛围，为员工提供安全、自由的学习环境。再次是技术支持，利用现代信息技术支持知识管理和共享，提高组织的学习效率和创新能力。最后是外部环境，市场变化、政策调整等因素对学习型组织的成长产生重要影响，组织需要具备快速适应外部环境变化的能力。

学习型组织在现代企业管理中具有重要意义和应用价值。首先，学习型组织能够帮助企业适应快速变化的市场环境，提高组织的应变能力和竞争优势。其次,通过团队学习和知识共享,学习型组织能够提高企业的创新能力,推动产品和服务的升级换代。最后,学习型组织还有助于建立良好的企业文化,增强员工的归属感和忠诚度,提高企业的整体绩效。

学习型组织的成长理论为企业的发展提供了新的思路和方法。通过不断学习和创新,企业能够更好地应对外部环境的变化,提升核心竞争力。然而,学习型组织的建设是一个长期的过程,需要企业持续投入并克服各种挑战。

二、企业外生性成长理论

企业外生性成长理论认为企业成长的决定性因素来源于企业外部,尤其强调市场结构特征对企业成长的决定作用。企业外生性成长理论的主要代表理论有:新古典经济学的企业成长理论、新制度经济学的企业成长理论和以竞争优势理论为核心的企业成长理论。他们都强调企业外部因素对企业成长的决定作用,尤其强调市场结构特征对企业成长的决定作用。他们认为企业成长是外生性的。

(一)新古典经济学的企业成长理论

新古典经济学将企业仅看作一个生产函数,作为一般均衡理论的一个组件,企业内部的复杂安排以及各实际企业之间的禀赋差别均被抽象掉。他们认为企业成长就是企业从非最优规模走向最优规模的过程。企业的生产活动是在利润最大化目标既定、所有约束条件已知的情况下进行的,是根据最优化规则进行的被动选择。Marten Coos(2000)从产业组织视角研究了劳动需求与企业成长、产业演化的关系,在吉布莱特定律(1931)的基础上构建了企业用人行为与企业或产业特征之间关系的模型。S. Makino(2004)则从宏观政策的层面综合分析了对企业成长的影响。

新古典经济学认为,企业成长是由于外部资源、技术和市场的变化所驱动。企业在追求利润最大化的过程中,通过不断扩大生产规模、提高生产效率来获得更多的市场份额和竞争优势。企业成长也被视为一个由投入到产出的过程，生产要素的投入与企业规模和组织结构密切相关。新古典经济学的企业成长理论对企业的发展具有重要的指导意义。首先，它强调了外部环境因素对企业成长的重要性，这有助于企业明确市场定位和战略方向。其次，它指出了生产效率和规模经济对企业成长的关键作用，鼓励企业通过技术创新和规模扩张来降低成本、提高竞争力。最后，该理论还为企业制定合适的组织结构和激励机制提供了理论基础。

新古典经济学的企业成长理论具有三个优势：一是理论基础坚实，该理论建立在扎实的经济学原理之上，为企业成长提供了系统的理论框架。二是实用性，该理论为企业制定成长战略提供了实用的工具和方法，有助于指导企业的实际操作。三是可量化分析，新古典经济学注重数据和量化分析，使对企业成长的评估更为客观和准确。

然而，新古典经济学的企业成长理论也存在一些不足之处：一是忽略企业内部因素，该理论过于强调外部环境因素对企业成长的影响，而忽略了企业内部因素如组织文化、创新能力等对企业发展的重要性。二是静态分析，新古典经济学倾向于对静态均衡进行分析，忽视了企业成长的动态过程和不确定性。三是不完全竞争市场的局限性，该理论主要适用于完全竞争市场，而在现实中，大多数市场都存在一定程度的市场势力和非完全竞争。

（二）新制度经济学的企业成长理论

科斯认为，市场交易费用与企业内部协调管理费用的均衡决定企业的边界，节约市场交易费用是企业成长的动力。威廉姆森认为，为解决资产专用性带来的机会主义行为，企业会通过前向或后向一体化，把原来属于市场交易的某些阶段纳入企业内部，这种企业成长就表现为企业纵向边界的扩张。Grossman 和 Hart（1986）通过强调资产所有权的重要性，提出物质资产专用性和人力资产专用性对纵向一体化具有不同的意义。

新制度经济学作为经济学的一个重要分支，为企业成长理论带来了新的视角和观点。该理论强调了制度因素在企业成长中的重要性，弥补了传统经济学对企业内部结构和制度问题的忽视。新制度经济学认为，企业成长是在特定制度环境下的资源、技术和市场的匹配过程。制度因素，包括产权、法律、规制等，对企业成长具有重要影响。企业通过不断适应和利用这些制度因素来获取竞争优势和实现规模扩张。

新制度经济学的企业成长论的主要贡献体现在三个方面：一是强调制度因素，与传统经济学只关注资源配置效率不同，新制度经济学突出了制度因素在企业成长中的重要性，为企业成长理论注入了新的活力。二是解释企业边界，该理论有助于解释企业的边界如何决定，以及企业为何在某些情况下会选择内部化交易而不是市场交易。三是推动研究领域拓展，新制度经济学启发学者们从制度角度研究企业成长问题，从而拓展了研究领域和方法。

尽管新制度经济学企业成长理论为企业成长研究带来了新的视角，但也存在局限性，一是该理论过于强调制度因素对企业成长的作用，而忽略了其他如技术、市场和资源等要素的影响。二是新制度经济学对企业成长的静态分析较多，而对企业成长的动态过程和演化机制关注不足。

（三）以竞争优势理论为核心的企业成长理论

彼得·德鲁克（1985）认为企业获取竞争优势主要有三种基本战略，即成本领先战略、标新立异战略和目标集聚战略。后来彼得·德鲁克又创立了价值链理论，认为企业的竞争优势来源于价值链的优化。他认为企业竞争优势在一定程度上取决于企业所在产业的竞争结构，企业应该在对其竞争者、购买者、供应者、替代者、潜在竞争者 5 种力量进行分析的基础上确定企业的竞争战略。

竞争优势理论自其诞生之初，就对企业管理理论和实践产生了深远影响。从竞争优势的角度来分析企业成长，能够为企业的发展提供更为明确和实际的指导。

企业的竞争优势主要来源于以下几个方面：一是企业所拥有的独特资源或能力，如品牌、专利、技术等，使其在市场上具有与众不同的地位。二是企业通过高效的运营管理，降低成本，提高生产效率，从而在价格上获得竞争优势。三是独特的商业模式或销售策略，如直销、定制服务等，能够为企业带来竞争优势。四是良好的客户关系与品牌形象。

企业在获得竞争优势后，需要采取一系列措施来维持和转化这些优势：一是企业必须不断地投资于研发、品牌建设等方面，以保持其竞争优势。二是通过精细化管理、优化流程等方式，企业可以维持其在成本方面的优势。三是建立强大的企业文化，企业文化能够激发员工的归属感和创造力，从而维持企业的竞争优势。四是企业要时刻关注市场变化，及时调整战略和业务模式，以转化和创造新的竞争优势。

从竞争优势的角度来看企业成长，有助于企业明确自己的优势所在，并制定合适的战略来维持和扩大这些优势。然而，市场竞争是复杂多变的，企业需要不断地进行自我调整和创新，以应对外部环境的变化。

第三节　企业成长性的测量

企业界的管理人员和理论界的研究人员早期对企业成长性的理解主要表现为"量的积累"。科斯（1974）把企业的成长性定义为企业规模持续性扩大的能力。有研究人员认为企业成长就是以企业纵向发展为特征的量的扩张过程，也有研究人员认为企业成长就是企业产量不断趋向最优规模水平的动态调整过程。惠恩才（1998）将企业的成长能力定义为企业扩大经营规模，提高企业的经营效率从而实现利润的不断增长。Marshau（2003）认为企业的成长是企业通过规模的逐步扩张进而实现利润最大化的过程。

随着研究的深入，学者们将"质的提升"纳入了对企业成长性研究的范畴。Adizes（1979）提出，从生产结构、企业化表现、管理制度和程序的规范化、个体融入组织的程度这四个方面的综合变化来判断企业成长性。薛伟贤等（2006）认为应该从企业规模从小到大、核心竞争力由弱到强等方面评价企业的成长性。也有的研究人员认为企业成长性是一个综合性的概念，只有当与企业发展相关的各要素指标都出现增长时才能视为企业在成长。林建华（2008）认为企业的成长体现为生产要素质量的提升。Ghosh（2001）认为企业成长能力是指企业在未来较长时期内持续稳定的发展能力和扩张能力。

李晓倩（2020）总结了企业成长能力具有动态性、盈利性、扩张性特征：一是动态性，企业成长是一个动态的变化过程，它反映企业在生产经营活动中不断进行生产要素的投入和不断产出经营成果的过程中表现出来的一种资金运动；二是盈利性，企业成长的标志是盈利能力的提高，具体表现为投入要素和产出要素的优化对比；三是扩张性，企业价值的增长是企业成长发展的最终目标，具体表现为企业规模的不断扩大以及各项资产不断增长。

综合现有文献和研究成果，对企业成长性的测量，既有单一指标测量法，也有综合指标测量法；既有财务指标测量法或业务指标测量法，也有两者相结合的测量方法。

一、单一指标测量法

测量企业成长性的单一指标有很多，这些指标可以从不同的角度反映企业的发展潜力和增长速度。常用的单一指标有营业收入增长率、净利润增长率、总资产增长率、固定资产周转率、研发投入占比、员工人数增长率、市场份额增长率、新产品或服务的推出速度、资本支出增长率、客户数量增长率、毛利率增长率、每股收益（EPS）增长率等。

(一）营业收入增长率

营业收入增长率指标用于衡量企业营业收入的增减变动情况，是评价企业成长状况和发展能力的重要指标。营业收入增长率越高，表明企业营业收入的增长速度越快，市场前景越好。

使用营业收入增长率测量企业成长性既有优点也有不足。

1. 营业收入增长率的优点

首先，营业收入增长率可以直观反映企业增长态势，营业收入是企业的主要经济来源，其增长率直接反映了企业的经营业绩和市场规模的变化。一个正的营业收入增长率意味着企业的收入正在增加，市场地位正在提高。其次，营业收入增长率的计算公式简单，只需要比较连续两个会计年度的营业收入即可。这一指标在财务报告中通常会详细列出，便于投资者进行比较和分析。最后，营业收入增长率与利润增长关联度高，营业收入的增长往往伴随着利润的增长。企业在市场份额扩大、产品销量增加的同时，如果成本控制得当，通常会有更多的利润。

2. 营业收入增长率的不足

一是营业收入增长率易受季节性影响，某些行业或企业可能存在季节性波动，例如，零售业在假日季可能会有较高的收入，而在其他季度则较低。这种情况下，仅看营业收入增长率可能会产生误导。二是营业收入增长率未考虑价格和成本变化，营业收入增长率仅考虑了收入的变化，没有考虑产品或服务的价格、成本等因素。如果价格上涨或成本下降，即使销量不变，营业收入也可能增加。三是营业收入增长率缺乏对现金流量变化的考虑，虽然营业收入增加意味着企业的经济利益增加，但现金流量也是企业运营的重要方面。有时，企业可能会通过增加应收账款等方式来提高营业收入，但实际上并未真正增加现金流入。

（二）净利润增长率

净利润增长率是指企业当期净利润比上期净利润的增长幅度，指标值越大代表企业盈利能力越强,意味着企业的成长性越好。

使用净利润增长率测量企业成长性既有优点也有不足。

1. 净利润增长率的优点

首先,净利润增长率直接反映企业的盈利能力,净利润是企业经营活动的最终成果,净利润的增长直接反映了企业盈利能力的提升和市场地位的增强。一个正的净利润增长率意味着企业具有较强的盈利能力和良好的成本控制,这有助于企业的长期发展。其次,净利润增长率易于计算和理解。最后,净利润增长率与股东利益关联度高,净利润是企业股东收益的主要来源,净利润的增长通常意味着股东利益的增加,这对于投资者而言具有重要意义。

2. 净利润增长率的不足

一是净利润增长率受会计准则影响,不同国家和地区的会计准则可能存在差异,这可能导致同一企业在不同地区的净利润计算存在差异,从而影响净利润增长率的准确性。二是净利润增长率未考虑非经营性项目的影响,净利润中可能包含一些非经营性项目的损益,如资产处置收益、投资收益等。这些非经营性项目可能对净利润产生较大影响,从而影响净利润增长率的准确性。三是净利润增长率缺乏对现金流量的考虑,有时,企业可能会通过增加应收账款等方式来提高净利润,但实际上并未真正增加现金流入。

(三)总资产增长率

总资产增长率是企业年末总资产的增长额同年初资产总额之比,反映企业本期资产规模的增长情况。总资产增长率越高,表明企业一定时期内资产经营规模扩张的速度越快,但同时也需要注意资产规模扩张的质与量的关系,以及企业的后续发展能力。

使用总资产增长率测量企业成长性既有优点也有不足。

1. 总资产增长率的优点

首先,总资产增长率可以反映企业在一定时期内的资产扩张速度和规模,有助于投资者了解企业的投资策略和经营策略。其次,总资产增长率可以反映企业的投资效率。如果企业的总资产增长率较高,这可能意味着企业正在有效地利用资金和其他资源进行投资,从而实现资产规模的扩张。最后,通过总资产增长率的变化趋势,投资者可以了解企业风险控制能力的变化情况。如果总资产增长率保持稳定或逐渐提高,这可能意味着企业正在有效地控制风险并实现稳健的资产增长。

2. 总资产增长率的不足

一是总资产增长率受会计政策影响,总资产的确认和计量在不同企业之间可能存在差异,这可能导致同一行业的不同企业之间的总资产增长率存在差异。同时,不同企业对资产分类和计提折旧的方法也可能不同,也可能影响总资产增长率的准确性。二是总资产增长可能包括非经营性增长,如企业合并、资产注入等,这些非经营性增长可能并不会带来企业盈利能力的提升。因此,投资者在分析总资产增长率时需要关注其背后的驱动因素。三是总资产增长率仅反映了资产规模的变化,并没有考虑资产的质量。某些企业可能存在不良资产或低效资产,这些资产的增长可能会对企业的盈利能力产生负面影响。

(四) 固定资产周转率

固定资产周转率也称固定资产利用率,是企业销售收入与固定资产净值的比率,表示在一个会计年度内固定资产周转的次数。固定资产周转率越大表明企业的营业收入增长越快,代表企业的产品或服务受市场欢迎程度越高,高速成长越值得期待。

使用固定资产周转率测量企业成长性既有优点也有不足。

1. 固定资产周转率的优点

首先,固定资产是企业进行生产经营活动的基础,固定资产周转率可以反映企业生产能力的利用效率和产出的增加情况。一个较高的固定资产周转率意味着企业正在有效地利用其固定资产，实现更高的产出和销售收入。其次，固定资产周转率可以评估企业技术更新和效率提升，如果企业的固定资产周转率逐年提高，这可能意味着企业正在进行技术更新、设备升级或生产流程改进，从而提高固定资产的使用效率和整体运营能力。最后，固定资产是企业未来成长的重要基础，一个健康的固定资产周转率可能意味着企业具备较好的扩张潜力。投资者可以通过分析固定资产周转率的变化趋势，预测企业的未来成长情况。

2. 固定资产周转率的不足

一是行业差异影响可比性，不同行业的固定资产比例和周转率可能存在较大差异，因此，将不同行业的企业固定资产周转率进行直接比较可能缺乏可比性。投资者在分析时需要结合行业特点和企业的具体情况进行综合评估。二是企业可能会根据市场需求和技术进步进行新旧设备的替换，这可能影响固定资产周转率的稳定性。新设备的引入可能导致固定资产周转率的暂时下降，而旧设备的淘汰可能导致其暂时上升。三是固定资产周转率需要基于财务报表中的数据计算得出，因此，财务报表的准确性对固定资产周转率的可靠性至关重要。同时，由于财务报表的编制和披露存在一定的时间延迟，投资者在分析时需要注意数据的时效性。

（五）研发投入占比

研发投入占比是指企业研发费用占销售收入的比重，反映了企业对创新的重视程度和投入力度。研发投入占比越高，表明企业在技术创新方面的投入越大，可能带来的创新成果和市场竞争优势也越大。

使用研发投入占比测量企业成长性既有优点也有不足。

1. 研发投入占比的优点

首先，研发投入占比可以反映企业在技术创新方面的投入力度，从而评估企业在产品研发、技术升级和工艺改进等方面的创新能力。一个较高的研发投入占比意味着企业更加注重技术创新，有助于提高产品竞争力，从而促进未来的增长。其次，通过对研发投入占比的变化趋势进行分析，投资者可以预测企业未来的增长潜力和市场地位。一般来说，持续增加的研发投入有助于企业保持技术领先地位，从而获得更多的市场份额。最后，在不同的行业中，对于研发投入的重视程度可能存在差异。通过将企业的研发投入占比与同行业其他企业进行比较，投资者可以了解企业在行业中的技术创新水平，从而评估其成长潜力。

2. 研发投入占比的不足

一是研发投入的效果具有滞后性，研发投入转化为实际的技术创新和产品优势需要一定的时间，因此，研发投入占比可能无法即时反映企业的技术进步和市场竞争力。投资者需要关注研发成果的转化时间和效果，以更准确地评估企业的成长潜力。二是研发投入的持续性难以保障，企业的研发投入占比可能受到多种因素的影响，如经济环境、公司治理结构等。某些企业可能在经济低迷时期减少研发投入，从而影响其技术创新的持续性和未来的增长潜力。三是研发投入的会计核算可能存在主观性，在会计核算中，研发投入占比的计算可能存在一定的主观性和误差。例如，研发人员的工资、研发设备的折旧等费用可能被归类为管理费用或销售费用，而不是研发投入，这可能影响投资者对研发投入占比的准确理解。

（六）员工人数增长率

员工人数增长率衡量了企业员工的增加速度，反映了企业的扩张程度和人力资源需求。一个快速增长的员工人数可能意味着企业正在经历快速扩张阶段。

使用员工人数增长率测量企业成长性既有优点也有不足。

1. 员工人数增长率的优点

首先，员工人数增长率是一个直观、易于理解的指标。通过比较不同时间段员工数量的变化，可以清晰地看到企业的扩张或收缩趋势。其次，随着员工数量的增加，企业可能实现规模经济效应，从而提高整体劳动生产率。这意味着员工人数增长率可能与企业的盈利能力有一定的关联。最后，员工人数增长表明企业的业务量或业务领域在扩张。更多的员工意味着企业有更多的资源和能力去开拓市场、提供服务，从而增加市场份额。

2. 员工人数增长率的不足

一是随着员工数量的快速增加，企业可能面临一系列的管理挑战，如培训、激励和团队建设等。这些问题处理不当，可能会影响企业的运营效率和员工的满意度。二是大量的新员工招聘往往伴随着人力成本的增加。企业在扩张时需要平衡好收入与支出的关系，确保利润空间不被压缩。三是尽管员工人数增长率是一个重要的指标，但它只是衡量企业成长性的一个方面。企业在评估自身成长性时，还需要考虑其他因素，如营收增长率、利润增长率、市场份额等。

（七）市场份额增长率

市场份额增长率显示了企业在特定市场中的竞争力。如果企业的市场份额在增长，这可能意味着它正在从竞争对手那里夺取市场份额，或者整个市场正在扩大。

使用市场份额增长率测量企业成长性既有优点也有不足。

1. 市场份额增长率的优点

首先，市场份额增长率能够直观地反映企业在市场中的扩张速度。当企业的市场份额增长时，这通常意味着其产品或服务受到消费者的欢迎，企业在市场上的地位得到提升。其次，市场份额的增长往往意味着企业在市场竞争中取得了优势，这有助于企业在行业中建立和巩固其市场地位。最后，市场份额的增长通常与企业的盈利能力呈正相关。较大的市场份额也有助于提高其盈利能力。

2. 市场份额增长率的不足

一是市场份额是指企业在特定市场中的销售额或销售量所占的比例。

但市场的定义存在模糊性，不同的定义可能导致市场份额计算存在差异。二是市场份额增长可能受到竞争对手策略变化的影响。例如，竞争对手的促销活动、价格战等都可能导致市场份额的重新分配。三是仅关注市场份额增长率可能会忽略其他重要的经营指标，一个健康的企业成长不只是市场份额的增长，还涉及顾客满意度、企业盈利能力等多个维度的协同发展。

（八）新产品或服务的推出速度

新产品或服务的推出速度衡量了企业创新能力的一个重要方面。频繁推出新产品或服务的企业可能具有更强的研发能力和市场适应能力，从而有可能实现更高的增长。

使用新产品或服务的推出速度测量企业成长性既有优点也有不足。

1. 新产品或服务的推出速度的优点

首先，快速推出新产品或服务是企业创新能力的直接体现。一个持续推出创新产品的企业表明其具有较强的研发能力和市场洞察力，能够紧跟市场趋势，满足消费者需求。其次，新产品或服务为企业提供了新的增长机会和收入来源，有助于推动企业的整体增长。最后，快速推出新产品或服务有助于企业在竞争激烈的市场中建立和巩固竞争优势。

2. 新产品或服务的推出速度的不足

一是快速推出新产品或服务可能伴随较高的风险和不确定性。市场接受度、产品质量、消费者反馈等因素都是不可预测的，可能导致企业面临失败的风险。二是推出新产品或服务需要大量的资源投入，包括研发、市场推广等。如果企业没有足够的资源支持，可能会影响其现有产品的表现和整体运营状况。三是快速推出新产品或服务可能意味着企业过于依赖市场扩张，而忽略了市场饱和度。过度扩张可能导致市场份额的快速饱和，进而影响企业的盈利能力和成长潜力。

(九) 资本支出增长率

资本支出增长率反映了企业在长期资产（如设备、工厂、技术等）方面的投资。高的资本支出增长率意味着企业正在扩大生产能力或进行技术升级，以支持当下和未来的持续增长。

使用资本支出增长率测量企业成长性既有优点也有不足。

1. 资本支出增长率的优点

首先，资本支出增长率越高，表明企业的扩张意愿越强烈，增长潜力也越大。其次，资本支出有助于企业建立和维持竞争优势。在某些行业，如制造业或高科技产业，资本支出对于保持技术领先地位和产品质量至关重要。通过持续投资于研发、设备和工艺改进，企业可以提升产品性能、降低成本并增强市场竞争力。最后，资本支出不仅关注短期收益，还着眼于长期可持续性。有远见的企业会通过资本支出进行战略布局，以应对市场变化、行业趋势和技术创新。这种长期导向的投资有助于确保企业的长期生存和发展。

2. 资本支出增长率的不足

一是资本支出涉及较大的风险和不确定性。市场环境、技术进步和政策变化等因素都可能影响投资的回报。如果企业盲目扩大资本支出，而忽视市场变化和风险控制，可能会导致资源浪费和财务困境。二是大规模的资本支出可能会给企业带来现金流压力。企业可能需要筹集外部资金或动用大量内部资源来满足资本支出的需求。如果资本支出计划不合理，可能会影响企业的偿债能力、营运资金和盈利能力。三是资本支出增长率并非越高越好。企业需要平衡资本支出与经营效率之间的关系。过多的资本支出可能导致过度扩张和资源浪费，而不足的资本支出可能限制企业的发展潜力。

(十) 客户数量增长率

客户数量增长率衡量了企业吸引新客户的能力。一个快速增长的客户数量可能意味着企业的产品或服务在市场上受到了广泛的欢迎，或者企业的销售策略非常有效。

使用客户数量增长率测量企业成长性既有优点也有不足。

1. 客户数量增长率的优点

首先，客户数量增长是企业市场拓展能力的重要体现。随着新客户的增加，企业市场份额得到扩大，这有助于提高其市场地位和竞争实力。其次，客户数量的增加为企业带来了更多的销售机会，带动收入和利润的稳步增长。企业可以借助客户数量的增长，实现规模经济效应，降低单位成本，提高盈利能力。最后，客户数量的增加，企业的品牌知名度和口碑效应也会得到提升。这种正面的品牌形象可以吸引更多潜在客户，进一步促进客户数量的增长。

2. 客户数量增长率的不足

一是客户数量增长并不等同于客户质量的提升。如果企业过度关注客户数量的增加而忽视客户质量的筛选，可能会导致低质量客户的积累，对企业的长期发展造成负面影响。二是随着客户数量的增长，企业面临客户关系管理的挑战。如何维系老客户、提高客户满意度和忠诚度，以及有效管理客户信息成为企业面临的难题。三是在某些情况下，企业可能需要加大营销和获客投入，以促进客户数量的增长。这可能导致营销和获客成本的增加，对企业的盈利能力产生压力。

（十一）毛利率增长率

毛利率增长率是体现企业盈利能力的一个指标。如果企业的毛利率在增长，这可能意味着它正在提高价格、降低成本，或者销售更高利润率的产品。

使用毛利率增长率测量企业成长性既有优点也有不足。

1. 毛利率增长率的优点

首先，毛利率增长表明企业具有较强的盈利增长能力和良好的经营效率。意味着企业能够通过提高产品或服务的附加值、优化生产流程或提高定价策略来实现更高的利润率。其次,毛利率增长可以反映出企业在市场上的竞争优势和定价能力。较高的毛利率通常意味着企业在与竞争对手的竞争中占据了更有利的位置,能够提供更高价值的产品或服务。最后,毛利率增长可能表明企业提高了资源利用效率,从而实现了更低的成本和更高的盈利能力。这可能与企业采用更先进的生产技术、优化供应链管理或提高生产效率有关。

2. 毛利率增长率的不足

一是毛利率增长率可能受到企业业务规模扩张的限制。在业务快速扩张阶段,企业可能需要承担额外的成本和风险,如增加的营销和分销费用、扩大生产能力等,这可能会对毛利率产生负面影响。二是市场需求的变化可能影响毛利率的稳定性。如果市场需求下降或竞争加剧,企业可能面临降低定价或增加成本的压力,从而对毛利率产生负面影响。三是不同行业、产品和市场的成本结构和利润率存在差异,这使不同企业之间的毛利率难以直接比较。此外,企业的多元化产品组合可能导致毛利率波动较大,难以准确反映企业的整体成长性。

(十二)每股收益增长率

每股收益增长率是评估上市公司盈利能力成长性的重要指标。每股收益增长率越高,通常表明公司的盈利能力越强,股东回报也可能越高。

使用每股收益增长率测量企业成长性既有优点也有不足。

1. 每股收益增长率的优点

首先,每股收益增长直接体现了企业盈利能力的增强。当每股收益增长时,意味着企业的净利润在增长,从而显示出企业良好的经营业绩和成长潜力。其次,每股收益作为股东权益的直接体现,其增长意味着股东的财富在增加,这是投资者关注的重点之一。较高的每股收益增长率对投资者具有吸引力,可能推动股价上涨。最后,每股收益增长率可以作为评估企业管理层绩效的一个重要标准。持续增长的每股收益表明,管理层成功地领导企业实现盈利目标,增强了企业的竞争力。

2. 每股收益增长率的不足

一是每股收益计算可能受到会计操纵的影响,如提前确认收入、延迟确认费用等,这可能导致每股收益增长率不能真实反映企业的实际盈利能力。二是每股收益计算中只考虑了经营性收益,而忽略了非经营性收益(如资产处置、投资收益等),这可能导致每股收益增长率不能全面反映企业的经济活动。三是企业的资本结构可能会影响每股收益的计算。高债务可能导致每股收益的增长,但这并不一定意味着企业盈利能力的增强。

需要注意的是,单一指标只能反映企业某一方面的情况,具有一定的局限性。因此,在实际应用中,为了获得更全面、更准确的评估结果,建议使用多个指标进行综合分析、综合评估。

二、综合指标测量法

(一)高新技术企业认定中对企业成长性的评价方法

科学技术部、财政部、国家税务总局以《高新技术企业认定管理办法》(国科发火〔2016〕32号)中采用净资产增长率和销售收入增长率2个指标来评价企业的成长性。其中,净资产=资产总额-负债总额,即资产负债表中所有者权益(或股东权益)数额。净资产增长率=1/2(第二年末净资产÷第一年末净资产+第三年末净资产÷第二年末净资产)-1;销售收入为主营业务收入与其他业务收入之和,如其他业务收入为0,则销售收入即是主营业务收入数额。销售收入增长率=1/2(第二年销售收入÷第一年销售收入+第三年销售收入÷第二年销售收入)-1。

高新技术企业认定中企业成长性指标值每个指标满分10分,两个指标的总得分不超过20分。增长率得分区间划分为六个等级,各等级对应分值详见表5-1。

表 5-1　　　　　　　　　成长性指标得分区间匹配表

成长性得分	指标赋值	指标值对应等级和得分					
		≥35%	≥25%	≥15%	≥5%	>0	≤0
≤20	净资产增长率 ≤10分	A 9—10分	B 7—8分	C 5—6分	D 3—4分	E 1—2分	F 0分
	销售收入增长率 ≤10分	A 9—10分	B 7—8分	C 5—6分	D 3—4分	E 1—2分	F 0分

采用这一方法测量企业的成长性需要注意的是，若因企业成立时间短，仅有2年成长性数据，则计算时不需乘以1/2；若企业成立时间足以提供3年成长性数据，则计算时需乘以1/2。另外，如果企业认定申报期内净资产连续两年为负值，计算增长率时不可以负负得正。企业认定时第一年末净资产为负值的，按后两年计算；第二年末净资产为负值的，按0分计算。

（二）多维度合成企业成长性指标

现有研究和文献中，采用多维度合成成长性指标的实践很多，不仅在具体维度选择和指标选择上各不相同，在多指标合成方法上也有所差异，有的采用指标加权法，也有的采用因子合成法。

张洪兴（2010）、耿新（2011）认为，企业良好的财务绩效会促进企业成长。建议从市场份额增长率、销售额增长率、利润增长率、员工增长率、整体竞争力五个方面来测量企业的成长性。

张瑾（2009）认为企业在不同时期的成长目标不同，所以利润增长率等单一财务指标并不能全面反映企业的成长情况，因此，对企业的成长性进行评价时，不仅要考虑财务指标，也要考虑非财务指标，张瑾将成长分为显性增长和潜能增长两个维度，选择总资产增长率、销售增长率和净利润的增长率等财务指标测量显性增长；选择雇员人数增长率和市场份额增长率测量企业的潜能增长。

李海超、陈雪静和衷文蓉（2014）对我国信息通信产业（ICT）产业成长能力进行评价时，采用了财务指标和业务指标相结合的方法，李海超等人从三个方面构建一级指标并选择11个具体指标构建了信息通信产业（ICT）产业成长能力评价指标体系，详见表5-2。

表5-2　信息通信产业（ICT）产业成长能力评价指标体系

一级指标	二级指标
信通装备与资源流通	安全互联网服务器/百万人
	移动电话普及率
	互联网普及率
	人均每年移动通话时间/万分钟
ICT产业绩效水平	投资占总收入比重
	增加值占二、三产业增加值的比例
	出口额占出口总额的比例
	从业人员占二、三产业就业人数的比重
ICT产业成长潜力	科学家占就业人数比重
	专利占PCT比例
	ICT支出占GDP比例

李晓倩、史玉贤、周宫书琛（2023）研究营销能力、技术创新对企业成长能力的影响过程中，采用了因子合成的方法测量企业的成长性。李晓倩等人将企业成长能力概括为盈利性、动态性、扩张性三大特征：选择资产报酬率、营业净利率、成本费用利润率三个指标合成盈利能力；选择总资产周转率和固定资产周转率合成营运能力；选择净利润增长率、每股净资产增长率、可持续增长率三个指标合成扩张能力。尹子民（2019）采用因子分析法，从规模性、增长性、收益性、研发投入性、安全性五个方面遴选指标测量企业的成长性。刘芷璇（2019）也采用因子分析法从偿债能力、盈利能力、经营能力和发展水平四个方面遴选指标测量企业的成长性。

此外，陈晓红（2005）运用灰色关联分析法，从成长能力、资产营运能力、盈利能力、市场预期、企业规模等方面遴选指标测量企业成长性。夏宁（2014）运用突变级数法，从成长能力、资产营运能力、盈利能力、市场预期、企业规模等方面遴选指标来测量企业成长性。

综上所述，企业成长性的测量方法多样，各有优点也各有不足，在实际运用时可结合研究选题和研究样本以及指标数据的可获得性综合权衡、科学取舍。

第六章 营商环境、企业战略变革与企业成长性关系研究

第一节 研究思路和研究方法

一、研究思路

当前,世界经济发展格局发生了重大变化,我国经济由"高速"增长向"高质量"增长转变的过程中带来了新一轮的科技与产业变革。2020年,《中共中央 国务院关于新时代加快完善社会主义市场经济体制的意见》中明确指出,要构建一流的营商环境以此不断提升政府服务工作;2021年,《中华人民共和国国民经济和社会发展第十四个五年规则和2035年远景目标纲要》明确指出,要实现以国内大循环为主体、国内国际双循环相互促进的新发展格局,各地方政府必须将改善营商环境作为当地经济发展的重要抓手。良好的营商环境可以有效发挥外部治理的功能,企业不仅可以利用信息优势提升风险抗压能力,还可以通过政府提供的各项支持政策增强信心。良好的营商环境还可以为企业提供公平透明的市场竞争氛围,正向引导产品市场竞争,进一步激发企业的活力和创造力,促进企业的可持续发展。与此同时,伴随着我国经济的不断发展,企业要想在瞬息万变的市场环境中立于不败之地,就需要不断地适应环境并进行战略的调整,不断优化自身的资源配置、增强企业的适应能力。当企业在面临不断发生变化的内外部环境时,必须进行战略变革,保持或获取新的竞争优势,促进企业的长远发展。

综上所述,营商环境的优化程度与战略变革均会影响企业的成长能力。然而当前鲜有学者尝试探究战略变革在营商环境与企业成长能力关系领域的研究。在内外部环境日益复杂的今天,营商环境的优化是否会影响企业的成长和发展呢?是否产生影响企业战略变革的助推作用?都将成为企业重点关注的问题。基于此,本书尝试从战略变革视角出发,考察营商环境对企业成长能力的影响,并进一步探究战略变革在两者关系中的中介效应。

二、研究方法

(一)文献研究法

通过检索、阅读和梳理国内外权威文献资料,归纳关于营商环境、企业战略变革和企业成长性的相关研究成果。根据已有文献的研究贡献,定位研究范围、明确研究目标并确定研究关键点,形成科学的研究思路,进一步构建整体的研究框架,为变量之间相互关系和作用机理的推演奠定坚实的文献基础。

(二)实证研究法

首先,通过收集整理相关文献资料,针对营商环境、企业战略变革和企业成长性三者之间的关系提出研究假设;其次,对三者之间的内在关系进行实证研究分析,包括对模型中涉及的研究变量进行描述性统计分析以及运用皮尔森相关性分析法对所建立回归模型中的研究变量以及其余控制变量两两之间的相关程度进行检验;最后,为了准确探究营商环境、企业战略变革和企业成长性三者内在的逻辑关系,加入控制变量到营商环境、企业战略变革和企业成长性关系的研究模型中,运用 STATA 15.0 统计分析软件进行多元回归,对相关研究假设进行检验和验证。

第二节 研究假设和研究设计

一、研究假设

（一）营商环境与企业成长能力

营商环境是企业从创立到生产经营再到退出等各环节中涉及的法制环境、市场环境与其他各种环境因素的综合融合体，是一个城市或地区经济软实力最主要的表现形式。只有良好的营商环境才能激发市场的活力，同时提升其发展的内生动力，从而影响该区域的企业经营活动。一方面，良好的营商环境能够帮助企业打破与融资机构之间的信息壁垒，提高信息的获取质量。一个好的营商环境能够创造一个公开、透明、公正的外部环境，从而帮助企业提升会计信息质量，最大限度缓解金融机构对企业的信息不对称，有效解决投资决策时面临的"信息贫瘠"问题。另一方面，一个好的营商环境能让企业感受到更公平的市场竞争，从而激发出更强烈的风险承担意愿。因为一个好的营商环境能够促进市场稳定有序地发展，使市场前景更加清晰和公平。每个市场主体都有意愿为获得高获利而准备承担风险，不断推陈出新，积极拓展新市场并且扩大市场竞争优势，推动企业实现可持续发展。基于上述分析，本书提出假设1：

H1：良好的营商环境对于企业成长能力起到促进作用。

（二）战略变革与企业成长能力

目前，战略变革对企业成长能力的影响关系，尚未形成统一定论，主要包括以下三种观点：第一种观点认为战略变革会提升企业成长能力。战略变革可以有效改善经营模式，使企业战略与外部环境相匹配，进而提升企业的成长能力。郭继侠（2022）认为，较高的战略变革程度有助于企业打破战略惰性，战略变革的效益会高于成本，因此企业战略变革会对企业成长能力起到促进作用。第二种观点认为战略变革会阻碍企业成长能力的发展。由于企业自身资源有其劲性的特征，战略变革会对企业既定的行为习惯和模式进行重新构造，这一行为不仅会增加企业的财务成本与运营成本，也会使企业未来的发展充满了不确定性，大大降低组织的工作效率，从而对企业成长能力的提升产生抑制作用。第三种观点认为战略变革与企业成长能力之间具有非线性的关系。郭志岗（2020）以 2012 年至 2018 年我国制造业企业为研究样本，发现企业战略变革与企业内部资源和市场环境之间存在一定的时间效应与拐点效应，即战略变革与企业绩效之间存在着倒"U"型关系。马李沛沛（2019）基于制度理论视角，以 2011 年至 2017 年的沪深 A 股数据为研究样本，发现了企业战略变革与企业绩效之间存在倒"N"型关系。出现上述不同观点的主要原因可能是各个学者对战略变革的定义不同。本研究对战略变革的定义主要参考 Tang（2011）、叶康涛（2014）等学者的研究，采用战略差异度，即企业战略偏离行业常规的程度来衡量企业战略变革。本研究认为在企业战略变革的过程中会同时存在变革收益和变革成本，而企业成长能力的高低是因为变革收益与变革成本之间的差值造成的。因此本书提出假设 2：

H2：企业战略变革与企业成长能力呈倒"U"型关系。

（三）营商环境、战略变革与企业成长能力

"十三五"期间，随着"放管服"改革力度的不断加大，商事制度改革取得突破性进展，在"双创"等利好政策的支持下，制度红利得到有效释放。营商环境整体水平上升到新的高度。制度系统论指出，经济主体开展行动会因制度的设立被限制，因此，企业在开展经济活动以及实施管理措施的过程中必然会受到其所处制度环境的约束。孙莹（2022）认为，营商环境的优化不仅可以降低企业的制度性交易成本，也可以减少政府工作人员滥用职权进行的寻租行为，使企业可以将更多的资源用于创造出更多

价值的创新与投资活动，进而有助于促进企业的成长与发展。与此同时，营商环境作为企业生存发展的"土壤"，对企业战略变革的重要性不言而喻。基于利益导向性的原则，当企业处于营商环境较好的区域时，在面临由于内外部环境发生变化导致企业发展受阻时，更有可能通过一系列的战略变革来扭转现状，推动企业经营的可持续发展，从而提升企业的成长能力。

基于以上分析不难推出，当企业营商环境得到逐步优化时，企业战略变革的活动也将增加，其结果将会影响企业的成长能力。因此本书提出假设3：

H3：战略变革在营商环境和企业成长能力之间起到中介作用。

二、研究设计

（一）样本选取与数据来源

本研究选取2016年至2021年沪深A股上市公司作为研究样本，剔除ST、*ST、金融行业上市公司以及变量有缺失值的样本，筛选整理后最终得到11 665个有效观测值。本研究所用数据主要来自国泰安数据库和《中国城市竞争力报告》。

（二）变量定义

1. 被解释变量

本研究的被解释变量是企业成长性（Growth）。本研究主要借鉴刘星（2017）的研究方法对企业的成长性进行测量。Growth＝营业收入/固定资产净值，计算得出的数值越大，表明企业的成长能力越好。

2. 解释变量

本研究的解释变量是营商环境（YS）。由于营商环境在多数省份内部不同城市间存在较大差异，因此本研究参考于超和梁平汉（2019）、周泽将(2020)等的做法,采用城市综合经济竞争力指数来衡量城市层面的营商环境。

3. 中介变量

本研究的中介变量为战略变革(SC)。关于战略变革的量化,本研究主要参考叶康涛(2014)学者对战略变革的度量方法,使用六个关键战略维度的复合度量方法来测量企业的战略变革程度。使用该方法度量战略变革的主要原因:一是这六项指标对于公司绩效的影响程度较高;二是这些指标相互之间的互补性好;三是这些指标数据的可获取性好。具体指标如表6-1所示。

表6-1 战略变革测量维度详情表

序号	战略变革测量维度	计算公式
1	广告和宣传投入	销售费用/营业收入
2	研发投入	研发支出/营业收入
3	固定资产更新程度	固定资产净值/固定资产总值
4	管理费用投入	管理费用/营业收入
5	资本密集度	固定资产/员工人数
6	财务杠杆	负债总额/所有者权益

战略变革程度的计算方法是:首先,这六个战略维度指标分别减去同行业当年该指标的平均值;其次,除以该指标的标准差予以标准化,并取绝对值,这样就得到了各公司在每一个战略维度上偏离行业平均水平的程度;最后,对每个公司标准化后的六个战略指标取平均值,得到战略变革指标。该指标越大,说明公司与同年度同行的战略差异越大。

4. 控制变量

营商环境除了受到战略变革、企业成长性的影响外,还会受到其他变量的影响,参考借鉴已有研究成果,本研究主要从企业层面选取资产负债率、第一大股东持股比例、上市年限等指标作为控制变量,并纳入年度和行业两个虚拟变量,如表6-2所示。

表6-2　　　　　　　　　变量定义详情表

变量类型	变量名称	符号	计算公式
被解释变量	企业成长性	Growth	营业收入/固定资产净值
解释变量	营商环境	YS	城市综合经济竞争力指数
中介变量	战略变革	SC	复合度量
控制变量	资产负债率	Lev	企业总负债/总资产
	第一大股东持股比例	Top1	第一大股东持股占总股份数的比例
	上市年限	ListAge	ln（当年年份－上市年份＋1）
	CEO两职合一	Dual	若CEO兼任董事长，取值为1，否则为0
	独立董事比例	Indep	独立董事除以董事人数
	股权制衡度	Balance1	第二大股东持股比例除以第一大股东持股比例
	年度	Year	年份虚拟变量
	行业	Ind	行业虚拟变量

（三）研究模型

首先，为验证假设1，本研究使用最小二乘法构建回归模型（1）

$$Growth_{i,t} = \alpha_0 + \alpha_1 YS_{i,t} + \alpha_2 Lev_{i,t} + \alpha_3 Dual_{i,t} + \alpha_4 Indep_{i,t} + \alpha_5 Top1_{i,t} + \alpha_6 ListAge_{i,t} + \alpha_7 Balance1_{i,t} + \sum Year + \sum Ind + \varepsilon \tag{1}$$

其中$Growth_{i,t}$为被解释变量，表示企业i在第t年的成长能力，$YS_{i,t}$为解释变量，表示企业i在第t年的营商环境，α_0为截距项，α_1为解释变量的系数，本研究预测α_1显著为正。

其次，为验证假设2，本研究使用最小二乘法构建回归模型（2）

$$Growth_{i,t} = \gamma_0 + \gamma_1 SC_{i,t} + \gamma_2 SC_{i,t}^2 + \gamma_3 Lev_{i,t} + \gamma_4 Dual_{i,t} + \gamma_5 Indep_{i,t} + \gamma_6 Top1_{i,t} + \gamma_7 ListAge_{i,t} + \gamma_8 Balance1_{i,t} + \sum Year + \sum Ind + \varepsilon \tag{2}$$

其中 $Growth_{i,t}$ 为被解释变量，表示企业 i 在第 t 年成长能力，$SC_{i,t}$ 为解释变量，表示企业 i 在第 t 年的战略变革，γ_0 为截距项，γ_1 为解释变量一次项系数，γ_2 为解释变量二次项系数，本研究预测 γ_1 显著为正，γ_2 显著为负。

最后，为了检验假设 3，借鉴林伟鹏（2022）的中介效应模型，为此本研究在模型（1）、模型（2）的基础上构建模型（3）、模型（4），联合检验战略变革在营商环境与企业成长能力关系中的中介效应。

$$SC_{i,t} = \beta_0 + \beta_1 YS_{i,t} + \beta_2 Lev_{i,t} + \beta_3 Dual_{i,t} + \beta_4 Indep_{i,t} + \beta_5 Top1_{i,t}$$
$$+ \beta_6 ListAge_{i,t} + \beta_7 Balance1_{i,t} + \sum Year + \sum Ind + \varepsilon \quad (3)$$

$$Growth_{i,t} = \lambda_0 + \lambda_1 YS_{i,t} + \lambda_2 SC_{i,t} + \lambda_3 SC_{i,t}^2 + \lambda_4 Lev_{i,t} + \lambda_5 Dual_{i,t}$$
$$+ \lambda_6 Indep_{i,t} + \lambda_7 Top1_{i,t} + \lambda_8 ListAge_{i,t} + \lambda_8 Balance1_{i,t}$$
$$+ \sum Year + \sum Ind + \varepsilon \quad (4)$$

在 α_1、γ_1、γ_2、β_1 的基础上，若 λ_1、λ_2、λ_3 均显著，则战略变革在营商环境与企业成长能力的关系中具有部分中介效应；若 λ_2、λ_3 显著，λ_1 不显著，则战略变革在营商环境与企业成长能力的关系中具有完全的中介效应；若 α_1、γ_1、γ_2、β_1 不显著则不具有中介效应。

第三节 营商环境对企业成长性关系检验

一、描述性统计分析

表 6-3 对研究样本的描述性进行统计分析，得出以下结论：企业成长性（Growth）最大值为 8 507.2，最小值为 0.114，均值为 17.540，表明所选样本之间的企业成长能力相差较大，且多数企业的固定资产周转率处于较低水平；营商环境（YS）最大值为 1，最小值为 0，均值为 0.414，表明各地区的营商环境存在差异；战略变革（SC）最大值为 4.952，最小值为

0.207，均值为 0.565，表明各企业间的战略变革程度存在差异。

表 6-3　描述性统计分析

变量	样本量	均值	中位数	标准差	最小值	最大值
Growth	11 665	17.540	3.600	151.004	0.114	8 507.200
YS	11 665	0.414	0.364	0.280	0.000	1.000
SC	11 665	0.565	0.511	0.233	0.207	4.952
Lev	11 665	0.419	0.413	0.182	0.069	0.984
Dual	11 665	0.268	0.000	0.443	0.000	1.000
Indep	11 665	0.374	0.357	0.051	0.333	0.800
Top1	11 665	0.358	0.341	0.143	0.091	0.891
ListAge	11 665	2.207	2.398	0.933	0.000	3.466
Balance1	11 665	0.357	0.278	0.274	0.012	1.000

二、相关性分析

接下来对各变量之间的相关性进行分析，各变量之间的相关系数如表 6-4 所示。本研究采用皮尔逊系数对样本进行检验，各变量间的相关系数小于 0.4，表明各变量之间不存在严重的多重共线性现象。营商环境（YS）、战略变革（SC）与企业成长性（Growth）之间存在相互促进的关系，初步验证了本研究的假设。

表 6-4　Pearson 相关性系数表

	Growth	YS	SC	Lev	Dual	Indep	Top1	ListAge	Balance1
Growth	1								
YS	0.054 ***	1							
SC	0.054 ***	0.023 **	1						
Lev	0.059 ***	0.059 ***	0.064 ***	1					
Dual	-0.012	0.065 ***	-0.024 **	-0.119 ***	1				

续表

	Growth	YS	SC	Lev	Dual	Indep	Top1	ListAge	Balance1
Indep	0.008	0.063***	0.036***	0.020**	0.102***	1			
Top1	-0.005	0.055***	0.041***	0.039***	-0.040***	0.071***	1		
ListAge	0.027***	-0.009	0.071***	0.292***	-0.254***	-0.008	-0.107**	1	
Balance1	0.000	0.021**	-0.020**	-0.036**	0.043***	-0.023**	-0.612***	-0.120***	1

注：** 和 *** 表示变量显著性水平分别为 5% 和 1%。

三、回归分析

营商环境（YS）和企业成长性（Growth）两者关系的回归结果如表 6 - 5 所示。首先，从总体上看，F 值为 10.720，且在 1% 的水平上显著，说明模型整体上通过显著性检验；其次，从解释变量回归结果分析，营商环境的回归系数为 27.790，且在 1% 的水平上显著，说明营商环境对企业成长性有较为显著的正向影响，假设 1 得到验证。回归结果还表明资产负债率对企业成长性显著正相关，这从侧面反映出好的营商环境有利于企业通过负债经营来扩大企业规模并促进企业发展和壮大。

一个良好的营商环境通常包括法治健全、市场透明、政府服务高效、税收合理、金融体系完善等因素。首先，法治健全可以保障企业在公平的法治框架下运营，有效维护合同和产权，降低经营风险。其次，透明的市场能够提供更多的信息和机会，使企业更容易获取资源和合作伙伴，促进业务拓展。高效的政府服务则可以减少企业的行政负担，提高运营效率。合理的税收政策可以降低企业成本，激发投资和创新活力。完善的金融体系则为企业提供了更多的融资渠道，支持其扩大规模和进行长期投资。

综合而言，良好的营商环境能为企业提供更好的发展机遇，有助于激发企业的创新活力，提高其竞争力，从而推动企业的长期稳健成长。

表 6-5　　营商环境对企业成长性的回归结果

变量	系数	t 值	p 值
YS	27.790***	5.620	0.000
Lev	41.867***	5.440	0.000
Dual	-2.873	-0.870	0.383
Indep	13.998	0.560	0.577
Top1	-13.860	-1.150	0.252
ListAge	1.227	0.740	0.460
Balance1	-3.326	-0.520	0.606
Constant	-12.734	-1.060	0.291
年度	控制	控制	控制
行业	控制	控制	控制
观测值	11 665	11 665	11 665
调整后的 R^2	0.058	Adj. R^2	0.064
F 值	10.720	P 值	0.000

注：*** 表示变量显著性水平为 1%。

第四节　企业战略变革中介效应检验

一、战略变革与企业成长性的关系

战略变革（SC）和企业成长性（Growth）两者关系的回归结果如表 6-6 所示。首先，从总体上看，F 值为 11.960，且在 1% 的水平上显著，表明模型整体上通过显著性检验；其次，从解释变量回归结果分析，战略变革一次方的回归系数为 77.099，且在 1% 的水平上显著，说明企业战略变革对企业成长性有显著的正向影响；战略变革的二次方的回归系数为 -26.614，且在 1% 的水平上显著，说明企业成长性与战略变革呈倒"U"型关系，即企业的战略变革与企业成长能力的关系存在一定拐点，适度的战略变革会促进企业成长能力，过度的战略变革会抑制企业成长能力。在战略变革实施的初期，与当前环境相匹配将促使企业成长能力的提升。随着市场竞争环境和企业资源丰裕度的变化，当初制定的战略将与市场需求相偏离，既定的期望绩效也将难以实现。在战略变革过程中企业的战略与外部市场环境和内部资源条件的匹配具有一定的时间效应和拐点效应。当战略变革实施力度未达到拐点前，将对企业成长能力具有正面影响。当超过拐点后，由于战略变革实施的阻力不断增大，边际成本逐渐增加，负面效应显著增强，将对企业成长能力产生负面影响。这种关系反映了战略变革过程中企业面临的阶段性挑战，企业应当通过灵活管控逐步克服困境、实现企业的动态成长。

回归结果还显示资产负债率（Lev）与企业成长性显著正相关，表明成长性较好的企业，多数会采用结合融资手段来解决企业变革和发展过程中的资金需求问题。

表6-6　　战略变革对企业成长性的回归结果

变量	系数	t 值	p 值
SC	77.099***	6.610	0.000
SC^2	-26.614***	-4.780	0.000
Lev	42.492***	5.530	0.000
Dual	-1.865	-0.570	0.570
Indep	14.553	0.580	0.562
Top1	-13.397	-1.110	0.267
ListAge	0.660	0.400	0.691
Balance1	-2.114	-0.330	0.742
Constant	-34.944	-2.770	0.006
观测值	11 665	11 665	11 665
调整后的 R^2	0.075	Adj. R^2	0.081
F 值	11.960	P 值	0.000

注：*** 表示变量显著性水平为1%。

二、营商环境与战略变革的关系

营商环境（YS）和战略变革（SC）两者关系的回归结果如表6-7所示。首先，从总体上看，F值为18.490，且在1%的水平上显著，表明模型整体上通过显著性检验；其次，从解释变量回归结果分析，营商环境的回归系数为0.015，且在10%的水平上显著，说明营商环境对企业战略变革有显著的正向影响。优越的营商环境提供了稳定、透明、开放及和平的外部商业环境，为企业提供了更大的发展空间和创新动力。在这样的环境中，企业更容易预测市场走势，降低经营风险，从而更愿意进行战略变革以适应不断变化的市场需求。透明的法治体系和清晰的市场规则使企业更容易获取信息，作出准确的决策。高效的政府服务和简化的行政程序减少了变革实施的障碍，提高了变革的执行效率。合理的税收政策和金融体系的支持为企业提供了更多的资金和资源，促进了企业技术创新和跨行业投资。总之，优越的营商环境为企业提供了更好的发展平台，也激发了企业进行战略变革的动力，从而提升企业的竞争力和适应力。

独立董事比例（Indep）与企业战略变革正相关，表明营商环境好的地区，独立董事作用发挥更突出。独立董事以其专业能力有效促进了企业顺势进行战略变革的动力。此外，回归结果还表明第一大股东持股比例（Top1）越高，越有利于推动战略变革；上市年限（ListAge）越长的企业，越有利于推动战略变革；股权制衡度（Balance1）越高的企业，越有利于推动战略变革。

表6-7　　　　　　营商环境对战略变革的回归结果

变量	SC	t值	p值
YS	0.015*	1.660	0.097
Lev	0.061***	4.170	0.000
Dual	-0.003	-0.490	0.626
Indep	0.162***	3.410	0.001

续表

变量	SC	t 值	p 值
Top1	0.112 ***	4.920	0.000
ListAge	0.021 ***	6.640	0.000
Balance1	0.027 **	2.240	0.025
Constant	0.394 ***	17.330	0.000
年份	控制	控制	控制
行业	控制	控制	控制
观测值	11 665	11 665	11 665
调整后的 R^2	0.0104	Adj. R^2	0.011
F 值	18.490	P 值	0.000

注：*、** 和 *** 表示变量显著性水平分别为 10%、5% 和 1%。

三、营商环境、战略变革与企业成长性的关系

营商环境（YS）、战略变革（SC）与企业成长性（Growth）三者关系的回归结果如表 6-8 所示。其中"（1）"列为营商环境与企业成长性之间的关系：两者间的系数在 1% 水平上显著且正相关；"（2）"列为战略变革与营商环境之间的关系：两者的系数在 10% 水平上显著且为正；"（3）"列为战略变革在营商环境与企业成长性之间的中介效应，由结果可知，企业成长性与营商环境的系数、企业成长性与战略变革的系数在 1% 水平上显著，表明战略变革在营商环境与企业成长性之间具有部分的中介效应。即改善营商环境会促进企业进行战略变革，从而有助于提升企业的成长能力。

在模型"（3）"中，回归检验的结果再次显示，资产负债率（Lev）在营商环境、战略变革与企业成长性关系的模型中显著正相关，进一步验证了良好的营商环境有利于企业依靠债务渠道解决企业变革和发展过程中的资金难题。

表6-8 营商环境、战略变革对企业成长性的回归结果

变量	(1) Growth	(2) SC	(3) Growth
YS	27.790*** (4.942)	0.015* (0.009)	27.306*** (4.932)
SC			76.485*** (11.644)
SC^2			-26.510*** (5.566)
Lev	41.867*** (7.695)	0.061*** (0.015)	40.010*** (7.685)
Dual	-2.873 (3.296)	-0.003 (0.006)	-3.117 (3.290)
Indep	13.998 (25.105)	0.162*** (0.047)	7.807 (25.068)
Top1	-13.860 (12.103)	0.112*** (0.023)	-18.889 (12.098)
ListAge	1.227 (1.659)	0.021*** (0.003)	0.556 (1.659)
Balance1	-3.326 (6.442)	0.027** (0.012)	-4.544 (6.431)
Constant	-12.734 (12.056)	0.394*** (0.023)	-39.002*** (12.636)
年份	控制	控制	控制
行业	控制	控制	控制
观测值	11 665	11 665	11 665
调整后的 R^2	0.058	0.0104	0.0100
F值	10.720	18.490	14.060

注:(1) *、**和***表示变量显著性水平分别为10%、5%和1%。
(2) 括号内的数值为标准误。

四、稳健性检验

为了检验上述结果的可靠性,本研究更换了对企业成长性的测量指标,以营业收入增长率来衡量企业成长性,计算公式为:

(固定资产净额本期期末值－固定资产净额本期期初值)/固定资产净额本期期初值

回归结果如表 6-9 所示。"(1)"列中营商环境的回归系数为 0.044,且在 5% 的水平上显著,说明营商环境对企业成长性有较为显著的正向影响。"(2)"列中战略变革一次方的回归系数为 0.130,且在 1% 的水平上显著,说明企业战略变革对企业成长性有显著的正向影响;战略变革的二次方的回归系数为 -0.107,且在 1% 的水平上显著,说明企业成长性与战略变革呈倒"U"型关系。"(3)"列中营商环境的回归系数为 0.015,且在 10% 的水平上显著,说明营商环境对企业战略变革有显著的正向影响。"(4)"列中营商环境的回归系数为 0.041,且在 5% 的水平上显著;战略变革一次方的回归系数为 0.132,且在 1% 的水平上显著,说明企业战略变革对企业成长性有显著的正向影响;战略变革的二次方的回归系数为 -0.107,且在 1% 的水平上显著,表明战略变革在营商环境与企业成长性之间具有部分的中介效应。

表 6-9　　多元回归与中介效应回归结果

变量	(1) Growth	(2) Growth	(3) SC	(4) Growth
YS	0.044 ** (2.340)		0.015 * (0.009)	0.041 ** (2.200)
SC		0.130 *** (3.530)		0.132 *** (3.590)
SC^2		-0.107 *** (-6.100)		-0.107 *** (-6.120)

续表

变量	(1) Growth	(2) Growth	(3) SC	(4) Growth
Lev	0.140 *** (5.760)	0.141 *** (5.810)	0.061 *** (0.015)	0.137 *** (5.640)
Dual	0.028 *** (2.740)	0.032 *** (3.050)	−0.003 (−0.006)	0.030 *** (2.890)
Indep	0.151 * (1.910)	0.155 ** (1.960)	0.162 *** (0.047)	0.148 * (1.870)
Top1	−0.144 *** (−3.760)	−0.136 *** (−3.570)	0.112 *** (0.023)	−0.143 *** (−3.750)
ListAge	−0.104 *** (−19.820)	−0.106 *** (−20.100)	0.021 *** (0.003)	−0.105 *** (−20.030)
Balance1	0.010 (0.500)	0.013 (0.640)	0.027 ** (0.012)	0.010 (0.500)
Constant	0.412 *** (10.520)	0.454 *** (11.130)	0.394 *** (0.023)	0.449 *** (10.990)
年份	控制	控制	控制	控制
行业	控制	控制	控制 1	控制
观测值	11 665	11 665	11 665	11 665
调整后 R^2	0.052	0.056	0.010	0.056
F 值	52.860	53.190	18.490	49.750

注：(1) *、** 和 *** 表示变量显著性水平分别为 10%、5% 和 1%。
(2) 括号内的数值为标准误。

第五节 研究结论与建议

一、研究结论

基于《中国城市竞争力报告》公布的 296 个大中小型城市营商环境数

据，使用城市匹配的方法得到沪深 A 股上市公司研究样本，研讨营商环境对企业成长能力的影响程度，并且深入研讨战略变革在营商环境和企业成长能力两者关系中的影响机理，实证结果表明：（1）营商环境对企业成长能力有显著的正向影响；（2）战略变革对于企业成长能力的影响呈现出显著的倒"U"型特征；（3）战略变革在营商环境与企业成长能力之间起中介作用。

二、研究建议

基于上述研究结论，我们推出以下建议。

（一）政府方面

政府要不断改善营商环境，着力突破重难点问题，精准选择改革项目，深化"放管服"改革，确保市场主体方面能够保持公平竞争。同时应注重实效，培养"短板意识"，以优化营商环境为中心，增强其针对性与有效性。对于营商环境的好坏评判关键在于企业和群众的评价，在于市场主体对其是称赞或是吐槽。为此，我们必须理顺政府和市场的关系，继续为企业创造出有利于发展的营商环境，继续精简办事流程和激励体制创新，做到既亲商也清商，逐步建立"共建共享"的多元合作机制。

（二）企业方面

对于企业而言，要正确认识战略变革对企业成长发展的时间效应和曲线效应，充分利用战略变革这把"双刃剑"，正视战略变革对企业成长能力带来的积极影响，科学合理适时地进行变革。企业的战略变革与企业成长能力的关系存在一定拐点，适度的战略变革会促进企业成长能力，过度的战略变革会抑制企业成长能力。近年来，我国持续优化与企业相适应的营商环境、建设促进企业成长的"蓄水池"、充分发挥营商环境"连锁效应",目的是为企业高质量发展筑牢根基,为企业排忧解难。

为此,企业应清醒地认识到自身存在的短板,同时借助政府建设的优良营商环境合理分配资源,积极推进战略变革,加大创新力度,持续提升竞争优势,使企业能够实现更高的发展质量。

第七章 京津冀营商环境、企业战略变革与企业成长性比较

第一节 京津冀区域营商环境改善与提升政策回顾

京津冀，指的是北京市、天津市以及河北省三个省级行政区域，是中国北方地区的经济、政治、文化和科技中心。京津冀地区同属京畿重地，濒临渤海，背靠太岳，携揽"三北"，战略地位十分重要，是我国经济最具活力、开放程度最高、创新能力最强、吸纳人口最多的地区之一，也是拉动我国经济发展的重要引擎。推动京津冀协同发展，是适应我国经济发展进入新常态，应对资源环境压力加大、区域发展不平衡矛盾日益突出等挑战，加快转变经济发展方式、培育增长新动力和新的增长极、优化区域发展格局的现实需要，意义十分重大。

党的十九大明确提出区域协调发展战略，要以疏解北京非首都功能为"牛鼻子"，助力京津冀协同发展。为了走出一条科学发展的协同之路，习近平总书记提出了一系列协同治理新思路。近年来，京津冀三地政府全方位通力合作，营商环境建设取得阶段性成效。根据北京市统计局发布的数据显示：2023 年，北京、天津、河北地区生产总值分别为 43 760.7 亿元、16 737.3 亿元和 43 944.1 亿元，按不变价格计算，同比分别增长 5.2%、4.3% 和 5.5%，增速比 2022 年分别提高 4.5、3.3 和 1.7 个百分点。另外，京津冀区域深入推进专利转化合作，截至 2023 年已有 5 300 余项专利开放许可技术在三地共享。北京通州与河北廊坊北三县项目推介洽

谈会已连续举办五届，累计签约项目210余个，意向投资额超1 500亿元，通州与北三县一体化发展持续推进。总体而言，京津冀一体化对于中国经济的发展起到了推动和引领的作用，为实现更加高质量、可持续的经济增长提供了重要支持。

一、京津冀区域合作发展背景

（一）推动经济升级

推动经济升级是京津冀一体化战略的核心目标之一，旨在通过三地的产业协同发展，实现整体经济结构的优化和提升。这一战略背后的动因在于三地各自具有独特的经济特色和优势，通过合作，可以形成互补，推动整个区域经济的升级。

首先，北京作为国家的政治、文化和科技中心，具备强大的创新和高端产业集聚能力。通过与天津和河北的合作，可以实现高新技术产业的引领效应，推动整个京津冀区域朝着创新型经济发展的方向迈进。其次，天津作为重要的港口城市和经济中心，有着丰富的物流和制造业基础，与北京的紧密合作可以加速产业链的完善，提高制造业水平。最后，河北拥有丰富的自然资源和传统产业基础，通过与北京、天津的合作，可以促使传统产业的升级转型，推动绿色、智能制造的发展。同时，河北在农业方面的优势也可以与京津的市场需求形成良好的互动，促进农业现代化。通过这种经济协同发展，京津冀一体化战略有望加强产业链的衔接，推动科技创新和人才流动，提高整体经济附加值。这不仅有利于推动三地经济结构的升级，还有助于提高区域的整体竞争力，为中国经济的可持续发展提供强有力的支撑。

（二）优化资源配置

优化资源配置是京津冀一体化战略的关键目标之一，旨在充分发挥京津冀区域内各地的优势资源,实现资源的协同利用和互补。一方面,北京可以通过引导非首都功能向周边地区疏解,释放出一部分土地和资源,减轻城市的压力,使非首都功能更合理地分布在整个京津冀区域。另一方面,天津和河北可以充分利用其丰富的土地资源和人力资源,引进更多高新技术、研发中心等创新型产业,实现产业的协同发展。这种资源的优化配置不仅有助于提高整个京津冀区域的综合竞争力,还有助于实现经济的高效发展和可持续利用资源的长期稳定供应。通过这样的合作与协同,京津冀区域能够实现资源的最佳配置,为整体发展提供更为坚实的基础。

(三)疏解北京非首都功能

北京一直是中国的政治和文化中心,但也一度面临着城市功能过于集中的问题。为了减轻北京的城市压力,京津冀一体化战略鼓励非首都功能向周边地区疏解,实现协同发展。通过疏解非首都功能,可以将一部分行政事务、文化活动、科研机构等资源转移到周边地区,实现资源的合理分布。这不仅能够推动周边城市的发展,提高其综合实力,还能有效减轻北京的城市压力。例如,一些政府机关、高校、研究机构等单位可以逐步迁往周边城市,使这些城市成为非首都功能的新承载地。这一疏解过程也可以促使周边城市的规划和建设,推动其基础设施和公共服务水平的提升。同时,有助于形成更为均衡的城市格局,实现城市群的有机协同。通过这样的疏解和协同发展,京津冀区域能够更好地应对城市化带来的挑战,实现可持续、高质量的城市发展。

二、京津冀区域营商环境改善与提升主要政策回顾

(一)加强行政审批制度协同改革

三地政府致力于优化行政审批服务,以创造更加便捷高效的营商环境。一方面,简化审批程序,通过引入信息技术、优化流程等手段,加快

企业注册、项目审批等流程，减少企业的办事时间、降低企业的办事成本。另一方面，实施"一次办好"等改革措施，整合相关审批事项，使企业能够在一次提交材料后即可完成多个环节的审批。政府还推动行政审批服务的"互联网+"改革，建立在线审批系统，使企业能够在线提交申请、查询进度，进一步提高审批效率。三地政府在共同起草的"一网通办"试点工作方案引领下，实现了20个政务服务事项"一网通办"，38个异地可办，用实际行动为企业跨区域办理业务提供了极大便利。通过这些举措，京津冀区域积极构建了更加开放、高效的行政审批服务体系，为企业提供更加便捷的创业环境，促进了创新创业的繁荣发展，有助于吸引更多企业投资并参与区域协同发展的进程中。

（二）"区域通办"迅速发展

京津冀三地签订《京津冀营商环境一体化发展商事制度领域合作框架协议》，这为三地融合发展提供了制度保障。该协议明确京津冀三地企业登记机关在现有工作机制的基础上，充分深度合作，共同推进企业开办、变更、注销政策流程协同一致，全面清理对企业跨区域经营、迁移设置的不合理条件和妨碍统一市场和公平竞争的政策。一方面，政务服务"区域通办"迅速发展。在省（市）级层面，京津冀先后推出了4批共179项"同事同标"政务服务事项，包含涉企经营、交通运输、工程建设、民生保障4个领域，企业群众在三地自贸试验区乃至更大地域范围办事，实现无差别受理和同标准办理；京津冀和雄安新区相互推出234项"区域通办"事项；推出235项自助终端办理事项；梳理电子证照共享清单，北京120类、天津95类、河北114类；三地政务服务办事大厅开设"跨省通办"专区，建设异地办事代收代办服务的远程视频会商系统。另一方面，地区层面三地多有合作。北京城市副中心立足地缘优势，与廊坊北三县打造"区域通办"云窗口，开启"区域通办2.0版"服务；北京经济技术开发区立足创新优势，多次举办京津冀国家级经开区优化营商环境改革创新高峰论坛,发布审批服务改革创新举措115项;北京其他区也立足功能定位和工作实际,与津冀相关地区加强"区域通办"合作。

(三) 市场一体化逐步推进

北京市政府为疏解非首都功能,主动牵头推进部分产业向津冀转移;充分发挥民营企业金融综合服务平台的融资担保基金作用,为民营企业解决投融资难题。天津市政府明确自己在三地协同发展中的定位,不断降低交易成本,推进三地资源配置一体化,避免产业的恶性竞争和重复建设;继续放宽准入限制,推动"非禁即入"普遍落实,为民营企业提供公平竞争的市场秩序。河北省政府加快基础设施建设,为承接京津优势企业转移提供后备支持;大力开展民营企业提升工程,在激发大型企业市场活力和培育各种类型的中小企业方面双管齐下,为民营企业创新发展提供新的机遇。

(四) 加强人才引进与培养

为促进京津冀一体化战略的成功实施,政府致力于加强人才引进与培养,以推动区域内企业的创新和发展。通过设立人才服务中心、提供住房、税收优惠等综合措施,京津冀区域吸引高层次人才向该区域聚集。政府还通过合作与协同的方式,推动区域内高校、研究机构与企业之间的深度合作,鼓励科研成果的转化和应用。此外,建立更加开放的人才流动机制,使人才能够更自由地在京津冀区域内流动,加速知识和经验的传播。通过这些措施,京津冀区域旨在培养一支高素质、创新能力强的人才队伍,为推动区域经济的协同发展提供人才支持,促使科技创新和产业升级成为京津冀一体化战略的重要驱动力。这样的人才引进与培养策略不仅有助于各地区共同提高创新水平,也有助于构建更具活力和竞争力的京津冀区域。

（五）加大税收优惠政策

为促进京津冀一体化战略的实施，三地政府采取了一系列税收优惠政策，以吸引更多的企业投资和发展。这些政策包括减免企业所得税、降低税率、延长税收优惠期限等方面。通过这些措施，京津冀区域鼓励企业加大投资力度，推动产业升级，提高企业的盈利能力。特别是在高新技术、创新领域，政府提供更为优惠的税收政策，以激发企业的创新活力。这样的税收优惠政策有助于吸引更多的企业落户该区域，形成产业集群效应，促进经济协同发展。同时，这也为京津冀企业提供了更为有利的竞争环境，吸引了更多国内外投资者的关注，为区域经济的可持续发展提供了有力支持。

第二节 京津冀企业战略变革

一、京津冀区域战略变革总体趋势

战略变革是企业应对外部环境不确定性和动态性的有效手段，当环境动态性和丰富性程度较高时，公司更倾向于进行战略变革以适应环境的变化。此外，外部环境的丰富性能够为公司战略变革提供必要的资源，从而降低公司的战略变革的难度。京津冀区域企业战略变革指数年均值的变化如图7-1所示。我们可以看到，京津冀地区战略变革指数整体上呈现出了先上升后下降再上升的趋势。总体来说，京津冀区域战略变革指数在0.580至0.626之间，整体较为偏低；2019年至2021年战略变革指数低于2016年至2018年。

图7-1显示，2016年至2017年呈上升趋势，这表明京津冀地区企业发展态势较好，企业变革活跃度高。到2018年出现急速下降走势，有可能的原因是：一方面，2018年中美贸易战爆发，中国企业特别是跨国经营企

第七章 京津冀营商环境、企业战略变革与企业成长性比较

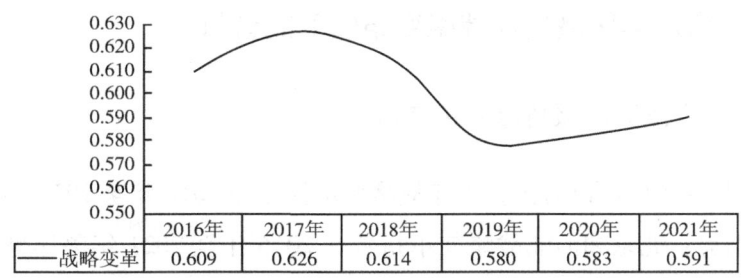

图 7-1 京津冀战略变革指数年均值变化趋势

业的外部环境发生急剧恶化,而北京是很多跨国经营企业的总部所在地,稳健经营和防控风险成为企业变革之重,因此不得不放缓业务扩张的脚步停止或暂缓战略变革,从而导致 2018 年京津冀地区战略变革指数下降。另一方面,三地之间有序的产业转移机制仍有待形成,产业结构与产业布局都亟待优化。在这种情况下,京津冀区域中的企业可能更为谨慎,暂时搁置或推迟战略变革计划,以等待更为明晰的发展方向。产业结构调整可能涉及政府政策的调整、新兴产业的崛起和传统产业的衰退,这使企业在选择和制定战略时面临更大的挑战。企业可能需要更详细的行业研究和深入的市场分析,以适应产业结构的演变。因此,产业结构调整可能使企业对战略变革持观望态度,等待更为明朗的行业前景,这在一定程度上抑制了企业战略变革的推进。

2019 年末,席卷全球的新冠疫情给全球经济带来了极大的不确定性,企业在这种不确定性下可能更加谨慎和保守,优先关注短期的经营稳定而相对减缓了对战略变革的关注。同时,疫情导致的供应链中断和物流困扰也使企业更集中精力于保障生产和供应链的稳定,阻碍了企业战略变革的实施。在这一情境下,企业可能更愿意采取观望态度,等待疫情缓解、市场复苏和更为明确的经济趋势,再考虑深入的战略变革。2020 年、2021 年中国抗疫成果在全球一枝独秀,率先走出疫情的阴霾,加之 2020 年 5 月中央首次提出双循环新发展格局,相关政策红利频出,各行各业再次逐步复苏,战略变革指数也稳步上升。

二、京津冀区域各地战略变革值对比分析

(一) 京津冀区域战略变革值对比

从图 7-2 中可以看出,天津战略变革指数在 2016 年至 2021 年呈波动式上升态势;北京和河北战略变革指数在 2016 年至 2021 年整体呈先上升后下降的趋势;在 2018 年至 2021 年河北战略变革指数低于天津和北京。可能的原因一是由于河北长期以来以传统重工业为主导,在产业结构升级和调整方面进展可能较为缓慢,缺乏高附加值、高技术含量的新兴产业可能使战略变革的推进受到制约;二是河北地处中国北方工业带,长期以来面临着严重的环境污染和治理挑战,环境问题可能限制了企业的发展,也影响了区域的整体形象和可持续发展;三是河北的一些优秀人才更倾向于向周边的北京和天津流动,这些因素都会影响河北的企业变革以及产业发展。

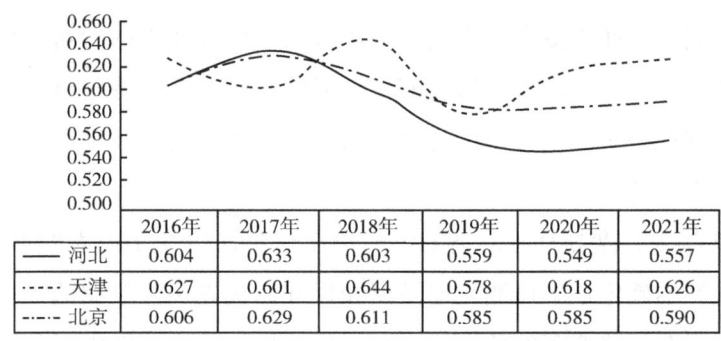

图 7-2 京津冀各地区战略变革均值汇总数

(二) 河北省各地级市战略变革值对比

从表 7-1 可以看出,河北企业战略变革均值整体偏低。其中战略变革较大的地级市是石家庄和邯郸。石家庄在河北企业战略变革中表现突出的原因之一是其优越的交通基础和地理位置。作为河北省省会,石家庄拥有

发达的交通网络,包括高速公路、铁路和航空渠道,为企业提供了便利的物流体系,有助于降低运营成本。此外,石家庄产业多元化,拥有包括钢铁、化工、装备制造等多个领域的产业优势,为企业提供了广泛的发展选择,使其更容易适应市场变化,实施战略变革。而邯郸在战略变革方面的表现突出可以归因于其强大的工业基础和丰富的资源条件。邯郸在河北工业体系中具有优势,尤其在钢铁、机械制造等领域,这为企业提供了充足的技术支持和人才储备,有利于企业实施战略变革。同时,邯郸地处资源丰富的区域,拥有煤炭、铁矿石等丰富的自然资源,为企业提供了相对廉价的原材料,有助于控制生产成本,提高企业竞争力。

表 7-1　2016 年至 2021 年河北战略变革年均值变化

城市	2016 年	2017 年	2018 年	2019 年	2020 年	2021 年
保定	0.570	0.584	0.355	0.418	0.496	0.456
沧州	0.689	0.792	0.761	0.612	0.450	0.382
承德	0.378	0.506	0.542	0.470	0.381	0.465
邯郸	0.729	0.837	0.697	0.598	0.673	0.711
衡水	0.559	0.577	0.451	0.439	0.428	0.562
廊坊	0.374	0.406	0.465	0.402	0.382	0.487
秦皇岛	—	0.505	0.605	0.566	0.529	0.546
石家庄	0.734	0.694	0.681	0.669	0.691	0.669
唐山	0.611	0.625	0.626	0.550	0.517	0.472
邢台	0.234	0.349	0.290	0.294	0.347	0.365
张家口	0.556	1.371	1.467	1.010	1.052	1.207

第三节　京津冀企业成长能力

一、京津冀地区企业成长能力总体趋势

从图 7-3 可以看出,京津冀地区企业成长能力整体上呈上升的趋势,

这一态势的形成得益于以下几方面的因素：一是京津冀协同发展战略的实施促进了区域一体化发展，形成了更加紧密的产业链、供应链和人才链，提高了企业间的合作与协同效应。二是政府通过一系列政策支持，包括降低税收、提供财政支持、优化营商环境等激发了企业的发展活力。三是京津冀地区加强了科技创新和产业升级，推动了新兴产业的崛起，使企业更好地适应市场需求。四是区域内的基础设施建设不断完善，交通、物流等方面的便利性提高，为企业的生产、流通提供了更有利的环境。总体而言，京津冀地区企业成长能力上升的趋势是综合多因素作用的结果，体现了区域整体经济的积极发展和政府政策的有力推动。

图7-3显示京津冀地区的企业成长能力：2016年低于全国平均水平；2017年到2019年略高于全国平均水平；2020年到2021年迅速上升但仍低于全国平均水平。随着2020年5月两会期间习近平总书记再次强调要"逐步形成以国内大循环为主体、国内国际双循环相互促进的新发展格局"，京津冀地区的企业闻风而动，率先抓住机遇，顺应政策，适时调整经营，截至2021年京津冀地区企业快速成长。同时，京津冀地区的企业成长也面临一些挑战：一是产业结构相对单一、过度依赖传统重工业，这使企业在面对市场变化时较为缺乏灵活性；二是环境污染和资源约束等问题也可能影响了企业的发展，部分企业在环保压力下面临产能调整的情况，影响了

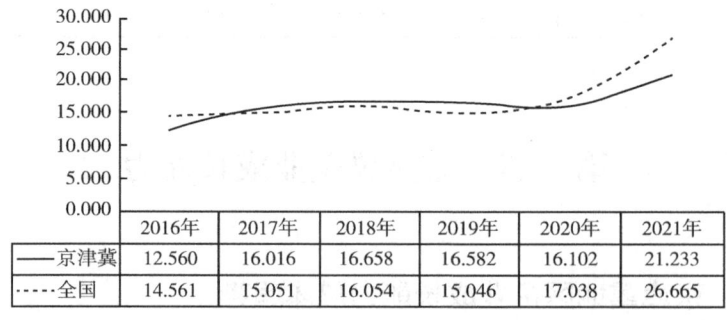

图7-3 京津冀企业成长能力年均值变化趋势

整体产能的有效利用;三是行政区划之间的协同发展仍面临一些挑战,可能导致资源配置不够优化;四是市场监管等方面的不足也可能对企业发展产生一定制约。综合来看,京津冀地区企业成长能力水平一般的原因涉及产业结构、环保问题、协同发展和政府治理等多个方面,需要综合施策来提升企业的竞争力和成长潜力。

二、京津冀地区各地成长能力对比分析

从图 7-4 可以看出,在京津冀区域中企业成长能力表现最好的是天津。2016 年至 2021 年,天津成长能力整体呈上升趋势并在 2018 年超越北京。一方面,作为京津冀协同发展的核心城市之一,天津地理位置优越,位于中国北方沿海地区,拥有临港的天津港,是我国重要的物流和贸易枢纽。天津港作为我国北方最大的综合性港口之一,不仅提供了海运通道,还通过丰富的多式联运服务,为企业提供了广泛的物流选择。这样的区位优势为企业的供应链管理、国际贸易以及物流运输等提供了有力的支持,促使天津企业更好地参与全球市场竞争,获得更多的商机。这一得天独厚的区位条件成为天津企业取得较好成长能力的重要动力之一。另一方面,作为中国的经济中心之一,天津着力推动传统产业向高端、智能化方向发展,加大对高新技术产业和现代服务业的培育与支持。通过引导企业参与

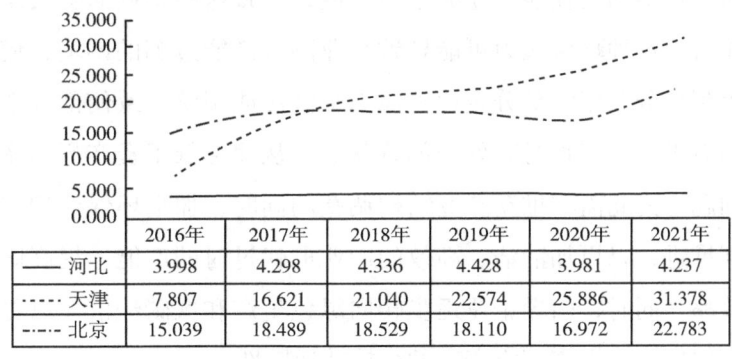

图 7-4 京津冀企业成长能力均值对比分析

高附加值产业,天津努力提升产业链的上游和中游环节,培育新兴产业,加速科技创新。在这一努力下,天津涌现出一批在新材料、新能源、生物医药等领域具备创新能力的企业。同时,天津自贸试验区的政策红利也为区内企业提供了更大的自主创新空间,加速了先进制造、数字经济等领域的发展。这种产业结构升级不仅提高了企业的附加值,也为企业创造了更多的发展机遇,使天津成为引领全国产业升级的重要城市之一。这一积极的产业结构调整为天津企业在市场竞争中保持竞争力、提升成长能力提供了有力的支撑。

京津冀三地中,企业成长能力表现最差的是河北,原因也是多方面的。首先,河北经济结构相对单一。河北长期以来主要依赖传统的第二产业,尤其是钢铁、水泥、煤炭、建材等行业。这些行业通常具有较大的固定资产投入和周期较长的生产周期。在市场经济的快速发展和技术创新的冲击下,这些产业可能面临产能过剩和市场需求不足的问题。由于行业特性,导致企业固定资产难以迅速周转。此外,这些产业的产值往往受制于市场需求和全球经济波动,可能进一步影响企业资产的灵活运用。因此,要提高企业成长能力,河北需要通过产业升级、技术创新和拓展新兴产业等方式来调整经济结构,增加更具活力和灵活性的产业的比重,以提升区域整体企业的生产效率和资产周转速度。其次,随着环保意识的提高,政府加大对高污染和高耗能产业的整治力度,导致这些企业面临关闭或产能削减的压力。这种环保压力可能导致企业陷入产能过剩的困境,使固定资产无法得到充分利用。部分企业可能面临淘汰或调整,致使部分企业可能不得不面对固定资产长时间处于闲置状态,从而降低了资产周转率。为应对这一问题,河北需在推动产业结构调整的同时,加强环保治理与产业升级的协同推进,以更加清洁、高效的产业取代过时的产能,提高固定资产的利用效率。同时,引导企业逐步转向绿色生产和低碳经济,以更好地适应未来环保压力,提高固定资产的可持续运转性。

第四节　京津冀区域营商环境、企业战略变革与企业成长检验

一、研究设计

本章继续延用第六章中定义的被解释变量、解释变量、中介变量和控制变量，以及研究模型和研究假设对京津冀区域的营商环境、战略变革与企业成长性作进一步的验证和分析。

（一）样本选取与数据来源

本研究选取 2016 年至 2021 年京津冀区域上市公司作为研究样本，剔除 ST、*ST、金融行业上市公司以及变量有缺失值的样本，筛选整理后最终得到 1 376 个有效观测值。本研究所用数据主要来自国泰安数据库和《中国城市竞争力报告》。

（二）描述性分析

表 7-2 对研究样本的描述性进行统计分析，得出以下结论：企业成长性（Growth）最大值为 603.064，最小值为 0.114，均值为 16.602，表明所选样本之间的企业成长能力相差较大，且多数企业的固定资产周转率处于较低水平；营商环境（YS）最大值为 0.896，最小值为 0.046，均值为 0.492，表明京津冀地区的营商环境存在较大差异；战略变革（SC）最大值为 2.490，最小值为 0.122，均值为 0.600，表明京津冀地区各企业间的战略变革程度也存在一定的差异。

表7-2　　　　　　　　　描述性统计分析

变量	样本量	均值	标准差	最小值	最大值
Growth	1 376	16.602	47.388	0.114	603.064
YS	1 376	0.492	0.256	0.046	0.896
SC	1 376	0.600	0.294	0.122	2.490
Lev	1 376	0.446	0.201	0.037	0.934
Dual	1 376	0.190	0.392	0.000	1.000
Indep	1 376	0.377	0.061	0.222	0.800
Top1	1 376	0.391	0.160	0.053	0.891
ListAge	1 376	2.271	0.898	0.000	3.367
Balance1	1 376	0.340	0.280	0.006	1.000

（三）相关性分析

如果模型中各个解释变量之间存在较强的多重共线性，将影响整个方程回归结果的可靠性。因此在对模型进行回归分析之前，首先要对数据的可靠性进行检验。本研究对模型中涉及的变量进行了皮尔森相关性检验，检验结果如表7-3所示。各变量间的相关系数小于0.5，变量之间不存在严重的多重共线性。营商环境（YS）与企业成长性（Growth）在5%的水平上正相关，说明企业的营商环境对成长能力具有正向影响关系，这与前文假设相符合。战略变革（SC）与企业成长性（Growth）正相关但不显著，两者之间关系有待进一步回归检验。

表7-3　　　　　　　　　Pearson 相关性系数表

	Growth	YS	SC	Lev	Dual	Indep	Top1	ListAge	Balance1
Growth	1								
YS	0.061 **	1							
SC	0.036	-0.024	1						
Lev	0.118 ***	-0.011	-0.014	1					

续表

	Growth	YS	SC	Lev	Dual	Indep	Top1	ListAge	Balance1
Dual	0.151***	0.029	0.029	-0.130***	1				
Indep	0.064***	0.025	0.013	0.150***	0.086***	1			
Top1	-0.049*	0.038	0.046*	0.114***	-0.059**	0.154***	1		
ListAge	-0.153***	-0.049*	-0.020	0.262***	-0.180***	0.029	0.002	1	
Balance1	0.0120	0.007	0.055**	-0.046*	0.018	-0.058**	-0.611***	-0.212***	1

注：*、** 和 *** 表示变量显著性水平分别为10%、5%和1%。

二、实证结果分析

（一）营商环境对企业成长性的关系

京津冀区域营商环境（YS）和企业成长性（Growth）两者关系的回归结果如表7-4所示。由表可知，F值为18，表明回归模型整体上意义显著。京津冀地区营商环境与企业成长能力的系数在5%水平上显著且为正，表明改善营商环境可以显著提高京津冀地区企业的成长能力。随着京津冀三地签订《京津冀营商环境一体化发展商事制度领域合作框架协议》，为三地融合发展提供了制度保障。一方面，良好的营商环境可以减少冗长的审批时间和烦琐的手续，不仅可以大幅降低企业运营的时间和人力成本，还可以使企业在更短的时间内完成相关手续，更迅速地投入生产和市场竞争中。另一方面，营商环境的改善通常伴随着更为优惠的税收政策。降低税负可以有效减轻企业的财务负担，提高其盈利水平，为企业留下更多的资金用于扩大规模、研发创新或其他关键领域的投资。

回归结果还表明资产负债率（Lev）与企业成长性显著正相关，这从侧面反映出好的营商环境有利于企业通过负债经营来扩大企业规模并促进企业发展和壮大。CEO两职合一（Dual）与企业成长显著正相关，说明CEO兼任董事长有利于企业成长性的发展。第一大股东持股比例（Top1）与企业成长显著负相关，京津冀区域内上市公司中国有企业所占比重较大，国有企业在经营过程中可能更为保守，因此"大股东"更注重稳定性而非追求高风险、高回报的创新性举措。这可能导致企业在创新和追求高速增长方面面临一定的制约。上市公司年限（ListAge）与企业成长显著负相关，随着企业规模的逐步扩大，企业进行战略变革的阻力也会增大，一定程度上制约了企业成长能力的发展。股权制衡度（Balance1）与企业成长显著负相关，股权制衡度越低，第一大股东"话语权"越高，企业战略变革力度较大，对企业成长性发展越有利。

表7-4　　　　　　　营商环境对企业成长性的回归结果

变量	系数	t 值	p 值
YS	10.067**	2.100	0.036
Lev	45.434***	7.000	0.000
Dual	15.535***	4.820	0.000
Indep	33.616	1.620	0.105
Top1	-40.198***	-3.990	0.000
ListAge	-10.577***	-7.060	0.000
Balance1	-17.687***	-3.050	0.002
Constant	21.476**	2.150	0.032
年度	控制	控制	控制
行业	控制	控制	控制
观测值	1 376	1 376	1 376
调整后的 R^2	0.084	Adj. R^2	0.080
F 值	18.000	P 值	0.000

注：*、**和***表示变量显著性水平分别为10%、5%和1%。

（二）战略变革对企业成长性的关系

战略变革（SC）与企业成长性（Growth）两者间的关系如表7-5所示，由表7-5可知，F值为16.580，模型整体意义显著。回归结果表明，京津冀地区的企业成长性与战略变革呈倒"U"型关系，即企业的战略变革与企业成长能力的关系存在一定拐点，适度的战略变革会促进企业成长能力，过度的战略变革会抑制企业成长能力。在战略变革实施的初期，与当前环境相匹配将促使企业成长能力的提升。随着市场竞争环境和企业资源丰裕度的变化，当初制定的战略将与市场需求相偏离，既定的期望绩效也将难以实现。在战略变革过程中，企业的战略与外部市场环境和内部资源条件的匹配具有一定的时间效应和拐点效应。当战略变革实施力度未达到拐点前，将对企业成长能力具有正面影响。当超过拐点后，由于战略变革实施的阻力不断增大，边际成本逐渐增加，负面效应显著增强，将对企业成长能力产生负面影响。这种关系反映了战略变革过程中企业面临的阶段性挑战，以及通过灵活管理和有效执行逐步克服困境、实现成长的动态过程。

表 7-5　　战略变革对企业成长性的回归结果

变量	系数	t 值	p 值
SC	41.432 ***	3.190	0.001
SC^2	-19.136 ***	-2.800	0.005
Lev	46.332 ***	7.140	0.000
Dual	15.034 ***	4.660	0.000
Indep	36.646 *	1.770	0.077
Top1	-38.657 ***	-3.810	0.000
ListAge	-10.617 ***	-7.100	0.000
Balance1	-18.503 ***	-3.180	0.001
Constant	8.430	0.760	0.450
年度	控制	控制	控制
行业	控制	控制	控制
观测值	1 376	1 376	1 376
调整后的 R^2	0.083	Adj. R^2	0.088
F 值	16.580	P 值	0.000

注：*、** 和 *** 表示变量显著性水平分别为 10%、5% 和 1%。

(三) 营商环境对战略变革的关系

营商环境与战略变革 (SC) 两者间的关系如表 7-6 所示，由表 7-6 可知，F 值为 3.220，表明回归模型整体意义显著。京津冀地区营商环境与战略变革的系数在 1% 水平上显著且为负，说明在京津冀地区，营商环境越好，企业战略变革程度越低，可能的原因：一是良好的营商环境通常伴随着相对稳定的市场环境，京津冀地区企业可能更倾向于保持现有的商业模式而不急于进行战略变革，缺乏市场的巨大变动和竞争压力可能使企业感觉不太需要进行大规模的战略变革。二是营商环境良好但创新氛围相对不足可能阻碍企业进行战略变革。企业可能缺乏对创新和变革的积极推动，因而在相对稳定的环境下不愿冒险尝试战略变革。总体而言，企业在良好的营商环境下可能面临着保守与稳定的压力，这可能减缓其进行战略变革的步伐。然而，这并不意味着良好的营商环境和战略变革是互斥的，而是需要在稳健经营和创新发展之间找到平衡。

表 7-6　　　　营商环境对战略变革的回归结果

变量	SC	t 值	p 值
YS	-0.064***	-3.250	0.001
Lev	-0.040	-0.790	0.430
Dual	0.010	0.620	0.538
Indep	0.009	0.090	0.931
Top1	0.069	0.790	0.430
ListAge	-0.022*	-1.900	0.057
Balance1	-0.008	-0.180	0.857
Constant	0.676***	10.130	0.000
年度	控制	控制	控制
行业	控制	控制	控制
观测值	1 376	1 376	1 376

续表

变量	SC	t 值	p 值
调整后的 R^2	0.011	Adj. R^2	0.011
F 值	3.220	P 值	0.000

注：*、** 和 *** 表示变量显著性水平分别为 10%、5% 和 1%。

（四）营商环境、战略变革对企业成长性的关系

营商环境、战略变革（SC）和企业成长性（Growth）三者关系的回归结果如表 7-7 所示。其中"（1）"列为营商环境与企业成长性之间的关系：两者间的系数在 5% 水平上显著且正相关；"（2）"列为战略变革与营商环境之间的关系：两者的系数在 1% 水平上显著且为负；"（3）"列为战略变革在营商环境与企业成长性之间的中介效应；由结果可知，企业成长性与营商环境的系数在 5% 水平上显著为正，企业成长性与战略变革一次方的系数在 1% 水平上显著为正，与战略变革二次方的系数在 1% 水平上显著为负，表明战略变革在营商环境与企业成长性之间具有部分的中介效应，即改善营商环境会促进企业进行战略变革，从而提升企业成长能力。

表 7-7　　营商环境、战略变革对企业成长性的回归结果

变量	(1) Growth	(2) SC	(3) Growth
YS	10.067 ** (4.794)	-0.064 *** (0.020)	11.019 ** (4.785)
SC			43.139 *** (12.986)
SC^2			-19.918 *** (6.822)
Lev	45.434 *** (6.493)	-0.040 (0.051)	46.469 *** (6.478)

续表

变量	(1) Growth	(2) SC	(3) Growth
Dual	15.535*** (3.225)	0.010 (0.016)	14.842*** (3.220)
Indep	33.616 (20.729)	0.009 (0.104)	35.878* (20.673)
Top1	-40.198*** (10.078)	0.069 (0.087)	-39.689*** (10.134)
ListAge	-10.577*** (1.497)	-0.022* (0.011)	-10.501*** (1.493)
Balance1	-17.687*** (5.7901)	-0.008 (0.042)	-18.919*** (5.805)
Constant	21.476** (9.979)	0.676*** (0.067)	2.877 (11.400)
年度	控制	控制	控制
行业	控制	控制	控制
观测值	1 376	1 376	1 376
调整后的 R^2	0.011	0.011	0.086
F 值	18.000	3.220	15.380

注：(1) *、**和***表示变量显著性水平分别为10%、5%和1%。
(2) 括号内的数值为标准误。

三、相关建议

(一) 创新区域协同发展

在推动京津冀都市圈高质量发展方面，创新区域协同发展的动力、机制和模式显得至关重要。在动力方面，需要构建创新支撑体系，加速形成支持协同发展的创新支撑体系，这包括加快构建创新人才支撑体系，使京津冀人才支持政策、工作体系、资源市场、发展平台以及体制机制改革相互衔接，不断提高对高端人才的吸引力。同时，还需要加快构建创新平台支撑体系，鼓励京津冀三地在科技前沿、共性关键技术和公共安全等领域集中优势科技资源，推动国家实验室、国家重点实验室、国家技术创新中心、国家产业创新中心、国家制造业创新中心、国家临床医学研究中心等重大科技创新基地的建设。在机制方面，需要推动三地实质性构建利益共同体，这包括尽快建立区域利益协调机制，促使生产要素在京津冀区域内实现有序流动。同样重要的是，全面梳理和重新定位全产业链协同发展的政策体系，提升发展政策的针对性、有效性和落地性。在模式方面，需要打造大开放、大协同的区域发展格局，这涉及打破经济融合的行政性障碍，建立都市圈内统一的经济运行规则，促进要素自由流动和优化配置。通过依靠市场机制实现都市圈内的资源整合，达到整体效益的最大化。这一创新协同发展模式旨在推动区域内经济发展更为协同、高效和开放。

（二）鼓励创新和科技发展

为了推动京津冀地区营商环境的改善，特别需要着力鼓励创新和科技发展。首先，政府可设立专门的创新基金，通过贷款、补贴或投资方式支持企业的研发活动，以降低其科技创新的财务压力。其次，提供直接的研发资金支持，为企业的科技创新项目提供资金保障，鼓励更多的高风险、高投入的研发活动。同时，政府还可以建立创新孵化器和科技园区，提供场地、设施和专业支持，为初创企业和高科技企业创造更好的创业环境。促进产学研合作，建立合作平台，将科研成果转化为实际应用，推动技术创新在实际生产中的应用。此外，政府还应制定激励政策，包括税收优惠、科技创新奖励、专利保护等方面的政策，以明确奖励和激励企业从事创新活动的方向。通过这些综合措施，政府将为企业提供有力的支持，创造更有利于科技创新和发展的环境，促进京津冀地区整体科技水平的提升。

(三) 优化战略变革环境

首先,政府应制定清晰的发展战略和政策框架,强化协同治理机制,促进跨区域合作与协同发展。其次,建立优化的营商环境,简化行政审批程序,降低企业进入门槛,激发市场活力。此外,加强基础设施建设,特别是交通、能源、信息等方面,提升区域内各城市之间的互联互通,为企业提供更便利的生产和物流条件。与此同时,鼓励企业加大科技创新投入,推动产业结构升级,提高整体竞争力。加强人才引进与培养,建立人才共享机制,促使高层次人才在京津冀区域内流动,为企业提供更多的智力支持。最后,建立健全产业生态系统,促进不同城市之间的产业协同,形成优势互补,共同推动京津冀地区的可持续发展。这些措施将有助于打破区域发展的瓶颈,促进京津冀战略变革的顺利进行,实现区域协同发展的目标。

(四) 优化京津冀城市群城市体系

根据京津冀三地发展实际情况,应因地制宜进行空间治理和城市布局调整。北京过高的极化效应表现为人口和产业集中,仅进行人口和产业转移难以解决问题。为此,可在非首都功能疏解方面积极打造北京城市副中心,以拓展城市空间。京津两市具有近 4 000 万人口和互补性强的产业结构,可在通武廊试验基础上,通过建设一条通勤轨道交通线路,沿北京至天津一线加速新型城镇化建设,形成京津都市连绵带。同时,为提升周边城市(如唐山、沧州、廊坊、张家口)承接北京产业转移的能力,需避免单向流动带来的资源浪费和新的城市问题。在优化城市体系方面,需要建立政府协调机制,明确各城市的功能定位,构建合理的大中小城市体系。此外,推动优质公共资源向河北倾斜,提高城市公共服务水平,缩小区域发展差距。为了加速京津间的人才和资源流动,可促使在京国企、高校、科研机构向雄安新区和天津迁移。一旦通州城市副中心建成,通州与天津的距离不足 10 千米，应利用这一地理优势，填平洼地，尽快启动京津都市连绵带建设。在京津之间开发新城，既可实现就近疏解北京非首都功能，又通过武清产业新城的建设形成大规模投资，有效促进经济发展。

第五节 营商环境、企业战略变革与企业成长之京津冀差异检验

一、营商环境对企业成长性之京津冀差异检验

营商环境对企业成长性两者关系的回归结果具体如表 7-8 所示。由表 7-8 可以看出，北京营商环境的系数为 6.975，与企业成长性正相关但不显著；天津营商环境的系数为 -9.488，与企业成长性负相关但不显著；河北营商环境的系数为 -1.331，与企业成长性负相关但不显著。

表 7-8　　营商环境对企业成长性的回归结果

变量	北京	天津	河北
	Growth	Growth	Growth
YS	6.975 (6.521)	-9.488 (36.338)	-1.331 (2.495)
Lev	52.165 *** (8.281)	45.820 ** (22.125)	5.117 *** (1.467)
Dual	18.290 *** (4.024)	-0.720 (9.253)	1.216 (1.032)
Indep	46.340 * (24.866)	9.686 (78.273)	0.028 (5.767)
Top1	-40.122 *** (12.521)	-94.281 *** (31.946)	-6.944 ** (2.818)
ListAge	-13.747 *** (1.861)	-1.131 (4.964)	-0.952 ** (0.398)

续表

变量	北京	天津	河北
	Growth	Growth	Growth
Balance1	-16.021** (7.311)	-53.403** (21.798)	-3.921*** (1.304)
Constant	21.462* (12.141)	56.418 (39.540)	8.480*** (2.890)
年度	控制	控制	控制
行业	控制	控制	控制
观测值	961	198	217
调整后的 R^2	0.105	0.032	0.075
F 值	17.030	1.940	3.840

注：(1) *、** 和 *** 表示变量显著性水平分别为 10%、5% 和 1%。
(2) 括号内的数值为标准误。

二、战略变革对企业成长性之京津冀差异检验

战略变革对企业成长性两者关系的回归结果具体如表 7-9 所示。由表 7-9 可以看出，北京战略变革一次方的系数为 30.824，与企业成长性在 5% 水平上显著正相关，战略变革二次方的系数为 -16.461，与企业成长性在 5% 水平上显著负相关，说明企业成长性与战略变革呈倒"U"型关系，即企业的战略变革与企业成长能力的关系存在一定拐点，适度的战略变革会促进企业成长能力，过度的战略变革会抑制企业成长能力；天津和河北战略变革一次方与企业成长性正相关但不显著；战略变革二次方与企业成长性负相关但不显著。出现上述情况的原因可能是，河北和天津相对于北京，在一些方面存在一定的局限性，如产业结构相对单一、对高科技产业的依赖度较低等。这可能导致企业在进行战略变革时面临较为困难的选择，因为受制于地区经济基础和产业特点，可选择的战略路径相对较为有限。

表 7-9　　　　　　　战略变革对企业成长性的回归结果

变量	北京	天津	河北
	Growth	Growth	Growth
SC	30.824 ** (15.640)	96.180 (78.732)	0.280 (3.489)
SC^2	-16.461 ** (8.023)	-24.712 (52.511)	-0.522 (1.819)
Lev	52.484 *** (8.291)	43.679 ** (21.502)	5.167 *** (1.476)
Dual	17.844 *** (4.027)	-4.999 (9.054)	1.121 (1.046)
Indep	51.420 ** (24.950)	-9.279 (77.295)	0.122 (5.910)
Top1	-38.306 *** (12.670)	-104.959 *** (31.254)	-6.942 ** (2.851)
ListAge	-13.586 *** (1.857)	-3.448 (4.867)	-0.883 ** (0.410)
Balance1	-16.158 ** (7.340)	-61.955 *** (21.176)	-3.849 *** (1.316)
Constant	11.422 (13.613)	25.750 (39.541)	8.042 *** (3.084)
年度	控制	控制	控制
行业	控制	控制	控制
观测值	961	198	217
调整后的 R^2	0.107	0.090	0.072
F 值	15.310	3.440	3.080

注：(1) *、** 和 *** 表示变量显著性水平分别为 10%、5% 和 1%。
　　(2) 括号内的数值为标准误。

三、营商环境、战略变革对企业成长性之京津冀差异检验

营商环境、战略变革对企业成长性的回归结果如表 7-10 所示。由表

7-10 可以看出，北京营商环境与企业成长性正相关但不显著；战略变革一次方的系数为 32.886，与企业成长性在 5% 水平上显著正相关，战略变革二次方的系数为 -17.425，与企业成长性在 5% 水平上显著负相关，说明企业成长性与战略变革呈倒"U"型关系。天津和河北营商环境与企业成长性负相关但不显著；战略变革一次方与企业成长性正相关但不显著；战略变革二次方与企业成长性负相关但不显著。

表 7-10　营商环境、战略变革对企业成长性的回归结果

变量	北京	天津	河北
	Growth	Growth	Growth
YS	8.348 (6.547)	-11.961 (35.417)	-1.482 (2.526)
SC	32.886** (15.719)	98.191 (79.141)	0.051 (3.516)
SC^2	-17.425** (8.056)	-26.049 (52.783)	-0.429 (1.829)
Lev	53.037*** (8.300)	43.474** (21.562)	5.213*** (1.480)
Dual	17.839*** (4.026)	-5.197 (9.094)	1.123 (1.048)
Indep	51.367** (24.942)	-11.171 (77.679)	0.146 (5.919)
Top1	-38.524*** (12.667)	-105.818*** (31.430)	-6.909** (2.856)
ListAge	-13.710*** (1.859)	-3.456 (4.879)	-0.875** (0.410)
Balance1	-16.907** (7.362)	-62.702*** (21.341)	-3.762*** (1.327)
Constant	6.100 (14.234)	30.848 (42.411)	8.321*** (3.125)

续表

变量	北京	天津	河北
	Growth	Growth	Growth
年度	控制	控制	控制
行业	控制	控制	控制
观测值	961	198	217
调整后的 R^2	0.107	0.086	0.069
F 值	13.800	3.060	2.770

注：(1) *、** 和 *** 表示变量显著性水平分别为 10%、5% 和 1%。
(2) 括号内的数值为标准误。

第八章 京津冀与环渤海比较研究

第一节 环渤海区域营商环境改善与提升政策回顾

环渤海地区位于我国华北、东北、西北三大区域结合部，包括北京市、天津市、河北省、辽宁省、山东省、山西省和内蒙古自治区，面积约186万平方千米，连接海陆，区位条件优越、自然资源丰富、产业基础雄厚，是我国最具综合优势和发展潜力的经济增长极之一，在对外开放和现代化建设全局中具有重要战略地位。而优化营商环境具有稳定市场预期、保护知识产权、优化政府规制和规范政府权力等功能。我国优化营商环境发展可分为起步、探索、全面深化改革和高质量发展四个阶段。现阶段我国优化营商环境举措以"放管服"改革为重点，其实践主要包括推动营商环境便利化改革、市场化改革、法治化改革和国际化改革。为优化提升京津冀协同发展辐射带动作用，全面促进渤海地区协同发展、共同发展，切实增强开发水平和综合竞争力，各级各地政府对环渤海区域营商环境改善与提升作出了很多努力。

一、环渤海区域合作发展背景

（一）资源禀赋互补性强

环渤海地区资源种类多、储量大、开采条件好、综合优势明显。沿海省市海洋、农业、科教、旅游等资源丰富，山西省和内蒙古自治区的能源、有色金属等资源禀赋优异，各地区间优势资源的差异性、互补性明显，为资源优化配置与产业联动发展奠定了坚实基础。

(二) 产业层次梯度明显

环渤海地区是我国重要的农业、重化工业、加工制造业、现代服务业基地，钢铁、石化、船舶制造等产业在全国保持优势地位，电子信息、金融商务、文化创意、现代旅游等新兴产业发展迅猛，各地区间的产业层次具有一定梯度，分工体系初步建立，为产业协作提供了内在动力。

(三) 合作开放优势突出

首都北京政治地位突出，文化底蕴深厚，科技创新领先，人才资源密集，国际交往密切。天津、河北、山东、辽宁等地港口群密集，在沿海开放大局中地位突出。内蒙古重点口岸众多，在沿边开放大格局中地位独特。区域内汇聚了沿海、沿边、内陆开放的多种要素，具备共同构建开放型区域经济体系的良好条件。

二、环渤海区域营商环境改善与提升主要政策回顾

(一) 国务院批复《环渤海地区合作发展纲要》

2015年9月，经时任国务院总理李克强签批，国务院批复同意《环渤海地区合作发展纲要》（以下简称《纲要》）。《纲要》的颁布对于加快环渤海地区合作发展，推进实施"一带一路"、京津冀协同发展等国家重大战略和区域发展总体战略具有重要意义。《纲要》明确了环渤海地区合作发展的指导思想、基本原则、发展目标和空间布局，提出要全面贯彻落实党的十八大和十八届二中、三中、四中全会精神，按照党中央、国务院决策部署，牢牢把握实施"一带一路"、京津冀协同发展等国家重大战略的历史机遇，主动适应经济发展新常态，以提高经济发展质量和效益、促进

区域协调发展为主要目标。

优化营商环境是推动高质量发展的重要抓手，《纲要》通过加强基础设施建设互联互通、生态环境联防联治、产业发展协同协作等重点任务落实，将进一步激发市场主体活力，提振投资信心，形成人人关心、支持、参与营商环境的良好氛围。同时，《纲要》的实施也将有力倒逼政府职能转变，推动政务服务改革向纵深推进，为打造更具吸引力、更有公信力的营商环境提供重要支撑。

（二）山西省人民政府发布《关于山西融合环渤海地区发展的实施意见》

为贯彻落实《纲要》，促进区域合作与协同发展，2016年，山西省人民政府发布了《关于山西融合环渤海地区发展的实施意见》（以下简称《实施意见》），通过加强区域合作，实现资源共享、优势互补，推动经济协同发展，将有助于构建更加紧密的区域经济联系，提升环渤海经济圈的整体竞争力，为改善营商环境提供有力支撑。一方面，山西作为环渤海地区的重要一员，其融合发展将为环渤海经济圈带来更多市场空间和商机。山西的能源、资源等优势产业将与环渤海地区的其他产业形成互补，共同打造更加完善的产业链和产业集群，为企业提供更多发展机遇。另一方面，《实施意见》的发布将推动山西省及环渤海地区各级政府加强服务创新，提高行政效率和透明度，为企业提供更加便捷、高效的政务服务。政府将更加注重市场主体的需求和诉求，加强政策引导和支持，降低市场主体的制度性交易成本，有助于打造稳定、公平、透明、可预期的营商环境。此外，《实施意见》的出台使山西深度融合环渤海地区发展，区域的吸引力和影响力会得到提升，有助于吸引更多国内外投资和优秀人才集聚。这将为环渤海经济圈注入新的活力和创新动力，推动经济高质量发展，同时优化人才结构和提升人才素质，为改善营商环境提供人才保障。

(三)内蒙古自治区人民政府办公厅印发《自治区"十三五"时期参与环渤海地区合作发展规划的通知》

2017年7月,内蒙古自治区人民政府办公厅印发的《自治区"十三五"时期参与环渤海地区合作发展规划的通知》(以下简称《通知》),对改善环渤海经济圈营商环境产生了积极的影响。主要体现在以下几方面:一是促进区域合作与协同发展。内蒙古自治区积极参与环渤海地区的合作发展,将有助于加强区域间的经济联系和合作,形成资源共享、优势互补的协同发展格局。这种合作不仅有助于提升整个环渤海经济圈的经济实力,还能通过合作项目的实施,推动各地区的产业结构优化和升级。二是拓展了市场空间与商机。内蒙古自治区在能源、农牧业、旅游等方面具有独特的优势,这些优势资源与环渤海地区的市场需求相结合,有望形成新的经济增长点。同时,内蒙古自治区的加入也将为环渤海地区的企业提供更多投资和合作的机会。三是优化资源配置与提高效率。通过参与环渤海地区的合作发展,内蒙古自治区可以更好地优化资源配置,提高资源利用效率。同时,合作项目的实施往往需要跨地区的协调和合作,这将推动各地区提高行政效率和服务水平,为企业提供更便捷、高效的服务。四是促进政策协同与制度创新。为了推动合作项目的顺利实施,各地区需要在政策上进行对接和协调,这将有助于形成更加统一、透明的政策环境。同时,合作过程中的经验交流和制度创新也将为改善营商环境提供新的思路和动力。五是提升区域整体竞争力。随着内蒙古自治区的加入和参与,环渤海经济圈的整体实力和竞争力将得到提升。一个更加强大、更具活力的经济圈将吸引更多的人才、资金和技术流入,从而进一步改善区域内的营商环境和创新氛围。

(四)京津冀鲁辽五省市联合签署《环渤海地区(京津冀鲁辽)卫生健康协同发展合作协议(2018—2020年)》

2018年10月,京津冀鲁辽五省市联合签署的《环渤海地区(京津冀鲁辽）卫生健康协同发展合作协议（2018—2020 年）》（以下简称《合作协议》）对于环渤海区域的营商环境改善具有显著的推动作用。具体表现在以下几方面：一是促进提升区域整体健康水平。通过加强五省市在卫生健康领域的合作，共同提升区域整体健康水平，为环渤海地区的企业和居民提供更加优质的医疗服务。这将有助于吸引更多的人才和企业前来投资兴业，进一步促进区域经济的发展。二是优化医疗资源配置。根据《合作协议》，五省市将加强医疗资源的共享和优化配置，推动优质医疗资源向基层延伸。这将有助于提高基层医疗服务能力，缓解看病难、看病贵等问题，为区域内的企业和居民提供更加便捷、高效的医疗服务。三是促进健康产业发展。通过加强五省市在健康产业领域的合作，共同打造具有国际竞争力的健康产业集群，推动健康产业与养老、旅游、互联网等产业融合发展。这将为环渤海地区带来新的经济增长点，促进区域产业结构的优化升级。四是提高政府服务效率。《合作协议》的签署和实施将推动五省市在卫生健康领域的政策协同和标准统一，有助于提高政府服务效率和管理水平。这将为区域内的企业和居民提供更加便捷、高效的政务服务，进一步优化环渤海地区的营商环境。

（五）国家发展改革委印发《辽宁沿海经济带高质量发展规划》

2021 年 9 月，经国务院批复，国家发展改革委印发《辽宁沿海经济带高质量发展规划》（以下简称《发展规划》），该《发展规划》的印发对环渤海区域营商环境改善具有显著的推动作用。一是有利于促进区域协调发展。《发展规划》旨在推动辽宁沿海经济带的高质量发展，通过优化产业布局、加强基础设施建设、提升创新能力等措施，促进区域协调发展。这将有助于环渤海地区形成更加均衡、协调的发展格局，提升整体竞争力，为改善营商环境提供有力支撑。二是有助于拓展对外开放合作空间。《发展规划》提出了一系列对外开放合作的重要举措，包括深化与周边国家和地区的经贸合作、推动港口物流和国际航运发展等。这将为环渤海地区的企业提供更多参与国际竞争的机会，拓展市场空间，促进贸易和投资自由化便利化，有助于营造良好的营商环境。三是有力促进加快新旧动能转换。《发展规划》强调了创新驱动发展的重要性，提出了一系列加快新旧动能转换的举措。这将推动环渤海地区加快产业升级和结构调整，培育新的经济增长点，提高经济发展的质量和效益。同时，创新环境的改善也将吸引更多创新资源和人才集聚，为区域营商环境注入新的活力。四是推动政府服务优化和监管协调。《发展规划》的实施将推动政府加强服务和监管，提高行政效率和透明度。政府将更加注重市场主体的需求和诉求，提供更加便捷、高效的政务服务，减少行政审批和干预，降低市场主体的制度性交易成本。这将有助于打造稳定、公平、透明、可预期的营商环境，激发市场活力和社会创造力。

第二节 环渤海区域企业战略变革发展现状

一、环渤海区域战略变革总体趋势

环渤海区域企业战略变革指数年均值的变化趋势如图8-1所示，环渤海地区战略变革指数略高于全国样本的平均值水平，整体上呈现出先上升后下降的趋势，表明在2017年之后环渤海地区部分上市公司对战略变革持有消极态度。出现上述现象的原因有：一方面环渤海经济区合作动力不足，限制了群区耦合发展。除京津冀城市群外，环渤海经济区还包括山东半岛、辽中南两大城市群，上述城市群拥有较为独立的大型港口及经济腹地，相互之间梯度差较大，进一步加大了产业体系衔接难度，城市群之间合作动力不足，特别是山东半岛与辽中南经济联系较为薄弱。另一方面除三大城市群外，内蒙古自治区、山西省等中西部地区发展水平相对较低，且经济结构上对资源密集型产业依赖性强，制造业基础相对薄弱。这些因素共同作用，可能导致环渤海地区企业战略变革指数较低。为提高战略变革指数,环渤海地区可以采取措施推动产业升级、加强环保治理、优化营商环境、提高创新能力,并制定支持战略变革的政策和措施。

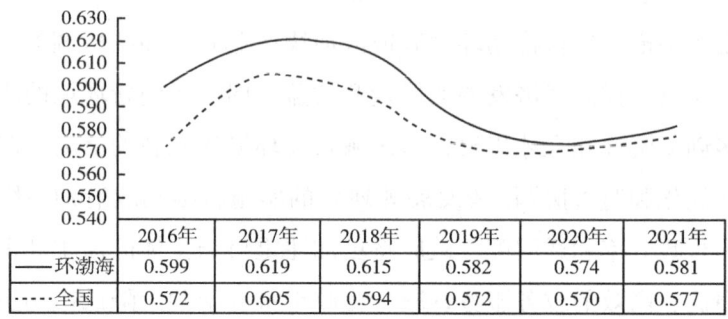

图 8-1 环渤海区域企业战略变革指数年均值变化趋势

二、环渤海区域各地战略变革值对比分析

从表 8-1 可以看出,环渤海区域战略变革均值整体偏低,表明可能存在政策执行不力、传统产业结构调整难度大、资源分配不均及创新能力不足等问题,这些因素都可能影响地区的战略变革力度。

2016 年至 2021 年,在环渤海四省两市一区中,山东两个年度战略变革力度最低,辽宁、山西、河北各有一个年度战略变革力度最低。由此可见,四省一区的企业活动与北京、天津相比尚存差距。

表 8-1 环渤海各地区战略变革均值汇总数

省市	2016 年	2017 年	2018 年	2019 年	2020 年	2021 年
北京	0.606	0.629	0.611	0.585	0.585	0.590
天津	0.632	0.601	0.644	0.578	0.618	0.626
河北	0.604	0.633	0.603	0.559	0.549	0.557
山东	0.572	0.593	0.592	0.563	0.548	0.560
辽宁	0.577	0.591	0.602	0.603	0.586	0.587
山西	0.630	0.664	0.703	0.630	0.544	0.613
内蒙古自治区	0.712	0.738	0.683	0.652	0.659	0.542

为激发企业变革活动，可采取一系列对策措施。首先，政府需强化政策执行力，确保国家战略的有效实施。其次，鼓励产业结构升级，支持新兴产业发展，使产业更符合市场需求。最后，优化资源配置、培育竞争力企业、注重科技创新，加强区域协同发展，这些都是推动企业战略变革的关键举措。

三、环渤海与京津冀战略变革对比分析

从图8-2中的变化趋势看，2016年至2017年京津冀地区战略变革高于环渤海地区，2018年和2019年两地区战略变革维持相等，2020年至2021年京津冀战略变革高于环渤海地区。总体而言，京津冀地区战略变革高于环渤海地区。

究其原因是京津冀的产业转移，并伴随着北京的"瘦身"和天津、河北的"健身"而形成的三地产业的逐渐优化。产业优化的变化促使京津冀地区企业进行战略调整，以适应新的产业格局和机会。这种协同发展的过程有助于实现京津冀地区内企业、政府和其他利益相关者之间的合作，推动整个地区经济的提升。但由于环渤海范围较大，地区发展差异大，综合情况复杂。产业同构现象又十分突出，必然要面临取舍。因此，环渤海地区企业战略变革低于京津冀地区，也进一步说明京津冀协同已经进入跑步状态，发展步调稳健，发展前景乐观。环渤海地区在城市群建设到来前要

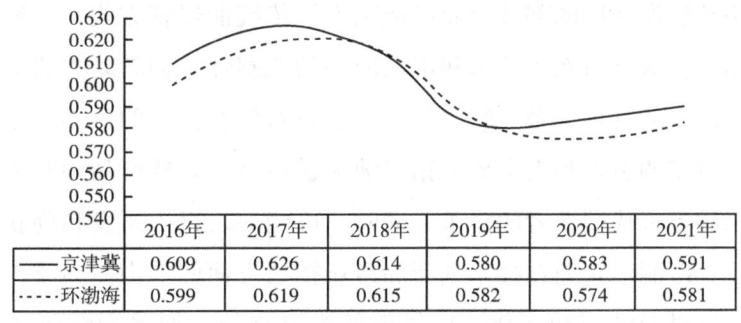

图8-2　环渤海与京津冀战略变革指数均值对比分析

找准定位，稳扎稳打，凝练优势。

环渤海地区企业应加快提高地区的外部环境适应性，使企业更好地适应市场、技术和法规等方面的变化，从而推动整体产业和经济的优化和发展。

第三节 环渤海企业成长发展现状分析

一、环渤海地区企业成长能力总体趋势

从图8-3我们可以看到，环渤海地区成长能力整体上呈现出先下降后上升的趋势。总体来说，环渤海地区成长能力一般。究其原因，主要在于两方面：

一是环渤海地区产业类型相对老旧。一些地区依然依赖传统产业，这些产业可能在技术、管理和市场需求方面相对滞后，难以适应现代经济的快速发展。相对老旧的产业类型可能导致企业面临市场竞争的压力，因为它们难以提供符合当今消费者需求的创新产品或服务。缺乏对新兴行业和科技趋势的适应性，企业可能错失了创新机会，限制了其成长的潜力。为应对这一挑战，地区政府和企业可以共同努力推动产业升级和转型，鼓励更具创新性和高附加值的产业发展，以促使整个地区产业结构更加现代化、灵活和适应性强，从而为企业提供更广阔的成长空间。

二是环渤海区域的部分企业可能陷入了传统的经营方式、营销模式和产业结构中，缺乏对新兴技术和市场趋势的敏感性。创新动力的不足可能源于企业内部的管理体系、组织文化，以及对创新价值的认知不足。企业可能对新技术的引入和新市场的拓展缺乏积极性，导致产品和服务相对滞后，难以满足现代消费者的需求。同时，可能缺乏投入研发和创新项目的资金支持，限制了企业在技术创新和市场拓展方面的能力。为改善这一局面，需要通过激励创新文化、提供创新投资支持、加强产学研合作等方式，营造有利于创新的环境，引导企业更积极地参与技术创新、产品升级

和市场拓展，从而提升其成长能力。

	2016年	2017年	2018年	2019年	2020年	2021年
环渤海	15.327	16.976	18.584	17.549	15.887	31.329
全国	14.561	15.051	16.054	15.046	17.038	26.665

图 8-3　环渤海企业成长能力年均值变化趋势

二、环渤海地区各地成长能力对比分析

从表 8-2 可以看出，环渤海区域企业成长能力均值整体偏低，其中企业成长能力较好的是北京和山东。

北京作为中国的政治、文化和经济中心，首先汇聚了丰富的资源和人才，形成了良好的创新氛围。其次，政府在经济发展中积极引导产业升级和创新发展，通过政策支持和投资引导，鼓励企业加大科技研发和创新投入。再次，北京拥有多个高校和科研机构，为企业提供了丰富的人才和科技支持，促进了技术创新和人才培养。最后，便利的交通网络、完善的基础设施和国际化的营商环境也吸引了大量企业在这里发展。总体而言，北京在人才、科技、政策和资源等方面的优势共同作用，为企业提供了良好的发展条件，推动了企业成长能力的较好发展。而山东地处中国经济发达区域，拥有丰富的自然资源和广阔的市场空间，为企业提供了良好的发展基础。

山东在产业结构调整和升级方面取得了显著进展，通过推动新兴产业的发展和技术创新，提升了企业的竞争力。政府在营商环境优化和政策支持方面也发挥了积极作用，为企业提供了更好的发展环境。山东在科教资源上的投入力度大，建设了一批高校和研究机构，为企业提供了优质的人才支持。完善的交通网络和基础设施建设，进一步促进了企业之间的合作

与发展。综合来看，山东在多个方面的综合优势为企业提供了发展机遇和条件，推动了企业成长能力的较好发展。

山西、内蒙古、河北、天津等地企业成长能力发展相对较差的原因是多方面交织的。首先，一些地区过度依赖传统资源产业，如煤炭、钢铁等，导致经济结构相对单一，难以适应现代产业的发展趋势，制约了企业的多元化发展。其次，环境治理压力加大，特别是在传统产业污染较为严重的情况下，企业可能面临更为严格的环保法规，对其正常经营产生一定冲击。再次，市场竞争激烈，有些地区市场相对饱和，企业难以在激烈竞争中脱颖而出。最后，基础设施滞后、人才流失以及政策支持不足，缺乏现代化基础设施可能影响企业运营效率，人才流失则减缓了企业人才队伍的建设，而政策支持不足可能限制了企业创新和发展的动力。因此，为提升这些地区企业的成长能力，需要采取全面的措施，包括产业结构调整、环境治理、市场拓展、基础设施建设、人才引进以及更有力度的政策支持等，以创造更有利于企业发展的环境。

表8-2　　　　　环渤海各地区企业成长能力均值汇总数

省市	2016年	2017年	2018年	2019年	2020年	2021年
北京	15.039	18.489	18.529	18.110	16.972	22.783
天津	7.807	16.621	21.040	22.574	25.886	31.378
河北	3.998	4.298	4.336	4.428	3.981	4.237
山东	14.328	25.975	31.986	27.542	23.083	65.971
辽宁	8.176	8.161	4.126	4.030	3.541	5.173
山西	8.465	7.745	6.130	5.527	2.748	11.849
内蒙古	1.799	2.393	2.403	2.398	2.385	2.669

三、环渤海与京津冀企业成长能力对比分析

从图8-4中的变化趋势可以看到，2016年至2019年，京津冀地区企业成长能力低于环渤海地区；2020年，京津冀地区企业成长能力略高于环

渤海地区；2021 年，京津冀企业成长能力低于环渤海地区。总体而言，京津冀地区和环渤海地区企业成长能力呈先下降后上升的趋势。

首先，京津冀地区和环渤海地区环境治理压力都较大，尤其在经济密集区，企业可能面临更为严格的环保法规，对其产业升级和扩张带来一定的制约；其次，市场竞争激烈也是企业成长能力较低的一个影响因素，特别是在人口密集的地区，企业可能面临激烈的竞争，使它们难以在市场中脱颖而出；最后，创新动力不足、融资难以及政策执行力度不够，限制了企业在技术创新、市场拓展和规模扩大方面的进展。

京津冀一体化战略和环渤海地区合作发展在全国发展大局中占据重要地位，提升京津冀发展能级带动环渤海经济区高质量发展，对于促进区域协调发展、加快构建新发展格局具有深远意义。

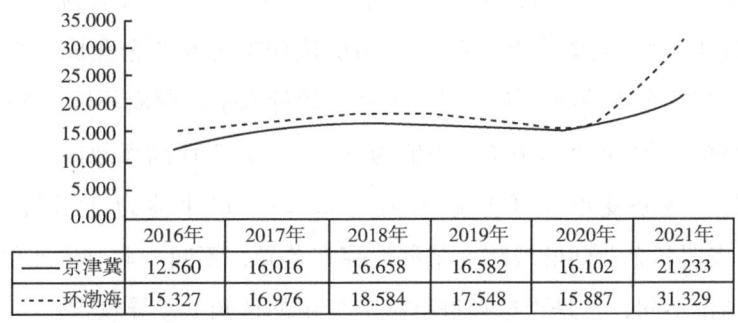

图 8-4 环渤海与京津冀企业成长能力均值对比分析

第四节 环渤海区域营商环境、企业战略变革与企业成长检验

一、研究设计

本章继续延用第六章中定义的被解释变量、解释变量、中介变量和控

制变量、研究模型和研究假设对环渤海区域的营商环境、战略变革与企业成长性作进一步的验证和分析。

(一) 样本选取与数据来源

本研究选取 2016 年至 2021 年环渤海 A 股上市公司作为研究样本,剔除 ST、*ST、金融行业上市公司以及变量有缺失值的样本,筛选整理后最终得到 2 512 个有效观测值。本研究所用数据主要来自国泰安数据库和《中国城市竞争力报告》。

(二) 描述性分析

本研究采用 STATA 15.0 软件对环渤海区域各变量进行描述性统计分析,结果如表 8-3 所示:企业成长能力(Growth)最大值为 4 485.814,最小值为 0.114,均值为 19.365,表明所选样本之间的企业成长能力相差较大,且多数企业的固定资产周转率处于较低水平;营商环境(YS)最大值为 0.896,最小值为 0.026,均值为 0.380,表明环渤海地区的营商环境存在差异;战略变革(SC)最大值为 2.622,最小值为 0.122,均值为 0.595,表明各企业间的战略变革程度存在差异,不同企业对于外部环境的判断和结论不同,在是否选择进行战略变革的认知上差异较大。

表 8-3　　　　　　　　描述性统计分析

变量	样本量	均值	标准差	最小值	最大值
Growth	2 512	19.365	149.071	0.114	4 485.814
YS	2 512	0.380	0.252	0.026	0.896
SC	2 512	0.595	0.296	0.122	2.622
Lev	2 512	0.441	0.193	0.017	0.979
Dual	2 512	0.186	0.389	0.000	1.000
Indep	2 512	0.375	0.057	0.222	0.800

续表

变量	样本量	均值	标准差	最小值	最大值
Top1	2 512	0.370	0.158	0.041	0.891
ListAge	2 512	2.344	0.871	0.000	3.367
Balance1	2 512	0.354	0.285	0.004	1.000

(三) 相关性分析

如果模型中各个解释变量之间存在较强的多重共线性,将影响整个方程回归结果的可靠性。因此在对模型进行回归分析之前,首先要对数据的可靠性进行检验。本研究对模型中涉及的变量进行了皮尔森相关性检验,检验结果如表 8-4 所示。各变量间的相关系数小于 0.5,变量之间不存在严重的多重共线性;战略变革 (SC) 与企业成长性 (Growth) 在 1% 的水平上正相关,说明企业的战略变革对成长性具有正向影响关系,这与前文假设相符合;营商环境 (YS) 与企业成长性 (Growth) 正相关但不显著,两者之间关系有待进一步回归检验。

表 8-4　　　　　　　　　　Pearson 相关性系数表

	Growth	YS	SC	Lev	Dual	Indep	Top1	ListAge	Balance1
Growth	1								
YS	0.030	1							
SC	0.053***	-0.024	1						
Lev	0.075***	-0.001	0.069***	1					
Dual	0.004	0.028	0.006	-0.081***	1				
Indep	-0.012	0.049**	0.017	0.101***	0.070***	1			
Top1	0.015	0.093***	0.077***	0.130***	-0.040***	0.128***	1		
ListAge	0.003	-0.089***	0.039*	0.304***	-0.188***	0.016	-0.036*	1	
Balance1	-0.004	-0.005	-0.016	-0.059***	0.014	-0.024	-0.609***	-0.150***	1

注：*、** 和 *** 表示变量显著性水平分别为 10%、5% 和 1%。

二、实证结果分析

(一) 营商环境与企业成长性的关系

营商环境 (YS) 对企业成长性 (Growth) 的检验结果如表 8-5 所示。首先从总体上看,F 值为 2.660,且在 1% 的水平上显著,说明模型整体上通过显著性检验。其次从解释变量回归结果分析,营商环境的回归系数为 17.260,但是没有通过显著性检验。环渤海地区的企业成长不仅受到了营商环境的影响,还受到了包括政策支持、市场需求、技术创新等多个方面的影响。尽管一些地区可能在提升营商环境上付出了努力,但其他因素的制约可能导致企业成长相对滞后。再次,地区差异也是一个重要的考虑因素,环渤海地区涵盖多个省份,每个省份具有独特的产业结构和经济特点。地区间可能因为资源禀赋、基础设施建设等方面的不同而在企业成长能力上表现出差异,与营商环境改善的程度并非直接线性相关。最后,政策调整的滞后效应也可能在这一关系中发挥作用。尽管一些地区可能已经实施了一系列营商环境改善政策,但这些政策可能需要一段时间才能在企业层面产生实质性的成长效果。特定的产业结构和企业特征可能使环渤海地区的企业更注重其他因素。一些产业可能更侧重于技术创新和市场需求,而对于营商环境的改善反应相对较缓慢。

表 8-5　　营商环境与企业成长性的回归结果

变量	系数	t 值	p 值
YS	17.260	1.450	0.147
Lev	63.781***	3.880	0.000
Dual	3.135	0.400	0.688
Indep	-58.598	-1.110	0.266
Top1	4.705	0.190	0.850
ListAge	-3.021	-0.800	0.422

续表

变量	系数	t 值	p 值
Balance1	0.596	0.040	0.965
Constant	11.211	0.460	0.647
年度	控制	控制	控制
行业	控制	控制	控制
R^2	0.074	Adj. R^2	0.046
F 值	2.660	P 值	0.000

注：*** 表示变量显著性水平为1%。

（二）战略变革与企业成长性的关系

战略变革（SC）和企业成长性（Growth）两者关系的回归结果如表8-6所示。由表8-6可知，F值为3.999，P值为0，说明整体回归模型意义显著。战略变革与企业成长性的关系，在学术界一直没有形成统一定论。主流观点包括多种关系：正向关系、负向关系、"U"型关系、倒"U"型关系以及非线性关系。本研究认为企业在战略变革过程中会同时存在变革收益与变革成本，因此战略变革与企业成长性呈倒"U"型关系。从表中可以看出，战略变革的一次方与企业成长性在1%水平上存在正向关系，战略变革的二次方与企业成长性在1%水平上存在负向关系。说明环渤海地区的企业成长性与战略变革呈倒"U"型关系，即企业的战略变革与企业成长能力的关系存在一定拐点，适度的战略变革会促进企业成长能力，过度的战略变革会抑制企业成长能力。

表8-6　　　　　战略变革对企业成长性的回归结果

变量	系数	t 值	p 值
SC	107.902***	3.730	0.000
SC^2	-44.929***	-3.090	0.002
Lev	62.320***	3.790	0.000

续表

变量	系数	t 值	p 值
Dual	2.477	0.320	0.751
Indep	-54.276	-1.030	0.301
Top1	6.077	0.250	0.806
ListAge	-3.583	-0.960	0.340
Balance1	1.144	0.080	0.933
Constant	-26.833	-1.000	0.316
年度	控制	控制	控制
行业	控制	控制	控制
R^2	0.013	Adj. R^2	0.009
F 值	3.999	P 值	0.000

注：*** 表示变量显著性水平为 1%。

（三）营商环境与战略变革的关系

营商环境（YS）和战略变革（SC）两者关系的回归结果如表 8-7 所示。由表 8-7 可知，F 值为 4.900，P 值为 0，说明整体回归模型意义显著。环渤海地区营商环境与战略变革之间的相关关系未通过检验。一般来说，在营商环境质量高的地区，市场的准入门槛较低，市场主体增加，企业之间的竞争更加激烈，不利于保持竞争优势，为了在困境中生存下来并取得更好发展，企业会选择进行战略变革，因此营商环境越好，企业战略变革越高。但是尽管营商环境良好通常对企业战略变革有积极影响，但其他因素的干扰和影响可能导致两者之间的因果关系不显现。企业战略变革是一个复杂的决策过程，受到多方面因素的综合影响。不同行业、企业规模、领导层决策、市场竞争以及外部经济等因素交织影响着企业的战略变革决策。有时即使在营商环境良好的情况下，企业仍可能选择维持现状。例如，大型企业和中小型企业在战略变革方面可能面临不同的挑战和机遇。营商环境改善可能对大型企业更为有利，而中小型企业在实施战略变革时可能受到其他因素的制约。

表8-7　营商环境对战略变革的回归结果

变量	系数	t 值	p 值
YS	-0.037	-1.560	0.120
Lev	0.073**	2.250	0.025
Dual	0.016	1.060	0.291
Indep	-0.006	-0.050	0.957
Top1	0.214***	4.360	0.000
ListAge	0.013*	1.780	0.075
Balance1	0.064**	2.390	0.017
Constant	0.443***	9.110	0.000
年度	控制	控制	控制
行业	控制	控制	控制
R^2	0.014	Adj. R^2	0.011
F 值	4.900	P 值	0.000

注：*、** 和 *** 表示变量显著性水平分别为 10%、5% 和 1%。

（四）营商环境、战略变革与企业成长性的关系

营商环境（YS）、战略变革（SC）和企业成长性（Growth）三者关系的回归结果如表 8-8 所示。其中"（1）"列为营商环境与企业成长性之间的关系：两者间的系数为正但没有显著相关关系；"（2）"列为战略变革与营商环境之间的关系：两者间的系数为负但没有显著相关关系；"（3）"列为战略变革在营商环境与企业成长性之间的中介效应：企业成长性与营商环境的系数在 10% 水平上显著且为正，企业成长性与战略变革一次方的系数在 1% 水平上显著且为正，与战略变革二次方的系数在 1% 水平上显著且为负，虽然没有通过中介效应检验，但是可以看出环渤海地区营商环境和企业战略变革同时对企业成长性产生影响，即营商环境对企业成长性具有

正向影响关系；战略变革对企业成长性具有倒"U"型关系。

表 8 - 8　　营商环境、战略变革对企业成长性的回归结果

变量	(1) Growth	(2) SC	(3) Growth
YS	17.260 (11.912)	-0.037 (0.024)	19.281* (11.890)
SC			109.725*** (28.906)
SC^2			-45.635*** (14.523)
Lev	63.781*** (16.453)	0.073** (0.033)	62.086*** (16.424)
Dual	3.135 (7.812)	0.016 (0.015)	2.260 (7.794)
Indep	-58.598 (52.671)	-0.006 (0.104)	-57.110 (52.528)
Top1	4.705 (24.834)	0.214*** (0.049)	2.302 (24.876)
ListAge	-3.021 (3.765)	0.013* (0.007)	-3.168 (3.758)
Balance1	0.596 (13.588)	0.064** (0.027)	0.133 (13.571)
Constant	11.211 (24.506)	0.443*** (0.049)	-32.937 (27.003)
年度	控制	控制	控制
行业	控制	控制	控制
观测值	2 512	2 512	2 512
调整后的 R^2	0.046	0.011	0.010
F 值	2.660	4.900	3.840

注：(1) *、**和***表示变量显著性水平分别为 10%、5%和 1%。
(2) 括号内的数值为标准误。

三、相关建议

第一，政府应推动简化审批程序，提高行政效率，减少企业办事的时间和成本；建立更加透明和稳定的法规和政策体系，为企业提供更为可预测的经营环境，同时，通过优化税收政策和降低市场准入门槛，激发更多创新型企业进入，推动市场竞争，促使企业更好地发展；投资环境的改善也需要关注基础设施建设，确保企业在物流、交通等方面能够得到良好支持；加强知识产权保护、提高融资渠道的便利性以及鼓励人才培养和吸引，也是提高营商环境的关键举措。综合而言，政府、企业和社会各方应共同努力，通过改革和创新，促进环渤海地区的营商环境不断优化，为企业提供更好的发展平台。

第二，环渤海地区应努力创造支持创新和战略调整的政策环境，鼓励企业积极探索新的业务模式和市场机会，政府可以提供更加灵活的政策支持，为企业提供发展的空间和动力；加强企业内部的创新文化和团队协作，鼓励员工提出创新性的战略建议，并建立灵活的组织结构以适应市场变化；建立行业协同发展的平台，促进企业之间的合作与共享，共同应对市场挑战；提供战略咨询和培训服务，帮助企业提高对市场趋势和竞争环境的敏感度，更好地制订和实施战略变革计划；强化数字化和科技化的支持，帮助企业更好地利用先进技术进行数据分析、市场预测和战略规划。这些综合措施将有助于提高环渤海地区企业的战略变革能力，使其更具应对市场挑战和实现可持续发展的能力。

第三，针对环渤海地区的需求确定城市发展的优先级，分层次打造城市群。充分发挥京津冀协同发展的优势，以"京津雄"为核心板块，将北京、天津、雄安作为京津冀世界级湾区城市群的重要支点和引擎，优先推进环渤海核心区的京津冀世界级湾区城市群建设，同时辐射带动山东半岛城市群、辽中南城市群实现两翼齐飞、协同发展，进而推进环渤海大城市群的建设。同时，建立健全环渤海地区三大城市群高质量对接、协同发展机制，探索建立京津冀与山东、辽宁对接发展的利益分配、政策协同、体制沟通等新体制，推进绩效考核、税收分成等区域合作新机制，建立互通互联共享发展机制，提高城市群关联度。

第四，深化强化环保一体化、交通一体化和数字经济与实体经济融合发展。在这一过程中，应该统一编制环渤海地区国土空间规划，进行各类型、各要素污染来源的调查和清单编制；构建天地一体化的生态环境监测预警系统，同时建立环渤海陆海气生态环境立体监测网络；支持环渤海区域培育绿色金融体系，并指导其建立与绿色金融相关的监管机制；同时支持山东探索淡化海水进入市政管网进行城市供水的运营模式，并寻找环渤海地区水资源短缺解决路径。另外，还应该系统编制环渤海地区中长期交通规划，加快推进环渤海高铁、公路、城际交通的规划和建设；打造数字经济与实体经济融合发展和 5G 布局建设示范区，以北京、天津、大连、济南和青岛等城市为中心，打造环渤海地区数字技术高地。

第五，发挥行业协会的作用，推动市场主体积极融入环渤海更高质量一体化发展进程。在这一背景下，应该在环渤海区域省级政府部门协调机制的基础上，建立健全政府部门、行业协会等民间组织和企业之间的多层面协调沟通平台，提升行业协会在信息沟通、产业协同、地区发展等方面的工作质量水平，推动企业等市场主体积极参与并融入环渤海更高质量一体化发展进程。

第九章 京津冀与长三角的比较研究

第一节 长三角区域营商环境改善与提升政策回顾

长三角地区位于我国东部沿海,包括江苏省、浙江省、安徽省内的41个城市,是中国经济发展最活跃、开放程度最高、创新能力最强的区域之一,在国家现代化建设大局和全方位开放格局中具有举足轻重的战略地位。一方面,长三角地区濒临黄海与东海,地处江海交汇之地,沿江沿海港口众多,拥有极其丰富的经济资源、发达的产业体系、密集的交通网络、强大的科技创新能力以及政府的积极政策支持。另一方面,长三角以上海为核心城市,拥有丰富的人力资源和先进的工业基础,经济领域涵盖制造业、金融、信息技术等多个领域。另外,该地区是中国科技创新的重要中心,拥有众多高校和科研机构,推动了高科技产业的崛起。长三角致力于产业协同,形成了完整的产业链,推动了整个区域的产业竞争力,这使长三角成为中国经济发展的重要引擎之一,也为各类企业提供了广阔的发展空间。

一、长三角区域合作发展背景

(一) 经济实力集中

长三角的核心地区拥有中国最发达的城市之一——上海,以及周边的江苏、浙江两省。该地区经济总量大、产业基础强,集聚了大量的企业和金融机构,形成了中国最为繁荣的经济中心之一。上海不仅是国际金融、贸易、航运中心,还拥有高度发达的现代服务业和金融体系;江苏在制造业方面表现突出,尤其是在汽车、电子、化工等领域,形成了一系列产业集群;浙江则以私营经济为主导,拥有众多创新型企业,尤其在电子商务、新能源等领域颇具竞争力。苏浙沪三地相互辐射、相互支持,形成了长三角地区经济发展的骨干。这一地区的经济实力不仅表现在产业广泛、链条完整上,还体现在经济总量和核心上。长三角地区的GDP总量居全国前列,为中国经济的增长提供了强有力的支撑。同时,这里汇聚了大量的国内外企业总部、金融机构、创新型企业,形成了具有全球竞争力的经济体系。这种经济实力的集中不仅促进了区域内企业的发展,也为长三角地区在全球产业链中的地位提供了坚实基础。

(二)科技创新优势明显

长三角地区在科技创新方面表现出色,其优势体现在世界一流的高校和研究机构、强大的科研实力以及创新氛围的培育。上海、南京、杭州等城市拥有多所知名大学,如上海交通大学、南京大学、浙江大学等,这些学府在国际上享有很高的声誉,为长三角提供了丰富的人才资源。同时,长三角地区聚集了众多国内外知名的科研机构和企业研发中心,涵盖了信息技术、生物医药、新材料等多个前沿领域。密集的科研机构布局为科技创新提供了坚实基础。强大的科研实力使长三角地区在科技创新上取得了大量的科技成果。在国家科技创新政策的支持下,涌现出一批领先全球的科技企业和创新型公司。高新技术产业蓬勃发展,以苏州工业园区、张江科学城为代表的创新基地吸引了大量国内外企业前来投资和合作。长三角地区的科技创新优势不仅在于其研发实力,更在于其将科研成果转化为生产力的能力,推动了区域内产业的升级与转型。这种科技创新优势使长三角地区在全球科技竞争中占据重要地位,为其经济持续增长提供了强有力的支撑。

(三）交通网络密集

长三角地区的交通网络密集是其经济发展的关键因素之一。首先，高速公路网的发达使各城市之间的联通更加便捷，缩短了物流运输时间，降低了企业的运营成本。江苏、浙江、上海等地的高速公路网络交汇于此，形成了一个庞大而高效的交通网络，使货物、信息和人才能够快速流动。其次，铁路网络的完善也是交通密集的重要组成部分。高铁的普及连接了长三角内外的城市，使人们能够更加迅速、便捷地进行商务活动、旅行和交流。这不仅提高了城市之间的联系紧密度，同时也促进了产业协同发展，加速了经济的融合。最后，航空渠道的发达是长三角地区交通网络的又一亮点。上海浦东国际机场、杭州萧山国际机场等一系列国际一流的航空枢纽为企业提供了国际化的空中通道，便于企业开展国际贸易和投资。先进的交通枢纽使长三角地区成为国内外企业投资和合作的理想场所，促进了经济的快速发展。独特而密集的交通网络不仅方便了长三角地区内外企业的合作与交流，也为其经济的全球融通提供了强有力的支持。

二、长三角区域营商环境改善与提升主要政策回顾

（一）从中央到地方政策发力

为深化"放管服"改革，打造一流营商环境，2019年，国务院颁布《优化营商环境条例》，重点规范市场主体保护、市场环境、政务服务、监管执法和法治保障五个方面，从制度层面为优化营商环境提供了更加有力的保障和支撑。2020年，上海市和江苏省分别颁布《上海市优化营商环境条例》和《江苏省优化营商环境条例》，开启了长三角区域营商环境优化的法治时代。2022年，在长三角一体化发展战略推进三年之际，国家发展改革委制定出台《长三角国际一流营商环境建设三年行动方案》（以下简称《行动方案》），进一步从国家层面指明了优化长三角营商环境、激发市

场主体活力和发展内生动力的方法路径，为长三角区域高质量一体化发展提供了有力支撑。《行动方案》的颁布，将营商环境的优化从单个省份的维度提高到区域层面，对区域生产要素自由流动、建设统一大市场具有重要意义。2022年，国家发展改革委发布的《关于推动长江三角洲区域公共资源交易一体化发展的意见》提出，要进一步破除市场隐性门槛和行政壁垒，推动长三角三省一市公共资源交易一体化，持续优化区域内营商环境。

（二）构建一站式政府服务平台，推进营商环境持续改善

长三角"一网通办"政务服务平台是政务平台技术赋能的成功实践，通过应用新一代数字资源与数据共享技术，整合嵌入了长三角各省市各部门业务，为长三角区域的市场主体提供"一揽子"的集中式服务，实现了让数据多跑路、群众少跑腿的"跨省通办"政务服务新模式。长三角"一网通办"实现了交易信息、市场主体信息和专家资源区域内统一共享，在推进跨省业务协同、深化数据共享应用等方面取得优异成效。截至2023年4月，长三角"一网通办"共推出148项跨省通办服务，累计全程网办超过642.63万件，电子亮证超过1 430.19万次，数据共享交换累计达8.02亿条。"一网通办"的应用打破了政务流程再造的时空局限，降低了市场主体制度性交易成本，为企业群众提供方便快捷的集成服务。为更好地优化长三角营商环境，提升政务服务的质量和水平，三省一市地方政府在线服务平台建设持续发力。

（三）加大金融支持，持续改善融资环境

长三角地区在金融支持方面采取了多项政策，以改善企业的营商环境。首先，设立了科技创新基金和产业发展基金，为创新型和实体经济企业提供了额外的资金支持。这些基金的设立旨在激发企业的创新活力，推动科技进步和产业升级。其次，通过建设多层次的金融服务平台，包括创

新创业板、科技企业股权交易市场等，为企业提供了更多融资渠道，使其能够更便捷地获得资金支持。最后，通过降低融资成本、提高融资效率等手段，长三角地区努力改善金融环境，为企业提供更加优质的金融服务，有助于增强企业的创新和发展能力，推动了长三角地区经济的可持续增长。这些政策和措施的实施旨在打造更为开放、便利、创新的营商环境，促使企业更加积极地投资、创新和发展，有效推动了长三角地区营商环境的改善与提升，为企业的发展提供了更好的条件和机遇。

（四）推进产业协同，做足补链强链功课

长三角地区在产业协同发展方面采取了一系列政策和措施，旨在加强不同城市之间的产业合作，形成更加完整和有竞争力的产业链。通过鼓励城市间的协同发展，长三角地区促进了产业互补，提高了整个地区的经济效益。政府积极引导城市间形成特色产业集群，推动不同城市在产业链上的分工与合作，以实现资源优势的互补，形成更高水平的产业协同效应。这种跨城市、跨地区的产业合作有助于提高整个区域的产业链水平，推动技术创新和产业升级。同时，长三角地区还通过建设共享平台、设立合作机制，加强产业链上下游企业之间的合作，推动了更多创新性、高附加值的产业项目落地。这种产业协同发展战略有助于加强长三角地区的整体经济实力，促进区域内企业的良性互动与共同发展。

第二节 长三角企业战略变革趋势

一、长三角区域战略变革总体趋势

从图 9-1 的变化趋势可知，长三角地区战略变革指数整体上呈现先上升后下降的趋势，表明 2017 年以后长三角地区的部分企业在面对变化的外部环境时并没有积极地采取相应的战略变革。主要原因可能来自两方面：

一是规避战略变革风险。长三角地区市场竞争程度极高,战略变革成本也高,从而导致战略变革的风险也较大。因此,企业不敢进行激进的战略变革。二是长三角地区作为一个人才密集的区域,面临着激烈的人才竞争和流动。人才流动不仅意味着企业需要不断适应新员工的加入和老员工的离开,还可能导致企业内部稳定性降低。对于战略变革而言,人才流动可能导致知识和经验的流失,挑战企业的战略连贯性和执行力。因为新员工的融入和老员工的知识传承都需要时间,而频繁的人才流动可能使企业难以保持对变革的长期承诺和一贯性执行。因此,长三角地区企业在战略变革时需要更加关注人才管理并留住核心人才,以确保战略的有序实施和持续创新。

2020年,长三角战略变革指数止跌回弹,表明长三角地区的企业顺应了中央提出的双循环战略,主动从以前的国际市场为主转型为以国内市场为主,以尽量降低中美贸易摩擦给企业带来的影响。

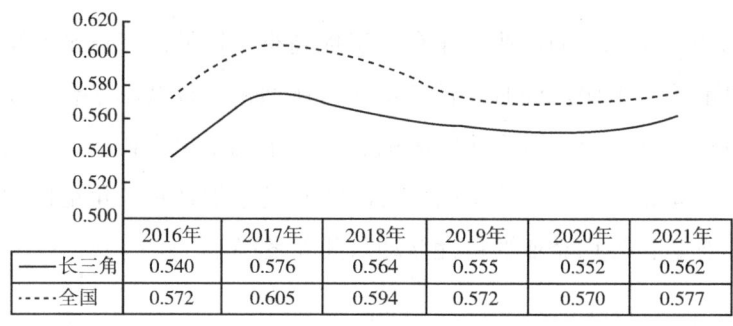

图9-1 长三角战略变革指数年均值变化趋势

二、长三角区域各地战略变革值对比分析

由表9-1可知,长三角地区的战略变革发展较好的是上海,其次是浙江。上海作为长三角地区的龙头城市,其战略变革发展较好的原因体现在多个方面。首先,上海作为国际金融中心和全球城市,在金融、贸易、航运等领域具有举足轻重的地位,这使上海在全球资本流动、人才引进等方

面具备独特的优势,有利于推动企业进行战略变革。其次,上海拥有全国最发达的科技创新体系,集聚了大量高校和研究机构,形成了创新创业的良好生态,这为企业提供了充足的创新资源,推动了战略性新兴产业的崛起。最后,上海积极推动城市智能化发展,加速数字经济的蓬勃兴起,为企业在数字化时代的转型提供了有力支持。

表9-1　　　　　　　长三角各地区战略变革均值汇总数

省市	2016年	2017年	2018年	2019年	2020年	2021年
上海	0.613	0.662	0.649	0.635	0.609	0.611
浙江	0.577	0.578	0.579	0.58	0.581	0.576
江苏	0.557	0.547	0.556	0.541	0.544	0.573
安徽	0.532	0.575	0.547	0.520	0.530	0.540

浙江的战略变革发展较好同样得益于多方面因素。首先,浙江在长三角地区具有丰富的私营经济和民营企业资源,这种灵活的经济体制使其更容易适应市场的变化,推动企业进行战略性调整。其次,浙江地理位置优越,临海的地理优势促进了外贸和物流业的发展,为企业提供了更广阔的市场。此外,浙江省政府积极推动创新型产业发展,设立科技创新基金,引导社会资本投入科技创新,提高了企业的创新能力。浙江还注重生态文明建设,推动绿色产业的发展,有利于企业在可持续发展方向上实施战略变革。

安徽与苏浙沪相比,区位优势不足,产业基础也相对较弱,因此安徽的企业战略变革指数较低。

三、长三角区域与京津冀区域战略变革对比分析

从图9-2的变化趋势可知,2016年至2021年,京津冀区域的战略变革指数高于长三角区域,主要原因可能来自两方面:一是长三角地区的经济发展相对较早,已形成较为成熟的产业体系,可能在一段时间内减缓了对战略变革的紧迫需求。相较之下,京津冀地区在国家发展战略中扮演着

更为重要的角色，政策和资源的倾斜可能推动了该地区企业更积极地进行战略变革。二是地区之间的经济结构和产业特点不同，长三角以制造业和服务业为主导，而京津冀地区更加侧重重工业和国家级战略，这也影响了两地企业对战略变革的关注点和方向。

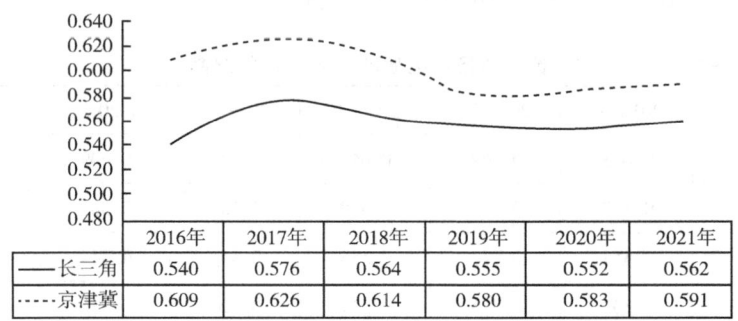

图9-2 长三角区域与京津冀区域战略变革指数均值对比分析

第三节 长三角企业成长发展现状分析

一、长三角地区企业成长能力总体趋势

由图9-3可知，长三角地区企业成长能力呈现先降后升的趋势，仍然有较大可提高的空间。出现上述态势的可能原因是长三角受科技创新和数字化转型的影响。初期，企业可能面临科技快速发展和数字化浪潮的挑战，需要进行大规模的技术升级和数字化改造，这可能导致一些企业面临短期的成本调整和生产效率下降。同时，新技术的引入可能也要求企业员工具备新的技能和知识体系，对人才结构提出更高的要求。在调整期内，企业可能经历了业务模式的重新设计、生产流程的优化以及对新兴技术的适应过程，一定程度上制约了企业的成长能力。然而，随着时间推移，长三角地区企业逐渐掌握了新技术和数字化工具，实现了生产过程的智能化

和信息化。数字化转型使企业更灵活地应对市场变化,提高了生产效率、降低了运营成本。企业通过采用先进的数据分析、人工智能和物联网技术,优化了供应链管理、产品研发以及市场营销策略,从而提升了市场竞争力。数字化转型也为企业开辟了新的商业模式,加速了创新和业务拓展,为企业未来的发展奠定了更为稳固的基础。

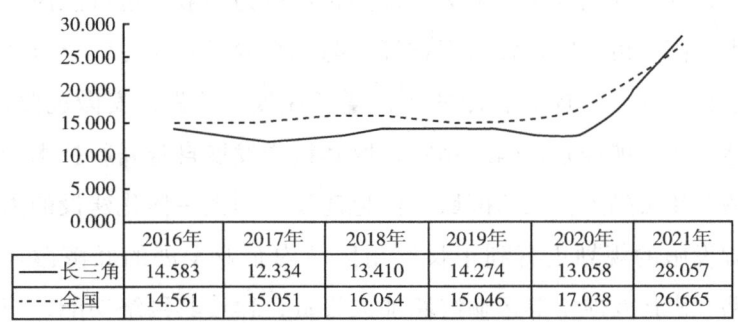

图 9-3　长三角企业成长能力年均值变化趋势

二、长三角地区各地成长能力对比分析

由表9-2可知,上海的企业成长能力状况最好,安徽的企业成长能力最差,浙江、江苏的企业成长能力居于两者中间。上海的企业成长能力之所以发展好,源于其强大的经济基础、积极的政策支持、浓厚的创新氛围以及高度的国际化水平。作为中国的经济中心之一,上海拥有庞大的市场规模和多元化的产业结构,为企业提供了广阔的发展机会。政府在吸引外资、推动科技创新等方面的积极政策为企业发展提供了有力支持,而丰富的创新生态系统和高校研究机构的存在促进了企业的技术创新。上海的国际化水平和先进的交通网络使企业更容易融入国际市场,拓展业务范围。这些优势共同构成了上海作为企业成长的理想环境,有助于上海企业能够在中国乃至全球范围内展现出卓越的成长能力。

安徽相对上海、浙江和江苏等地,在企业成长能力方面发展较慢,可能涉及多方面因素:首先,安徽的经济结构相对较为传统,主要以制造业和传统产业为主,而相对缺乏高技术产业的支持。与上海、浙江和江苏等发达地区相比,这可能限制了企业在科技创新和高附加值领域的发展,影响了其成长的速度和潜力。其次,安徽在科技创新和高端人才引进方面可能相对滞后,缺乏创新驱动的产业支撑和高水平的科研机构,使企业在技术创新和人才培养方面面临一定的挑战,这对企业的成长能力产生了制约。最后,安徽的地理位置和交通条件相对较为一般,这可能使企业面临物流成本较高、市场准入较为困难等问题,影响了其在更广泛市场中的竞争力和成长空间。为提高安徽的经济增长速度,首先,安徽也要向上海、苏州等地借鉴发展经验,因地制宜,取其精华发展自身高新技术产业。其次,安徽要积极融入长三角区域一体化建设。加大一体化建设的力度,让交通基础设施的规划更有利于长三角区域内企业发展的经济循环。在公路、铁路、水运及航空等运输线路加大投资,建设其网络功能,充分连接各区域,从而发挥各自的发展优势。致力于打通各个城市之间的距离屏障与隔阂,让边界屏蔽效应逐步降低,加速推进长三角一体化的战略营地。

表9-2　　　　　长三角各地区企业成长能力均值汇总数

省市	2016年	2017年	2018年	2019年	2020年	2021年
上海	20.318	16.798	14.060	13.148	15.551	62.491
浙江	13.562	13.714	15.109	14.005	13.041	20.821
江苏	14.221	8.855	13.438	16.936	13.152	14.945
安徽	5.376	5.855	6.020	11.042	7.073	7.929

三、长三角与京津冀企业成长能力对比分析

由图9-4可知,2016年至2020年,京津冀地区企业成长能力高于长三角地区企业成长能力;2021年,长三角地区成长能力高于京津冀地区。出现上述态势差异的原因可能是京津冀地区产业发展水平基础低于长三角地区,较小的成长额度就能带来较大的增长幅度。相反,长三角地区产业发展水平较高,成长和提升难度也大。2021年,长三角地区企业成长能力

呈直线上升的原因可能是长三角地区相对于京津冀地区更注重高科技产业和服务业的发展，在科技创新方面的投入和实施力度相对较高，这些行业通常具有更高的附加值和创新性。长三角地区在数字经济、先进制造业等领域的研发和创新活动的增加有助于企业提升技术水平，推动产品和服务的升级，从而推动了长三角地区的企业成长能力。

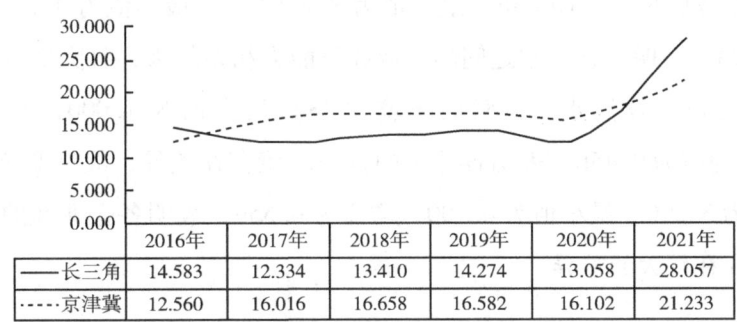

图 9-4 长三角与京津冀企业成长能力均值对比分析

第四节 长三角区域营商环境、企业战略变革与企业成长检验

一、研究设计

本章继续延用第六章中的被解释变量、解释变量、中介变量和控制变量、研究模型和研究假设对长三角区域的营商环境、战略变革与企业成长性作进一步的验证和分析。

（一）样本选取与数据来源

本研究选取 2016 年至 2021 年长三角区域 A 股上市公司作为研究样本，剔除 ST、*ST、金融行业上市公司以及变量有缺失值的样本，筛选整理后最终得到 4 148 个有效观测值。本研究所用数据主要来自国泰安数据库和《中国城市竞争力报告》。

（二）描述性分析

对长三角区域研究样本的描述性统计分析的结果如表 9-3 所示。长三角区域企业成长性（Growth）最大值为 8 507.201，最小值为 0.115，均值为 16.193，表明所选样本之间的企业成长能力相差较大，且大部分企业的营业收入处于较低水平；营商环境（YS）最大值为 1.000，最小值为 0.000，均值为 0.456，表明各地区的营商环境存在差异；战略变革（SC）最大值为 3.290，最小值为 0.100，均值为 0.559，表明各企业间的战略变革程度存在较大的差异。

表 9-3　　　　　　　　描述性统计分析

变量	样本量	均值	标准差	最小值	最大值
YS	4 148	0.456	0.275	0.000	1.000
Growth	4 148	16.193	145.644	0.115	8 507.201
SC	4 148	0.559	0.271	0.100	3.290
Lev	4 148	0.399	0.184	0.014	0.956
Dual	4 148	0.325	0.468	0.000	1.000
Indep	4 148	0.374	0.053	0.143	0.800
Top1	4 148	0.358	0.146	0.029	0.882
ListAge	4 148	2.68	0.981	0.000	3.466
Balance1	4 148	0.361	0.278	0.003	1.000

（三）相关性分析

进一步对各变量作相关性分析，采用皮尔逊系数对样本检验。结果显示，各变量间的相关系数小于 0.5，变量之间不存在严重的多重共线性现象。各变量之间的相关系数如表 9-4 所示：表明长三角地区营商环境、战略变革与企业成长性之间存在相互促进的关系，初步验证本研究提出的假设。

表 9-4　　Pearson 相关性系数表

	YS	Growth	SC	Lev	Dual	Indep	Top1	ListAge	Balance1
YS	1								
Growth	-0.045***	1							
SC	0.109***	0.022	1						
Lev	0.111***	-0.039**	0.041***	1					
Dual	-0.027*	0.120***	-0.031**	-0.160***	1				
Indep	0.085***	0.026*	0.096***	0.017	0.122***	1			
Top1	0.056***	0.005	0.058***	0.043***	-0.040***	0.047***	1		
ListAge	0.113***	-0.305***	0.104***	0.303***	-0.253***	-0.001	-0.128***	1	
Balance1	0.012	0.058***	-0.046***	-0.026*	0.057***	-0.045***	-0.638***	-0.119***	1

注：*、**和***表示变量显著性水平分别为10%、5%和1%。

二、实证结果分析

（一）营商环境与企业成长性的关系

长三角区域营商环境（YS）和企业成长性（Growth）两者关系的回归结果如表9-5所示。由表可知，F值为4.637，表明回归模型整体上意义显著。长三角地区营商环境与企业成长能力的系数在5%水平上显著且为正，表明改善营商环境可以提高长三角地区企业的成长能力。好的营商环境相当于给企业减少制度成本，进而提高企业成长能力。一方面，行政审批程序的繁杂、审批时间的冗长以及审批标准的模糊性为政府工作人员的寻租行为提供了操作空间。行政审批制度改革简化了审批流程、减少甚至取消部分收费项目，不仅直接降低了企业的制度性交易成本，也减少了政府工作人员滥用职权进行寻租的行为，企业得以将资源分配到创造更多价值的创新活动与投资活动，有利于企业绩效的提升。另一方面，外部环境的不确定性制约企业组织行为与生产经营活动,给企业带来生产经营之外的额外成本,当地区营商环境优化时,企业获取信息的能力增加,更容易感知市场和政府政策的变化,给企业带来的不确定性降低,企业维护外部环境的成本降低,有利于企业资源向创新活动倾斜。

表 9-5　　营商环境对企业成长性的回归结果

变量	系数	t 值	p 值
YS	17.836**	2.130	0.033
Lev	45.440***	3.490	0.000
Dual	-0.893	-0.180	0.860
Indep	-12.681	-0.300	0.768
Top1	-5.956	-0.280	0.778
ListAge	4.579*	1.750	0.081
Balance1	12.286	1.110	0.265
Constant	-16.820	-0.820	0.415
年度	控制	控制	控制
行业	控制	控制	控制
观测值	4 148	4 148	4 148
调整后的 R^2	0.008	Adj. R^2	0.008
F 值	4.637	P 值	0.000

注：*、** 和 *** 表示变量显著性水平分别为 10%、5% 和 1%。

(二) 战略变革与企业成长性的关系

长三角区域战略变革 (SC) 与企业成长性 (Growth) 两者间的关系如表 9-6 所示。由表 9-6 可知,F 值为 5.460,模型整体意义显著。通过回归结果可知,长三角地区的企业成长性与战略变革呈倒"U"型关系,即企业的战略变革与企业资源存在一定拐点,适度的战略变革会促进企业成长能力,过度的战略变革会抑制企业成长能力。战略变革能够提高企业对环境的适应能力,在动荡的环境中稳定地生存发展。环境变化会导致组织与环境不匹配，降低现有战略的效率，促使管理者调整战略，但战略变革的不确定性会给企业带来风险，对企业财务绩效造成损害。例如，新的战略无法与现有的企业文化完美融合导致差异风险，曾经成功的战略行为为企业带来丰硕的资源，也为企业赢得了竞争优势，并在一定时期内形成了特有的企业习惯与风俗。而新战略的到来会迫使企业打破现有文化，员工可能因为缺乏对新战略的了解和认同不能有效执行，新战略难以在企业展开，继而损害企业财务绩效。

表9-6　　战略变革对企业成长性的回归结果

变量	系数	t 值	p 值
SC	75.279***	3.510	0.000
SC^2	-27.606**	-2.510	0.012
Lev	46.282***	3.570	0.000
Dual	-0.951	-0.190	0.851
Indep	-22.753	-0.530	0.596
Top1	-8.698	-0.410	0.679
ListAge	4.324*	1.650	0.098
Balance1	13.202	1.200	0.229
Constant	-35.467*	-1.660	0.096
年度	控制	控制	控制
行业	控制	控制	控制
观测值	4 148	4 148	4 148
调整后的 R^2	0.010	Adj. R^2	0.009
F 值	5.460	P 值	0.000

注：*、** 和 *** 表示变量显著性水平分别为 10%、5% 和 1%。

（三）营商环境与战略变革的关系

长三角区域营商环境（YS）与战略变革（SC）两者间的关系如表9-7

所示。由表9-7可知，F值为10.410，表明回归模型整体意义显著。长三角地区营商环境与战略变革的系数在1%水平上显著且为正，表明长三角地区营商环境对企业战略变革有促进和推动作用，可能的原因是长三角区域各级政府积极响应中央提出的经济转型和高质量发展以及低碳经济等政策，通过政策等手段和政策工具主动作为，引导域内企业适时调整经营目标、经营方式和经营理念。

表9-7　　　　　营商环境对战略变革的回归结果

变量	SC	t值	p值
YS	0.085***	5.53	0.000
Lev	-0.009	-0.36	0.717
Dual	-0.007	-0.76	0.449
Indep	0.449***	5.69	0.000
Top1	0.134***	3.45	0.001
ListAge	0.029***	5.96	0.000
Balance1	0.016	0.79	0.428
Constant	0.245***	6.45	0.000
观测值	4 148	4 148	4 148
调整后的 R^2	0.076	Adj. R^2	0.0306
F值	10.41	P值	0.0000

注：*** 表示变量显著性水平为1%。

（四）营商环境、战略变革对企业成长性的关系

长三角区域营商环境（YS）、战略变革（SC）和企业成长性（Growth）三者关系的回归结果如表9-8所示。其中"（1）"列为营商环境与企业成长性之间的关系：两者间的系数在5%水平上显著且正相关；"（2）"列为战略变革与营商环境之间的关系：两者的系数在1%水平上显著且为正；"（3）"列为战略变革在营商环境与企业成长性之间的中介效应：营商环境

（YS）系数为 15.901，与企业成长性（Growth）在 10% 水平上显著正相关；战略变革一次方的系数为 74.151，与企业成长性在 1% 水平上显著正相关，战略变革的二次方系数为 -27.741，与企业成长性在 5% 水平上显著负相关，表明战略变革在营商环境与企业成长性之间具有部分的中介效应。即改善营商环境会促进企业进行战略变革，从而提升长三角区域企业的成长能力。

表 9-8　营商环境、战略变革对企业成长性的回归结果

变量	(1) Growth	(2) SC	(3) Growth
YS	17.836** (2.130)	0.085*** (5.530)	15.901* (1.900)
SC			74.151*** (3.460)
SC²			-27.741** (-2.530)
Lev	45.440*** (3.490)	-0.009 (-0.360)	44.650*** (3.440)
Dual	-0.893 (-0.180)	-0.007 (-0.760)	-1.002 (-0.200)
Indep	-12.681 (-0.300)	0.449*** (5.690)	-28.869 (-0.670)
Top1	-5.956 (-0.280)	0.134*** (3.450)	-12.868 (-0.610)
ListAge	4.579* (1.750)	0.029*** (5.960)	3.800 (1.440)
Balance1	12.286 (1.110)	0.016 (0.790)	11.260 (1.020)
Constant	-16.820 (-0.820)	0.245*** (6.450)	-35.805* (-1.680)
年度	控制	控制	控制

续表

变量	(1)	(2)	(3)
	Growth	SC	Growth
行业	控制	控制	控制
观测值	4 148	4 148	4 148
调整后的 R^2	0.008	0.076	0.011
F 值	4.637	10.410	5.257

注：(1) *、** 和 *** 表示变量显著性水平分别为 10%、5% 和 1%。
(2) 括号内的数值为标准误。

三、相关建议

（一）不断改善企业营商环境

首先，长三角区域各级政府应大力推进产业创新。由政府来扮演指路人的角色，为区域内企业提供各类产业园区与创新平台，构建完整产业链，促进产业协同，形成产业优势，以释放产业聚集效应。其次，要持续优化区域间协调合作的行政管理体制。切实转变政府职能，强化市场和企业在区域合作中的主体地位。各级各地政府部门在长三角一体化发展中的主要作用在于宏观调控与平台服务，重点关注产业发展、链式空间布局、区域优势互补等事关长三角区域协同发展的大事。在长三角率先建立优势互补的现代产业体系、信息互通的政务服务体系、资源共享的公共服务体系、高端优质的技术服务平台，为一体化发展建设营造良好的营商环境，促进各类生产要素优化配置、自由流动。由三省一市政府按照一定比例共同出资，或通过四地国有企业投资参股，在四地搭建统一的产业平台政务服务体系和网络等关键基础设施。对交通、环保、民生各领域的基础设施建设和基本服务供给进行统一的市场化的招标，成立相应的项目公司进行规范化、市场化运行。充分发挥中介服务机构、协会商会联盟、群众团体等多元利益相关主体的监督与反馈。

(二)加速培养数字经济"行业领头羊"

注重创新驱动,鼓励企业加大科技研发投入,推动数字化和智能化转型,提升核心竞争力。加强人才培养,建立人才流动机制,吸引和留住高层次人才,为企业创新和发展提供人力资源支持。长三角各级各地政府要大力发展数字经济,支持高水平的数字平台,建设鼓励企业进行数字化投入,从政策层面缓解企业数字化投入压力促进高质量数字经济平台的落地。通过进一步加快5G在示范区区域内的深度覆盖,为发展信息通信、软件服务等数字经济核心产业提供支持,利用示范区现有的发展政策与制度优势,加速培养一批具有创新意识和一体化意识的"行业领头羊"。

(三)建设产业创新联盟合作,打造国际化研发中心

在技术创新、产业创新等方面建立区域创新联盟,抓住示范区区域内、外产业园区的合作机会,不局限于国内视野,利用政策基础和优势,联合国内外头部企业,合作打造国际化的研发中心。

第五节 营商环境、战略变革与企业成长性之京津冀与长三角差异性检验

一、营商环境对企业成长性之京津冀与长三角差异性检验

营商环境(YS)对企业成长性(Growth)两者关系的回归结果如表9-9所示。京津冀地区营商环境的系数为10.067,与企业成长性在5%水平上显著正相关;长三角地区营商环境的系数为17.836,与企业成长性在5%水平上显著正相关。长三角地区营商环境系数高于京津冀地区主要原因可能是京津冀地区的营商环境水平整体低于长三角地区。同时,京津冀地区内部差距不断扩大,天津、河北与北京的营商环境水平差距逐年扩大,且

河北省营商环境一直处于较低水平。长三角地区营商环境处于绝对优势，2016 年至 2021 年的长三角区域营商环境的平均值普遍高于京津冀地区。尤其是上海的营商环境最佳，各省市营商环境指数如表 9-10 所示。

表 9-9　　　　　营商环境对企业成长性的回归结果

变量	京津冀	长三角
	Growth	Growth
YS	10.067 ** (4.794)	17.836 ** (2.130)
Lev	45.434 *** (6.493)	45.440 *** (3.490)
Dual	15.535 *** (3.225)	-0.893 (-0.180)
Indep	33.616 (20.730)	-12.681 (-0.300)
Top1	-40.198 *** (10.078)	-5.956 (-0.280)
ListAge	-10.577 *** (1.497)	4.579 * (1.750)
Balance1	-17.687 *** (5.790)	12.286 (1.110)
Constant	21.476 ** (9.979)	-16.820 (-0.820)
年度	控制	控制
行业	控制	控制
观测值	1 376	4 148
调整后的 R^2	0.080	0.008
F 值	18.000	4.637

注：(1) *、** 和 *** 表示变量显著性水平分别为 10%、5% 和 1%。
　　(2) 括号内的数值为标准误。

表 9-10　　京津冀与长三角营商环境现状对比分析

地区		省会	2016 年	2017 年	2018 年	2019 年	2020 年	2021 年	平均值
京津冀	河北	石家庄	0.145	0.141	0.089	0.220	0.351	0.362	0.218
	天津	—	0.466	0.422	0.153	0.298	0.443	0.422	0.367
	北京	—	0.459	0.449	0.259	0.577	0.894	0.896	0.589
长三角	上海	—	0.747	0.728	0.419	0.697	0.975	1.000	0.761
	浙江	杭州	0.226	0.220	0.144	0.415	0.685	0.688	0.396
	江苏	南京	0.333	0.334	0.200	0.454	0.708	0.715	0.457
	安徽	合肥	0.180	0.173	0.108	0.333	0.600	0.597	0.332

二、战略变革对企业成长性之京津冀与长三角差异性检验

战略变革（SC）对企业成长性（Growth）两者关系的回归结果如表 9-11 所示。京津冀地区战略变革一次方的系数为 41.432，与企业成长性在 1% 水平上显著正相关，战略变革二次方的系数为 -19.136，与企业成长性在 1% 水平上显著负相关，说明企业成长性与战略变革呈倒"U"型关系；长三角地区战略变革一次方的系数为 75.279，与企业成长性在 1% 水平上显著正相关，战略变革二次方的系数为 -27.606，与企业成长性在 5% 水平上显著负相关，说明企业成长性与战略变革呈倒"U"型关系，即企业的战略变革与企业成长能力的关系存在一定拐点，适度的战略变革会促进企业成长能力，过度的战略变革会抑制企业成长能力。

表 9-11　　战略变革对企业成长性的回归结果

变量	京津冀	长三角
	Growth	Growth
SC	41.432 *** (12.985)	75.279 *** (3.510)
SC^2	-19.136 *** (6.824)	-27.606 ** (-2.510)

续表

变量	京津冀	长三角
	Growth	Growth
Lev	46.332*** (6.487)	46.282*** (3.570)
Dual	15.034*** (3.224)	-0.951 (-0.190)
Indep	36.646* (20.703)	-22.753 (-0.530)
Top1	-38.657*** (10.140)	-8.698 (-0.410)
ListAge	-10.617*** (1.495)	4.324* (1.650)
Balance1	-18.503*** (5.811)	13.202 (1.200)
Constant	8.430 (11.160)	-35.467* (-1.660)
年度	控制	控制
行业	控制	控制
观测值	961	198
调整后的 R^2	0.107	0.090
F 值	15.310	3.440

注：(1) *、** 和 *** 表示变量显著性水平分别为 10%、5% 和 1%。
(2) 括号内的数值为标准误。

三、营商环境、战略变革与企业成长性之京津冀与长三角差异性检验

由表 9-12 可以看出，京津冀地区营商环境（YS）系数为 11.019，与企业成长性（Growth）在 5% 水平显著正相关，战略变革（SC）一次方的系数为 43.139，与企业成长性在 1% 水平上显著正相关，战略变革二次方

的系数为-19.918，与企业成长性（Growth）在1%水平上显著负相关，说明企业成长性与战略变革呈倒"U"型关系；长三角地区营商环境系数为15.901，与企业成长性在10%水平显著正相关，战略变革（SC）一次方的系数为74.151，与企业成长性在1%水平上显著正相关，战略变革（SC）二次方的系数为-27.741，与企业成长性在5%水平上显著负相关，说明企业成长性与战略变革呈倒"U"型关系。

表9-12　　京津冀、长三角地区营商环境、战略变革对企业成长能力的回归结果

变量	京津冀 Growth	长三角 Growth
YS	11.019 ** (4.785)	15.901 * (1.900)
SC	43.139 *** (12.986)	74.151 *** (3.460)
SC^2	-19.918 *** (6.822)	-27.741 ** (-2.530)
Lev	46.469 *** (6.478)	44.650 *** (3.440)
Dual	14.842 *** (3.220)	-1.002 (-0.200)
Indep	35.878 * (20.673)	-28.869 (-0.670)
Top1	-39.689 *** (10.134)	-12.868 (-0.610)
ListAge	-10.501 *** (1.493)	3.800 (1.440)
Balance1	-18.919 *** (5.805)	11.260 (1.020)

续表

变量	京津冀	长三角
	Growth	Growth
Constant	2.877 (11.400)	-35.805* (-1.680)
年度	控制	控制
行业	控制	控制
观测值	1 376	4 148
R - squared	0.086	0.011
F 值	15.380	5.257
P 值	0.000	0.000

注：(1) *、** 和 *** 表示变量显著性水平分别为 10%、5% 和 1%。
(2) 括号内的数值为标准误。

第十章 京津冀与珠三角比较研究

第一节 珠三角区域营商环境改善与提升政策回顾

　　珠三角地区位于中国广东省珠江口三角洲,是中国最发达和活跃的经济区域之一。该地区的主要城市包括广州、深圳、珠海、佛山、东莞、中山和江门等,形成了一个高度集聚的城市群体。珠三角以其独特的地理位置、经济发达、产业多元化、开放度高等特点而著称。珠三角九市总面积55 368.7平方千米,占广东省总面积的30%,集聚了中国经济第一大省53.35%的人口、79.67%的经济总量,是中国改革开放的先行地区,是中国重要的经济中心之一,在全国经济社会发展和改革开放大局中具有突出的带动作用和举足轻重的战略地位。广州是珠三角的政治、文化和经济中心,拥有悠久的历史和丰富的文化底蕴。深圳则以其迅猛的经济增长和创新活力而跻身国际舞台,成为中国改革开放的重要窗口之一。珠海和佛山等城市也在经济、科技和文化领域崭露头角。珠三角地区的经济以制造业和出口为主,形成了强大的制造业基地,集聚了众多的跨国公司、科技企业和创新型企业,推动了高科技产业和先进制造业的快速发展。珠三角还以其发达的交通网络,包括广州白云国际机场、深圳宝安国际机场和多个高速铁路枢纽,为国际贸易和商业往来提供了便利。

一、珠三角区域合作发展背景

(一) 产业互补性强

珠三角地区的产业结构相对多元化,包括制造业、高新技术产业、服务业等。各个城市在不同领域具有专业优势,形成了相互补充的产业链。例如,广州、深圳等城市在电子信息、通信技术方面具有较强实力,而佛山、东莞等城市则以制造业为主导。这种差异化的产业结构使得合作伙伴能够通过资源共享、产业链合作等方式实现优势互补,有利于提高珠三角地区整体经济效益。例如,高科技产业需要大量的高端制造业的支持,而制造业则需要先进的技术和服务支持,这种互补性使各城市在特定领域内形成了紧密的产业链,推动了更高水平的产业协同发展。同时,这种互补性也为企业提供了更广泛的发展机会。不同城市的企业可以专注于自身擅长的领域,通过合作获取其他城市的支持,实现全面提升。这种产业互补性使整个珠三角地区不仅在全球价值链中更好地定位,也更好地适应了不同行业的发展需求。珠三角地区经济规模庞大,是中国最发达和经济活跃的地区之一,集聚了大量的企业和人才,形成了强大的市场潜力,有助于推动创新和经济增长。

(二) 地理区位优势大

珠三角地区的合作发展基础之一是独特的地理区位优势。珠三角地区紧邻香港和澳门等国际金融中心,享有得天独厚的地理位置。这一地理优势为珠三角地区的企业提供了直接的国际化通道,使其能够与国际市场更为紧密地连接。珠三角地区不仅地理位置靠近国际金融中心,而且各城市之间地理上的相对邻近也为企业间的合作提供了便利条件。较短的地理距离降低了物流成本,有助于形成更加高效的供应链和产业链,这种地理紧密度为企业提供了便捷的资源共享和协同发展的机会,促使各城市形成了高度互联互通的经济体系。此外,珠三角地区靠近世界航运主通道,现代化的港口设施成为全球贸易的关键节点之一。这使珠三角地区不仅能够更加迅速地将产品输出到国际市场,同时也吸引了大量国际企业来珠三角开展业务。地理位置的优越性使得珠三角地区成为中国最具活力和国际竞争力的经济引擎之一。

(三) 交通便利性

首先,珠三角地区拥有一系列现代化的港口,如深圳、广州等,是全球最繁忙的港口之一。这些港口成为地区内外贸易的重要通道,将地区产出的产品迅速输送至国际市场,对国际贸易以及与全球价值链的紧密对接提供了关键支持。其次,便利密集的高速公路网络使得各城市之间的地面交通更加便捷。企业能够更快速、高效地将产品运输至目的地,降低了物流成本,同时也促进了地区内各城市之间的合作与交流。另外,铁路交通也在不断完善,高铁网络的建设加强了各城市之间的联系。这不仅有助于人员的快速出行,也推动了地区内企业的合作和资源共享。最后,珠三角地区拥有 20 个机场,其中包括广州白云机场、深圳宝安国际机场、珠海金湾、揭阳、潮汕等各个国际大机场,国际直航航线的增多为地区的国际化合作提供了强有力的支持。

二、珠三角区域营商环境改善与提升主要政策回顾

(一)《珠三角改革发展规划纲要 (2008—2020 年)》

2008 年,广东省发布《珠三角改革发展规划纲要 (2008—2020 年)》(以下简称《纲要》)。《纲要》从多个方面为珠三角地区的发展绘制了蓝图,其中与营商环境息息相关的内容尤为引人关注。《纲要》致力于构建一个更加开放、透明、便利和公平的营商环境,以吸引国内外投资,促进经济持续健康发展。相关内容包括:(1) 市场体系建设。《纲要》强调要

完善市场体系，推动形成统一开放、竞争有序的市场环境，如减少行政干预，加强反垄断和反不正当竞争，以及推动要素市场化配置等；（2）政务服务改革。在政务服务方面，《纲要》提出要简化审批流程，提高行政效率，降低企业办事成本，如推行"一站式"服务、网上审批等便民措施；（3）法治环境建设。加强法治建设，保护投资者权益，是《纲要》中的又一重点。通过完善法律法规，加强司法公正和执行力，为企业提供稳定、可预期的法治环境；（4）创新驱动发展。《纲要》鼓励创新，支持企业加大研发投入，培育自主创新能力。通过创新引领产业升级和经济发展，提高珠三角地区的国际竞争力。

《纲要》的实施有助于优化营商环境，吸引更多国内外投资，促进珠三角地区经济快速增长。同时，通过创新驱动发展，可以培育新的经济增长点，推动经济结构优化升级。

同时，改革带来的政务服务提升和法治环境改善，将增强社会公众对政府的信任感和对市场的信心。这有助于形成稳定和谐的社会氛围，为经济发展提供有力保障。《纲要》强调绿色发展理念在营商环境优化中得到体现，通过推动环保产业发展、加强环境监管等措施，可以实现经济发展与环境保护的良性互动。

《纲要》的实施旨在通过改革和创新来破解发展难题、厚植发展优势。其目标不仅是短期的经济增长，更在于构建具有国际竞争力的现代产业体系和开放型经济新体制，为珠三角地区的长远发展奠定坚实基础。

（二）《珠江三角洲产业布局一体化规划（2009—2020年）》

2009年，广东省发布《珠江三角洲产业布局一体化规划（2009—2020年）》（以下简称《规划》）。《规划》是针对珠三角地区产业布局制定的一份重要文件，旨在通过优化产业布局，促进珠三角地区经济的协调发展。从营商环境视角来看，《规划》强调了以下几个方面的内容：一是市场一体化。《规划》致力于打破地区间的市场壁垒，推动商品和生产要素的自由流动，以实现资源的优化配置。二是产业协同发展。通过整合区域内的产业资源，推动各城市间的产业协同发展和优势互补，形成具有竞争力的产业集群。三是创新环境营造。规划强调创新在推动产业布局一体化中的重要作用，提出构建创新平台、鼓励技术创新和模式创新等举措。四是政务服务优化。在产业布局一体化的过程中，规划要求各地区优化政务服务，简化审批流程，提高行政效率，以营造良好的营商环境。

《规划》强调产业布局一体化有效促进了珠三角地区的经济协同发展，提高整体经济效益。通过优化资源配置和产业协同，降低生产成本，提高产业竞争力，从而吸引更多投资，推动长三角区域的经济增长。《规划》的实施带动就业机会的增加和劳动力市场的改善，促进了社会稳定与和谐发展。同时，政务服务的优化提高了政府服务效率，增强了企业和公众的满意度。《规划》强调绿色发展和可持续发展，鼓励采用环保技术和生产方式，减少了环境污染，生态环境保护成效显著。《规划》的实施优化了珠三角区域的产业布局和营商环境，推动了珠三角地区的经济转型升级和高质量发展。

（三）《关于加快推进珠江三角洲区域经济一体化的指导意见》

2009年，广东省发布《关于加快推进珠江三角洲区域经济一体化的指导意见》（以下简称《意见》）。从营商环境的视角来看，《意见》强调了以下几个方面的内容：一是市场一体化建设。强调消除区域市场壁垒，推动商品和生产要素在珠三角地区自由流动，加强市场监管，维护公平竞争的市场秩序。二是基础设施建设与互联互通。提出加快交通、能源、信息等基础设施建设，实现区域基础设施的互联互通，降低企业物流成本，提高区域经济的整体效率。三是产业协同发展与布局优化。推动珠三角地区产业协同发展，优化产业布局，形成错位发展、优势互补的产业格局，提升企业竞争力和产业链水平。四是创新驱动与人才支撑。鼓励创新，支持企业加大研发投入，培育自主创新能力，同时加强人才引进和培养，为区域经济发展提供智力支持。五是生态环保与绿色发展。《意见》注重生态环境保护，推动绿色发展和循环经济，构建生态安全屏障，实现经济增长与生态环境的和谐发展。

《意见》的实施有力推进了市场一体化和基础设施建设，显著降低了企业的运营成本，提升了区域内企业的市场竞争力，促进了珠三角地区经济的快速增长。同时，产业协同发展和布局优化将进一步提升区域产业的整体竞争力，推动珠三角区域的经济高质量发展。

《意见》的实施加大了基础设施建设力度，也创造了更多的就业机会，提高居民生活水平。《意见》的实施还推动绿色产业发展和加强环境保护措施，减少了污染排放，保护了生态环境，实现经济增长与生态环境的良性互动。《意见》的实施通过优化营商环境推动珠三角地区的经济一体化进程。不仅带来了短期的经济增长，还构建了具有国际竞争力的现代产业体系和市场环境，有利于珠三角区域的长期繁荣和发展。

（四）《珠江三角洲基础设施建设一体化规划（2009—2020年）》

2010年广东省发布《珠江三角洲基础设施建设一体化规划（2009—2020年）》（以下简称《规划》）。《规划》是广东省为了加强珠江三角洲地区基础设施建设、推动区域经济一体化、优化营商环境而制定的重要政策文件。从营商环境的视角来看，《规划》的主要内容包括以下几方面：（1）交通基础设施建设。规划提出构建现代化综合交通运输体系，包括高速公路、轨道交通、航空、水运等，实现珠三角地区交通基础设施的互联互通，提高交通便捷性和运输效率；（2）能源基础设施建设。加强电力、燃气、热力等能源基础设施的建设和改造，保障区域能源供应的安全性和稳定性，为企业提供可靠的能源支持；（3）信息基础设施建设。推动信息通信网络的升级和扩展，提升珠三角地区的信息化水平，促进信息技术的广泛应用和深度融合，为企业创新发展提供有力支撑；（4）水利和生态环保设施建设。加强水资源保护和水利设施建设，提高防洪排涝能力，同时注重生态环境保护,推动绿色发展,为企业营造宜居宜业的良好环境。

《规划》的落地,提升了基础设施的服务水平,降低了区域内企业的运营成本,提高了生产效率,增强了区域经济的竞争力和吸引力。同时,基础设施的完善也促进了产业集聚和区域协调发展。交通和信息基础设施的完善促进了人才流动和知识传播,推动创新发展。《规划》的实施,提升了珠三角地区基础设施的承载能力,优化了珠三角地区的营商环境,也提升了珠三角区域的整体竞争力,也为珠三角地区的经济一体化和高质量发展奠定坚实基础。

(五)《粤港澳大湾区发展规划纲要》

2019年,中共中央、国务院印发《粤港澳大湾区发展规划纲要》(以下简称《纲要》),是中共中央、国务院为推进粤港澳大湾区建设而发布的权威性、指导性文件。从营商环境的视角来看,《纲要》主要强调了以下几个方面的内容:(1)打造国际一流营商环境。《纲要》明确提出要构建具有国际竞争力的现代产业体系,推动粤港澳三地经济深度融合,打造市场化、法治化、国际化的营商环境;(2)促进要素便捷高效流动。为优化营商环境,《纲要》着重推动人流、物流、资金流、信息流等生产要素在大湾区内的便捷高效流动,降低企业运营成本;(3)加强科技创新合作。《纲要》鼓励粤港澳三地加强科技创新合作,共同打造国际科技创新中心,为大湾区内的企业提供更广阔的创新发展空间;(4)深化重点领域合作。《纲要》提出在金融、贸易、制造业、服务业等重点领域深化合作,推动大湾区产业转型升级和协同发展。

通过《纲要》的实施来打造国际一流营商环境,大湾区有望吸引更多国内外投资,促进经济快速增长。同时,生产要素的便捷高效流动将降低企业运营成本,提高市场竞争力。科技创新合作和重点领域合作的深化将进一步推动大湾区产业转型升级和协同发展,形成更加紧密的经济联系。

通过《纲要》的实施优化营商环境为企业提供更多发展机会，创造更多就业岗位，促进大湾区内的城市间合作将加强社会交流和融合。《纲要》强调绿色发展理念，推动大湾区内的城市在环境保护和生态建设方面加强合作。这将有助于改善大湾区内的生态环境质量，实现经济增长与环境保护的协调发展。

（六）《广州都市圈发展规划》《深圳都市圈发展规划》《珠江口西岸都市圈发展规划》《汕潮揭都市圈发展规划》《湛茂都市圈发展规划》

2023年12月，广东省印发《广州都市圈发展规划》《深圳都市圈发展规划》《珠江口西岸都市圈发展规划》《汕潮揭都市圈发展规划》《湛茂都市圈发展规划》（以下简称《五大都市圈发展规划》），至此广东省五大都市圈发展规划隆重出台。从营商环境视角来看，《五大都市圈发展规划》的主要内容涵盖了以下几个方面的内容：一是市场一体化与开放合作。《五大都市圈发展规划》强调推动都市圈内市场的一体化发展，打破行政壁垒，促进商品和要素的自由流动。同时，鼓励对外开放和区域合作，吸引国内外投资，提升都市圈的国际竞争力。二是产业协同与转型升级。《五大都市圈发展规划》提出推动都市圈内产业的协同发展，优化产业布局，形成互补优势。同时，鼓励创新驱动和转型升级，培育新兴产业和高端制造业，提升产业链水平。三是基础设施建设与互联互通。《五大都市圈发展规划》注重都市圈基础设施的建设和完善，包括交通、能源、信息等方面。通过构建现代化基础设施体系，提升都市圈的互联互通水平，降低企业运营成本。四是生态环境保护与绿色发展。《五大都市圈发展规划》强调生态环境保护的重要性，推动绿色发展理念在都市圈内的贯彻落实。通过加强环保措施和生态修复，实现经济增长与生态环境的和谐共生。

《五大都市圈发展规划》的实施有望促进广东省经济的快速增长。市场一体化和产业协同将提升都市圈的整体竞争力，吸引更多投资，推动产业升级和转型。基础设施建设和互联互通将降低企业运营成本，提高生产效率。同时，绿色发展理念的贯彻将有助于实现可持续发展。《五大都市圈发展规划》的实施将带来更多的就业机会和创业机会，提高居民收入水平。同时，都市圈的发展将促进人口流动和城市化进程，推动社会结构的变革。此外，《五大都市圈发展规划》的落实还有望提升公共服务水平，改善居民生活品质。《五大都市圈发展规划》强调生态环境保护的重要性，这将对都市圈的生态环境产生积极影响。通过加强环保措施和生态修复，有望实现经济增长与生态环境的协调发展。同时，绿色发展理念的推广将有助于降低能耗和减少排放，推动都市圈向低碳、环保方向转型。

《五大都市圈发展规划》旨在通过优化营商环境来推动广东省经济的高质量发展。其目标不仅是实现经济增长和区域均衡发展，更在于构建具有国际竞争力的现代产业体系和市场环境。通过打造一流的营商环境，吸引国内外投资，推动广东省经济社会全面进步。通过实施这些规划，有望为广东省打造一流的营商环境，促进经济社会全面发展。同时，这也将为其他地区的都市圈规划和营商环境优化提供有益的借鉴和参考。

第二节　珠三角区域企业战略变革发展现状

一、珠三角区域战略变革总体趋势

珠三角地区战略变革指数整体上呈现先上升后下降再缓慢上升的趋势，如图10-1所示。表明珠三角地区上市的企业2016年至2017年战略变革程度较高，2018年至2019年战略变革程度下降。2020年企业再次积极开展战略调整。出现这一态势的原因可能是2017年至2019年世界经济发展速度放缓，珠三角地区对外贸依赖程度较强，多数企业处在战略变革的前期准备阶段。

2019年，粤港澳大湾区政策提出后，广东成为大湾区政策的核心地，得天独厚的地理位置以及广东省出台的一系列珠三角协同发展政策为珠三角企业的发展提供了物质和政策基础，也使珠三角地区的企业迅速成长，为企业进行战略变革积累了丰厚的经济基础，降低企业进行战略调整时面临的风险。

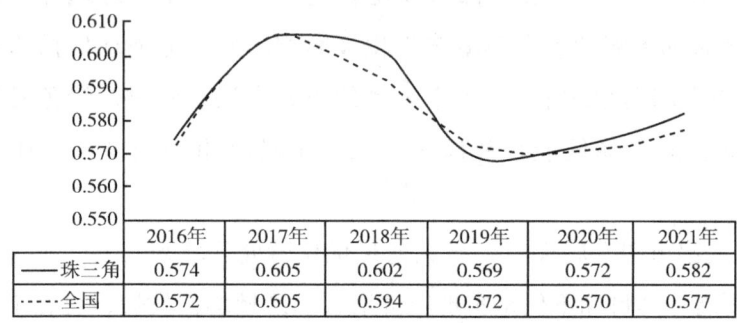

图10-1 珠三角战略变革指数年均值变化趋势

二、珠三角区域各地战略变革值对比分析

从珠三角各市的战略变革指数看，广州和深圳为第一梯队，战略变革各年均值在 0.6 左右，表明广州和深圳的企业适应外部形势进行战略变革最为主动。第二梯队是东莞、佛山、江门、珠海和中山，这五个市的战略变革指数居中，多数年份均值超过 0.5。第三梯队是惠州和肇庆，这两个市的战略变革指数多数年份低于 0.5。各市各年战略变革均值如表 10-1 所示。上述三个梯度的分布较好地反映了广东省各地市发展的差异。广州是广东省的省政府享有的政策红利最多，深圳作为我国改革开放的急先锋和桥头堡，改革创新的动力最足，因此广州和深圳的企业战略变革最为活跃。上述三个梯队中第三梯队的惠州和肇庆在上述九个城市中区位优势不如另外七个城市，因此域内的企业类型、企业规模可能不及另外七个城市。

表 10-1　　　　　珠三角各地区战略变革均值汇总数

城市	2016 年	2017 年	2018 年	2019 年	2020 年	2021 年
东莞	0.563	0.576	0.540	0.533	0.608	0.605
佛山	0.532	0.586	0.549	0.540	0.525	0.558
广州	0.592	0.625	0.598	0.570	0.600	0.644
惠州	0.474	0.510	0.561	0.469	0.527	0.493
江门	0.549	0.521	0.510	0.499	0.477	0.502
深圳	0.593	0.621	0.625	0.589	0.578	0.577
肇庆	0.388	0.320	0.342	0.299	0.334	0.426
珠海	0.530	0.621	0.635	0.607	0.564	0.514
中山	0.476	0.518	0.558	0.537	0.548	0.573

三、珠三角与京津冀战略变革对比分析

2016 年至 2021 年，珠三角地区战略变革指数整体低于京津冀地区。因为近年来国家大力推进京津冀一体化战略特别是雄安新区的建设，京津冀地区不断优化产业结构并进行产业升级和发展新产业，疏解非首都功能，北京将更多资源向津冀转移。京津冀地区企业要适应政策环境的变化，必须进行战略变革，使京津冀地区战略变革指数高于珠三角地区，珠三角与京津冀战略变革详细态势如图 10-2 所示。

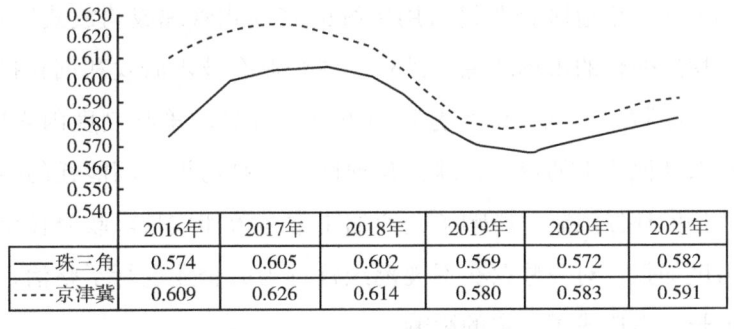

图 10-2　珠三角与京津冀战略变革指数均值对比分析

第三节 珠三角企业成长发展现状分析

一、珠三角地区企业成长能力总体趋势

2016年至2019年，珠三角地区企业成长能力在逐年下降，2020年至2021年，珠三角地区企业成长能力在逐渐上升。出现这一现象，受多方面因素影响：一是外部宏观经济环境变化。2016年至2019年，全球经济复苏乏力，主要经济体增长动力不足，对珠三角地区的出口导向型企业造成了较大的外部压力，而且国外贸易保护主义抬头，国际贸易环境日趋紧张，贸易保护主义措施不断增多，导致珠三角地区企业面临的国际贸易壁垒增加，出口受到制约。二是珠三角地区产业结构调整与升级滞后。珠三角地区长期以来依靠电子、纺织等传统劳动密集型产业发展，但随着全球产业结构的深度调整，这些传统产业的市场竞争力逐渐下降。在新技术、新产业、新业态等方面，珠三角地区的创新能力和转型升级步伐相对滞后，未能及时形成新的增长点。三是生产要素成本上升。随着人口红利的逐渐消失，珠三角地区的劳动力成本不断上升，影响了企业的盈利能力和成长空间。珠三角地区土地资源有限，随着城市化进程的加快，工业用地成本大幅上升，增加了企业的运营成本。四是珠三角区域企业自身因素的影响。部分珠三角地区企业仍沿用传统的家族式管理或粗放式管理模式，难以适应快速变化的市场环境。另外一些企业在技术研发和创新投入上不足，导致产品附加值低，市场竞争力不强。五是政策与制度因素的影响。随着国家对环保要求的提高，珠三角地区一些高污染、高能耗的传统产业面临更严格的环保限制，影响了企业的正常运营和成长。政府在市场监管方面的力度加强，对一些存在不规范经营行为的企业进行了整治，这也对企业的成长能力造成了一定的影响。

2020年至2021年，珠三角地区企业成长能力逐步回升，反映了该地

区经济在经历了一段时间的波动后,开始出现企业稳定向好态势。主要原因在于以下几方面:首先,全球经济复苏,全球范围内对新冠疫情逐步控制,各国经济开始重启。作为全球供应链的重要环节,珠三角地区的企业受益于全球贸易的恢复和增长。世界主要经济体的货币和财政政策刺激,带动了全球消费和投资的复苏,进而增加了对珠三角地区出口产品的需求。其次,区域产业结构优化升级和企业自身能力提升,珠三角地区在人工智能、生物科技、新能源等高新技术领域取得了显著进展,这些新兴产业的高成长性带动了整个地区企业的成长速度。面对市场竞争和成本压力,珠三角地区的传统产业如电子、纺织等积极进行技术升级和品牌建设,提高了产品附加值和市场竞争力。珠三角地区企业加大了在研发和创新方面的投入,通过技术创新提升产品竞争力,开辟新的市场空间。最后,离不开政府在支持企业创新、积极减税降费、优化营商环境等方面出台的一系列政策措施,有效减轻了企业负担,激发了市场活力。同时全球贸易紧张局势趋缓以及区域全面经济伙伴关系协定(RCEP)等自由贸易协定的签署,珠三角地区企业在国际贸易中获得了更多机遇。

珠三角区域企业成长能力的变化趋势详情如图 10-3 所示。

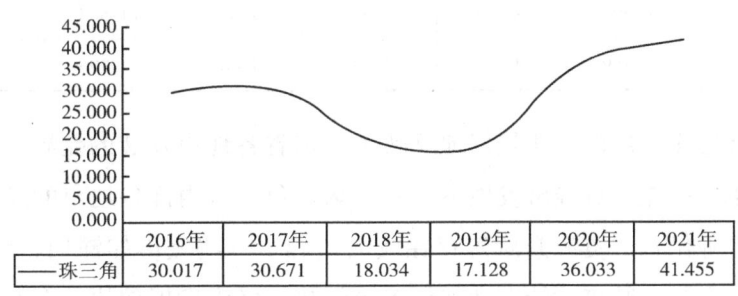

图 10-3　珠三角企业成长能力年均值变化趋势

二、珠三角地区各地成长能力对比分析

从表 10-2 中可以看出,珠三角区域企业成长能力均值整体偏低,只

有深圳企业成长能力高于平均值。各地市经济总量分布不均,地区差异明显,经济发展呈不平衡状态。2016 年至 2021 年,珠三角地区各地市企业成长能力差异显著。各地市的成长能力分级分布特征与前文战略变革指数梯队特征相吻合。其中,深圳的企业成长能力遥遥领先,紧邻其后的是广州,深圳和广州的成长能力是第一梯队。其次是佛山、江门、珠海和中山,这四个城市的成长能力居中。最后是东莞、惠州和肇庆,这三个市的企业成长能力最低。各市各年成长能力如表 10-2 所示。

表 10-2　　珠三角各地区企业成长能力均值汇总数

城市	2016 年	2017 年	2018 年	2019 年	2020 年	2021 年
东莞	06.556	05.712	06.161	05.445	03.928	05.093
佛山	6.383	7.743	6.588	7.698	7.162	7.188
广州	19.484	11.905	12.106	9.699	13.544	12.734
惠州	3.443	5.356	5.648	4.851	4.982	4.895
江门	3.785	4.980	4.416	5.650	5.282	6.175
深圳	45.500	49.696	26.167	25.821	58.261	71.313
肇庆	2.080	2.099	2.304	1.820	1.703	1.751
珠海	6.494	8.678	8.315	9.631	14.548	11.579
中山	3.769	4.792	4.348	4.403	3.999	4.645

　　上述三个梯度的分布较好地反映了广东省各地市发展的差异。原因是多方面的:一是区域经济发展不平衡,珠三角地区内部各地市的经济发展水平、产业结构、资源禀赋等存在较大差异。一些城市如深圳、广州等,由于历史积累、政策扶持和地理位置等优势,经济发展较快,企业成长能力较强。而一些相对落后的城市,由于基础薄弱、资源有限等原因,企业发展相对滞后。二是珠三角地区各地市的产业布局和集群效应不同。一些城市形成了具有竞争力的产业集群,如深圳的高科技产业集群为企业提供了良好的产业链配套和市场环境,促进了企业的快速成长。而一些城市由

于缺乏具有竞争力的产业集群,企业在成长过程中难以获得足够的产业支持和市场机遇。三是创新资源分布不均,珠三角地区一些城市如深圳、广州等拥有丰富的创新资源,包括高校、科研机构、创新人才等,这些资源为企业提供了强大的创新支持。而一些城市由于创新资源相对匮乏,企业在技术创新和产品研发方面面临较大困难。四是企业自身因素差异,一些企业由于具有先进的管理理念、技术创新能力和市场拓展能力等优势,能够在激烈的市场竞争中脱颖而出。而一些企业由于管理理念落后、技术创新能力不足等原因,成长速度相对较慢。

三、珠三角与京津冀企业成长能力对比分析

从图10-4可以看出,2016年至2021年,珠三角区域的企业成长性明显高于京津冀区域企业的成长能力,但珠三角区域企业的成长能力在2018年和2019年大幅下滑,出现这一态势的原因可能是珠三角区域的企业外向型特征更强,受中美贸易摩擦和世界经济萎缩的影响比京津冀区域的企业更大。而京津冀区域整体上2016年至2021年的企业成长性走势平稳向上,但增幅不大,这符合北方地区的企业管理层更求稳定的总体特征。

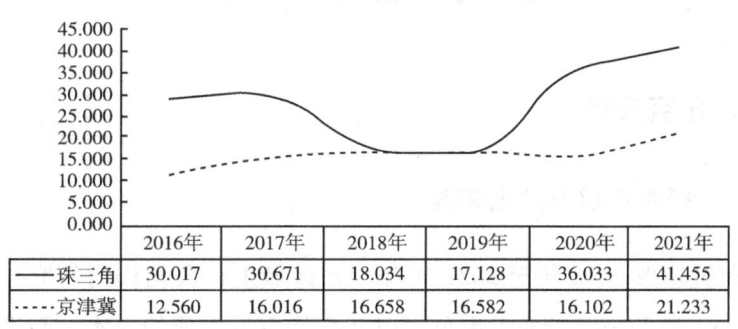

	2016年	2017年	2018年	2019年	2020年	2021年
珠三角	30.017	30.671	18.034	17.128	36.033	41.455
京津冀	12.560	16.016	16.658	16.582	16.102	21.233

图10-4 珠三角与京津冀企业成长能力均值对比分析

近年来珠三角地区的企业成长能力普遍高于京津冀地区。原因可以从多个角度来剖析。一是受企业自身的因素影响,珠三角地区的企业多以创

新、灵活和高效著称。这里的很多中小企业具有强烈的市场导向，能够快速响应市场变化，调整产品结构和经营策略。相比之下，京津冀地区的大型国有企业较多，决策机制相对僵化，对市场变化的反应速度较慢。珠三角地区的高新技术企业数量是京津冀地区的好几倍，且这些企业的研发投入占比、新产品推出速度等关键指标均显著高于京津冀地区。二是受政策环境因素的影响，珠三角地区的经济政策更加注重市场化和民营经济的发展。地方政府在税收、融资、土地等方面给予企业较大的支持，营造了良好的创业氛围。而京津冀地区在过去更多地依赖于大型国有企业和重工业，对民营经济的扶持力度相对较小。三是地理区位优势的影响，珠三角地区毗邻港澳，具有得天独厚的区位优势。这一地区的企业可以更加便捷地与国际市场接轨，引进外资和先进技术。同时，珠三角地区的交通网络发达，物流成本相对较低，有利于企业的快速发展。据海关统计数据，珠三角地区的进出口总额连续多年位居全国前列，其中与港澳地区的贸易往来尤为密切。

第四节　珠三角区域营商环境、企业战略变革与企业成长检验

一、研究设计

（一）样本选取与数据来源

本研究选取 2016 年至 2021 年珠三角区域上市公司作为研究样本，剔除 ST、*ST 以及金融行业上市公司以及变量有缺失值的样本，筛选整理后最终得到 1 614 个有效观测值。本文研究所用数据主要来自国泰安数据库和《中国城市竞争力报告》。

(二) 描述性分析

本研究采用 STATA 15.0 软件对各变量进行描述性统计分析,结果如表 10-3 所示。企业成长性（Growth）最大值为 6 661.170,最小值为 0.191,均值 28.930,表明所选样本之间的企业成长能力相差较大;营商环境（YS）最大值为 1.000,最小值为 0.060,均值 0.702,表明珠三角地区的营商环境存在差异;战略变革最大值为 2.771,最小值为 0.146,均值为 0.584,表明各企业间的战略变革程度（SC）存在一定的差异,不同企业对于外部环境的判断存在一定的误差,在是否进行战略变革的认知上差异较大。

表 10-3　　　　　　　　　　描述性统计分析

变量	样本量	均值	标准差	最小值	最大值
YS	1 614	00.702	0.817	0.060	0 001.000
Growth	1 614	28.930	4.780	0.191	6 661.170
SC	1 614	0.584	0.519	0.146	2.771
Lev	1 614	0.441	0.437	0.036	0.922
Dual	1 614	0.347	0.000	0.000	1.000
Indep	1 614	0.385	0.364	0.250	0.800
Top1	1 614	0.364	0.344	0.053	0.819
ListAge	1 614	2.102	2.303	0.000	3.434
Balance1	1 614	0.389	0.302	0.002	1.000

(三) 相关性分析

进一步对各变量之间相关性分析,采用皮尔逊系数对样本检验,结果显示各变量间的相关系数小于 0.4,则变量之间不存在严重的多重共线性现象。各变量之间的相关系数如表 10-4 所示。营商环境（YS）、战略变革（SC）与企业成长性（Growth）之间存在相互促进的关系,初步验证上文所作假设。

表 10-4　　　　　　　　　　Pearson 相关性系数表

变量	Growth	YS	SC	Lev	Dual	Indep	Top1	ListAge	Balance1
Growth	1								
YS	0.078***	1							
SC	0.077***	0.069***	1						
Lev	0.073***	0.097***	0.023	1					
Dual	-0.032	0.102***	0.063**	-0.063**	1				
Indep	0.046*	-0.026	-0.021	-0.006	0.124***	1			
Top1	-0.002	0.072***	0.055**	-0.153***	0.001	0.051**	1		
ListAge	0.018	0.091***	-0.020	0.269***	-0.237***	-0.041*	-0.175***	1	
Balance1	-0.034	-0.054**	-0.009	0.065**	-0.017	0.020	-0.608***	-0.051**	1

注：*、** 和 *** 表示变量显著性水平分别为 10%、5% 和 1%。

二、实证结果分析

（一）营商环境与企业成长性的关系

珠三角地区营商环境（YS）与企业成长性（Growth）两者间的关系如表 10-5 所示。数据显示，营商环境与企业成长能力的系数在 1% 水平上显著且为正，表明在珠三角地区改善营商环境可以促进企业的成长能力。珠三角地区一直以来受到中央政府和广东省各级政府的重点支持，实施了一系列鼓励创新、优化产业结构的政策。政府的支持为企业提供了更加稳定、可预期的经营环境。此外，健全的法治环境和法规体系为企业提供了法律保障，降低了法律风险，使企业能够更加安心地进行经营活动。优化珠三角地区营商环境有助于区域内创新要素集聚，激发市场主体活力，提升地区竞争力，进而提升企业成长能力。

表 10-5　　　　　　营商环境对企业成长性的回归结果

变量	系数	t 值	p 值
YS	65.837***	3.180	0.002
Lev	85.470***	2.590	0.010

续表

变量	系数	t 值	p 值
Dual	-25.199**	-1.970	0.049
Indep	212.566**	2.300	0.022
Top1	-64.388	-1.330	0.184
ListAge	-6.804	-1.020	0.307
Balance1	-50.192**	-1.990	0.046
Constant	-70.835	-1.440	0.150
年度	控制	控制	控制
行业	控制	控制	控制
观测值	1 614	1 614	1 614
R^2	0.017	Adj. R^2	0.013
F 值	4.019	P 值	0.0002

注：** 和 *** 表示变量显著性水平分别为 5% 和 1%。

(二) 战略变革与企业成长性的关系

珠三角地区战略变革（SC）对企业成长性（Growth）的影响如表 10-6 所示。数据显示，企业成长性与战略变革一次项系数在 1% 水平上显著且为正，与战略变革二次项系数在 5% 水平上显著且为负。由此可知，珠三角地区企业成长能力与战略变革呈倒"U"型关系。初始阶段，企业可能通过积极的战略变革实现了创新和市场领导地位的建立，推动了企业的成长。在这个阶段，战略变革能够帮助企业适应市场变化、拓展业务领域，提高市场占有率。随着时间的推移，企业可能会进入一个适应期，战略变革的效果逐渐减弱。这可能是因为一开始的变革已经带来了相对较大的改变，企业需要一定时间来适应和巩固这些变化。在这一阶段，企业可能暂时减缓了战略变革的速度，更注重内部整合和效率提升。当企业在战略变革中进入一个相对稳定的状态时，进一步的频繁变革可能会导致组织的混乱和不确定性，使企业的成长受到阻碍。此时，企业可能面临资源过度分散、员工疲劳等问题，战略变革的效果可能逐渐减弱，企业的成长能力呈现下降趋势。在战略变革效果下降的时期，企业可能需要进行战略调整或者再次进行创新，以适应新的市场挑战和机遇。这个阶段的再创新可以帮助企业重拾成长动能，但需要在战略调整的同时避免过度的不稳定性。对于珠三角地区企业需要在战略变革中保持灵活性，根据不同阶段的需要进行调整和优化，以实现持续的成长。

表 10-6　　战略变革对企业成长性的回归结果

变量	系数	t 值	p 值
SC	208.479 ***	3.430	0.001
SC^2	-80.010 **	-2.450	0.014
Lev	85.917 ***	2.620	0.009
Dual	-24.405 *	-1.920	0.055
Indep	216.773 **	2.350	0.019
Top1	-67.099	-1.390	0.165
ListAge	-4.161	-0.630	0.529
Balance1	-54.210 **	-2.150	0.031
Constant	-118.236 **	-2.250	0.025
观测值	1 614	1 614	1 614
年度	控制	控制	控制
行业	控制	控制	控制
R^2	0.021	Adj. R^2	0.016
F 值	4.321	P 值	0.000

注：*、** 和 *** 表示变量显著性水平分别为 10%、5% 和 1%。

（三）营商环境与战略变革的关系

珠三角地区营商环境（YS）与战略变革（SC）之间的关系如表 10-7 所示。数据显示，战略变革与营商环境之间的系数在 5% 水平上显著，系数为正,表明珠三角地区优化营商环境会促进企业进行战略变革。一方面,珠三角地区营商环境质量相对较高,市场的准入门槛较低,这会使市场主体增加,企业之间的竞争更加激烈,不利于企业竞争优势的维持,为了在困境中生存下来并取得更好发展,企业会选择进行战略变革;另一方面,营商环境的优化会改善融资环境,从而减少企业重新调整资源配置受到的阻力,企业家的创新精神会得到释放,会更积极地进行战略变革。

表 10 - 7　　　　　　营商环境对战略变革的回归结果

变量	系数	t 值	p 值
YS	0.053**	2.180	0.030
Lev	0.047	1.220	0.224
Dual	0.037**	2.460	0.014
Indep	-0.141	-1.300	0.192
Top1	0.145**	2.560	0.011
ListAge	-0.001	-0.080	0.936
Balance1	0.041	1.390	0.163
Constant	0.501***	8.710	0.000
年度	控制	控制	控制
行业	控制	控制	控制
R^2	0.014	Adj. R^2	0.012
F 值	3.141	P 值	0.003

注:*、** 和 *** 表示变量显著性水平分别为 10%、5% 和 1%。

(四) 营商环境、战略变革对企业成长性的关系

珠三角地区营商环境 (YS)、战略变革 (SC) 与企业成长性 (Growth) 之间的关系如表 10 - 8 所示。由表 10 - 8 可知,营商环境与企业成长性之间呈显著正相关的关系,战略变革与企业成长性之间呈倒"U"型关系,战略变革在营商环境与企业成长性之间起中介作用。也就是说,营商环境

通过促进战略变革从而促进企业成长。战略变革会面临一定的风险,珠三角区域良好透明的营商环境又可以帮助企业规避风险,进而降低企业因战略变革带来的风险,企业顺应内外部环境进行战略变革的动力得到提升,从而提高企业在动荡环境中的生存和发展的能力。

表 10 – 8　　营商环境、战略变革对企业成长性的回归结果

变量	系数	t 值	p 值
YS	61.712***	2.990	0.003
SC	202.722***	3.340	0.001
SC²	-78.683**	-2.420	0.016
Lev	77.514**	2.360	0.019
Dual	-29.528**	-2.310	0.021
Indep	228.569**	2.480	0.013
Top1	-80.420*	-1.660	0.097
ListAge	-6.399	-0.960	0.335
Balance1	-55.584**	-2.210	0.027
Constant	-147.717***	-2.770	0.006
年度	控制	控制	控制
行业	控制	控制	控制
R^2	0.026	Adj. R^2	0.021
F 值	4.850	P 值	0.000

注：*、**和***表示变量显著性水平分别为10%、5%和1%。

三、相关建议

第一,珠三角地区提高企业营商环境的关键在于全面优化政策体系、提升服务水平、加强市场监管以及促进产业升级。首先,通过深化改革、简化行政手续、优化税收政策,为企业提供更加便利的创业和运营环境。其次,加强公共服务体系建设,提高政务效能,简化企业办事流程,为企

业提供更高效、便捷的服务。同时,强化知识产权保护和法治环境,提高法治水平,为企业提供更可靠的法律保障。此外,通过加强市场监管,打击不正当竞争行为,保护企业的合法权益。最重要的是,鼓励创新和科技发展,推动产业升级,提高企业核心竞争力。通过这些综合性的措施,珠三角地区将能够进一步营造良好的企业营商环境,激发企业创新活力,促进经济持续健康发展。

第二,优化资源配置,控制战略变革节奏。企业要在动态的环境中求生存谋发展,战略变革是企业的必答题,但战略变革具有双面性,一方面战略变革能够使企业在变化的环境中找到适合自己的发展方向,使企业财务绩效更上一个台阶;另一方面战略变革也存在较高的变革风险和变革成本,短时间内过高幅度的战略变革可能会损伤企业财务绩效。企业管理层在实施战略变革时应结合企业自身实际情况控制战略变革的节奏和力度。

第三,促进珠三角地区的人才流动。首先需要建立吸引人才的机制,包括提供具有竞争力的薪资和福利,以及创造良好的工作环境和职业发展机会。各级政府可以建立人才引进计划,针对高层次人才提供税收优惠和居住便利,增加其在地区的吸引力。同时,要建设高品质的教育和医疗资源,以满足人才的家庭需求,提高他们在地区生活的舒适度。另外,通过建立人才培训机制,提高当地劳动力的整体素质,以满足企业的需求。推动产业与高校之间的合作,确保教育培训与市场需求紧密衔接,培养更符合企业用人需求的专业人才。此外,创新人才评价机制,更加注重综合素质和实际工作经验,促使更多人才愿意在地区发展长期职业生涯。为了更好地吸引国际人才,珠三角地区可以建设国际化社区,提供国际学校、多语种服务等,满足不同背景的人才需求。建立人才服务中心,为引进的人才提供便捷的生活服务和适应期支持,帮助其更快融入当地社会。通过这些综合性的措施,珠三角地区能够吸引、留住并充分发挥各类人才的潜力,推动地区的创新和经济发展。

第五节 营商环境、战略变革与企业成长之京津冀与珠三角差异性检验

一、营商环境对企业成长性之京津冀与珠三角差异性检验

营商环境对企业成长性两者关系的回归结果如表10-9所示。京津冀地区营商环境的系数为10.067,与企业成长性在5%的水平上显著正相关;珠三角地区营商环境的系数为65.837,与企业成长性在1%的水平上显著正相关。珠三角地区以制造业和出口导向型产业为主,其经济体系相对开放,更容易受到国际市场的影响。在全球化时代,珠三角地区企业更积极地融入国际市场,营商环境的国际竞争力对其成长至关重要。与之不同,京津冀地区的产业结构以能源和重工业为主导,其企业成长受到国内市场的影响更大。另外,珠三角地区在科技和创新方面投入较大,聚集了众多高科技企业和研发机构。良好的营商环境有助于吸引全球创新资源,推动企业不断提升技术水平和产品质量,从而提高企业的国际竞争力和成长潜力。

表10-9 珠三角与京津冀地区营商环境对企业成长性的回归结果

变量	京津冀	珠三角
	Growth	Growth
YS	10.067** (4.794)	65.837*** (3.180)
Lev	45.434*** (6.493)	85.470*** (2.590)
Dual	15.535*** (3.225)	-25.199** (-1.970)

续表

变量	京津冀 Growth	珠三角 Growth
Indep	33.616 (20.729)	212.566** (2.300)
Top1	-40.198*** (10.078)	-64.388 (-1.330)
ListAge	-10.577*** (1.497)	-6.804 (-1.020)
Balance1	-17.687*** (5.790)	-50.192** (-1.990)
Constant	21.476** (9.979)	-70.835 (-1.440)
年度	控制	控制
行业	控制	控制
观测值	1 376	1 614
调整后的 R^2	0.084	0.013
F 值	18.000	4.019

注：(1) *、** 和 *** 表示变量显著性水平分别为 10%、5% 和 1%。
(2) 括号内的数值为标准误。

二、营商环境、战略变革与企业成长性之珠三角地区与京津冀地区比较

珠三角与京津冀地区营商环境（YS）、战略变革（SC）与企业成长性（Growth）的比较如表 10-10 所示，从两组间的系数比较可以看出，珠三角列中的营商环境与企业成长性的系数大于京津冀对应列中的系数，表明珠三角地区优化营商环境对企业成长性的促进作用好于京津冀地区。京津冀地区民营企业活跃度不高，市场化水平相对较低，2021 年京津冀市场化指数为 9.61，珠三角地区市场化指数为 11.34。因此，珠三角地区营商环

境对企业成长性的促进作用高于京津冀地区。珠三角地区战略变革的一次方系数为 202.722，在 1% 水平上与企业成长性显著正相关，二次方系数为 -78.683，在 5% 水平上与企业成长性负相关；京津冀地区战略变革的一次方系数为 43.139，在 1% 水平上与企业成长性显著正相关，二次方系数为 -19.918，在 1% 水平上与企业成长性负相关；综合而言珠三角地区战略变革对企业成长性的影响更为敏感。珠三角地区是中国改革开放的前沿阵地，与国际市场的联系非常紧密，尤其是与东南亚及其他全球市场的贸易往来频繁。这使珠三角地区的企业更容易受到国际经济环境变化的影响，而京津冀地区虽然也在加快对外开放，但其经济内循环的特点更加明显，相对于珠三角地区，对外部变化的敏感度较低。

表 10-10　　珠三角与京津冀地区营商环境、战略变革与企业成长性回归结果

变量	京津冀	珠三角
	Growth	Growth
YS	11.019** (4.785)	61.712*** (2.990)
SC	43.139*** (12.986)	202.722*** (3.340)
SC^2	-19.918*** (6.822)	-78.683** (-2.420)
Lev	46.469*** (6.478)	77.514** (2.360)
Dual	14.842*** (3.220)	-29.528** (-2.310)
Indep	35.878* (20.673)	228.569** (2.480)
Top1	-39.689*** (10.134)	-80.420* (-1.660)

续表

变量	京津冀	珠三角
	Growth	Growth
ListAge	-10.501 *** (1.493)	-6.399 (-0.960)
Balance1	-18.919 *** (5.805)	-55.584 ** (-2.210)
Constant	2.877 (11.400)	-147.717 *** (-2.770)
年度	控制	控制
行业	控制	控制
观测值	1 376	1 614
R^2	0.086	0.026
F 值	15.380	4.850
P 值	0.000	0.000

注：(1) *、** 和 *** 表示变量显著性水平分别为 10%、5% 和 1%。
(2) 括号内的数值为标准误。

第十一章 理顺政商关系、优化营商环境的对策和建议

第一节 理顺政商关系的对策和建议

在当代政治和经济活动中，政商关系扮演着至关重要的角色，对于一个国家的经济社会发展至关重要。构建健康良好的政商关系是确保国家繁荣发展的关键。自党的十八大以来，以习近平同志为核心的党中央高度重视新型政商关系的构建，多次强调构建"亲""清"新型政商关系的紧迫性。党的二十大报告更进一步强调了"全面构建亲清政商关系"的重要性，将其视为推动国家全面发展的基础和保障。

2023年2月15日，习近平总书记在《求是》发表重要文章强调："各级领导干部要为民营企业解难题、办实事，构建亲清政商关系。"2023年3月6日，习近平总书记在参加全国政协十四届一次会议民建、工商联界委员联组会发表重要讲话时强调："要把构建亲清政商关系落到实处。"2023年9月7日，习近平总书记主持召开新时代推动东北全面振兴座谈会时强调："全面构建亲清统一的新型政商关系，党员、干部既要关心支持民营企业发展，主动排忧解难，又要坚守廉洁底线。"2023年9月21日，习近平总书记在浙江考察时再次强调："加强干部教育培训和实践锻炼，健全干部担当作为激励保护机制，激发干部干事创业活力，构建亲清统一的新型政商关系。"习近平总书记有关构建亲清新型政商关系的重要论述，抓住了政商关系的关键，反映了其本质，并为新时代政商交往提供了重要的指

导。我们要从政治和全局的高度出发,全面贯彻党中央支持民营企业发展的决策部署,优化政府服务、净化政治生态、坚守廉洁底线,营造公平、公正、公开的市场环境,推动非公有制企业转型升级,促进经济社会实现高质量发展。

一、加强政治引领,培育廉洁政商文化

文化在培育价值观和形塑社会认同方面发挥着重要作用。习近平总书记强调了文化建设中守正和创新的重要性,指出只有通过守正,才能保持自我,不失去方向;而通过创新,才能适应时代,引领时代。政商关系涉及政治、经济、社会和文化等关键领域,若长期缺乏良好的人文环境,可能演变为过于庸俗的关系。要深入学习习近平文化思想,全面贯彻中共中央办公厅《关于加强新时代廉洁文化建设的意见》,加强党在清廉政商文化建设方面的全面领导,以全方位、多维度的方式解读政商交往的政策和规定。积极倡导"亲而有度、清而有为"的价值取向,提升标本兼治的综合效应,增强政商互信,实现亲清共进、携手前行。充分整合各类媒体资源,创新传播方式,有序展开廉洁教育,传播廉洁价值理念,不断提升广大党员干部的人文素养和精神境界,塑造崇尚廉洁、抵制腐败的良好风尚。聚焦"关键少数",切实加强同级同类的警示教育,强调党性、党风和党纪,推动领导干部正确处理公私关系、义利关系、是非关系、正邪关系、苦乐关系,不断增强抗拒腐败和变质的能力和免疫力,形成对规章制度的高度自觉。

首先,坚守正确的政治导向,确保政商关系服务于国家发展和人民福祉,明确政府与商业合作的政治目标,强调共同发展、服务社会的导向。其次,政府领导要成为清廉政商文化的杰出典范,明确正确的政治立场,坚守廉政原则,以树立清廉榜样引领整个政府体系。此外,通过领导干部的培训和教育,提高他们的清廉意识和担当精神,确保政商关系中的合法合规观念得到培养。同时,建设清廉政商机制,确保政商互动透明,制定

明确的监察和问责机制,对不当行为进行严肃追责。在党风廉政建设方面,要发挥党组织在企事业单位的引领作用,加强党内监督机制,维护党的清正形象。建立监督机制,包括独立监察机构和社会各界的参与,以确保政商关系在合作中得到适当的监督,防范腐败风险。最后,通过清廉文化的宣传,制订清廉文化宣传计划,通过各类媒体传播清廉理念和成功案例,树立清廉政商关系的良好形象,增强公众对政商关系的信任。通过强化政治引领,建设清廉政商文化,可以形成一种积极向上的氛围,促使政府和商业在合作中遵循道德规范,确保政商关系符合社会公平公正的原则。这样的文化构建将有助于实现政商互动的亲清统一,为社会的可持续发展提供坚实基础。

二、强化法治规则,完善政商政策体系

法治是现代治理的基本方式。在现代法治社会中,政府和企业应该保持平等关系,官员应专心从政而不涉足商业,商人在从事商业活动时应避免从政,双方各行其道。政府作为制度供给的主体,应为企业提供必需的服务,出台旨在扩大非公有制企业市场准入和促进平等发展的改革措施。与此同时,企业则应完善其现代企业治理结构和内控机制,依法与政府进行日常往来。实际中,由于政策制度供给不足,企业经营的权利和领域缺乏明晰界定,保障体系不健全,政府仍然拥有较大的资源配置权力,既是市场规则的制定者,又是市场活动的参与者。这种情况导致"有形之手"介入过多,市场在资源配置中的决定性作用难以发挥,社会陷入低效率的均衡状态。在利益的推动下,官员和商人容易形成"寻租"的局面,这种情况将导致双输的局面,而非"帕累托最优"。因此,要构建良序社会,关键在于加强制度的有效供给。如果政策长期模糊,政商博弈将无休止,结果是双输,而不是"帕累托最优"。我们应基于法治原则,对政商政策体系进行全面谋划,制定以法治、契约、信用为约束的基本制度,与新时代经济社会相适应,建立官商共同遵守的习惯和规矩。在规范政府、市

场、社会三大治理主体方面,需要科学界定权利与义务、可为与不可为的边界,明晰纪法红线和政策底线,使政商有交集但不进行交换、有交往但不进行交易。同时,需要强化法规制度执行,全面推进"三不腐",防止规章制度变得形同虚设,防范"潜规则"成为主导。这将促使公职人员"亲"中有"清"、"清"中有"亲",并使企业自觉摒弃"找关系""走后门"的行为,实现双方良性互动的常态化。具体措施如下:

第一,应该加强法治建设,确立明确的法律框架。这包括制定和修订相关法规和法律,明确政府和企业在政商互动中的权责,规范行为标准。同时,要推动法治教育,提升从政府官员到企业从业人员的法治观念,以确保合作的合法性和合规性。

第二,政商政策体系的完善需要建立科学、稳定的政策框架。政府在制定政策时,应广泛听取各方意见,确保政策的合理性和可预测性。建议设立快速调整机制,随时适应经济和社会环境的变化,提高政策的灵活性。在强化法治规则的同时,应加强监督和执法力度,确保法规的有效实施。建立独立监察机构,强化对政商互动的监督,对违法行为进行严肃追责,以维护法治的权威和尊严。

第三,推动政商关系的法治化需要注重公众参与。建立政策制定的公众参与机制,使社会各界更广泛地参与到政商关系的制定和监督中,增强政策的公正性和合法性。通过这一系列措施,建立起更加透明、公正、有序的政商关系,为社会的可持续发展提供坚实的法治基础。这不仅有助于规范政商互动,还能提升投资者和企业家对政策的信心,促进经济社会的健康发展。

三、加强全方位监管,擦亮政商关系底色

"政"的主体是政府和官员,背后隐藏的是权力;"商"的主体是企业和商人,背后支持的是资本。政商"亲"则两利,"清"则双安。习近平总书记用"亲""清"二字定位政商关系,精准把握了新型政商关系的本

质特征,生动诠释了政商之间的最佳状态和内在关系。在进行政商交往时,应该保持相互支持和相互理解的关系,但也要保持适度的距离,避免出现私心杂念和过于亲密的状况。如果关系过于亲密,就容易变味变质。然而,实际中,"亲"而不"清"、"清"而不"为"、"亲疏不一"、"看企下菜"等现象时有发生,这主要是由于缺乏有效的监督制约机制。为了应对这一问题,需要深刻理解资本的特性和权力的运行规律,建立规范的多层次监督约束机制,推动主体责任、监督责任和监管责任同向发力,形成高效协调的监督机制,压缩权力寻租空间,提升政商交往的廉洁度、干部作风的亲和度以及营商环境的美誉度。对政策执行要保持警惕,善于发现涉企重大决策执行中的温差、落差和偏差,以及阻碍企业发展背后的腐败和作风问题,切实防范政策空转、措施虚化,保障非公有制企业公平参与市场竞争。具体措施如下:

第一,需要建立健全的监督体系。这包括加强党内监督,通过党内组织的监督,推动党风廉政建设和反腐工作。同时,要加强社会监督,通过媒体、公众和社会组织等多方力量的参与,实现对政商关系的多角度监督。此外,建议加强司法监督,通过独立的司法机构对政商关系中的违法行为进行严肃查处,确保法治的权威性。

第二,要强调信息透明度和公开度。政府应主动公开与企业合作的相关信息,包括政策执行、项目推进等方面的数据和情况。这有助于公众了解政商合作的全貌,提高透明度,减少信息不对称,从而促使政府和企业更加规范地开展合作。另外,建议建立独立的第三方机构进行评估和监测。这些机构可以由专业人士组成,负责对政商关系的合作项目进行评估,监测合作进程,及时发现和纠正可能存在的问题。这种独立机构的存在有助于提高监督的客观性和公正性。

第三,强化个体责任和问责机制。在政商合作中,相关官员和企业家要承担起个体责任,确保合作活动的合法性和公正性。建立明确的问责机制,对于违法违规行为要追究责任,形成对权力滥用和腐败行为的强有力打击,从而为政商合作擦亮底色,确保其在法治轨道上健康发展。

四、建立双向沟通渠道,深化政商互动

建立双向沟通渠道是为了确保政府和商业之间有一个有效的信息交流平台,使双方能够更好地理解对方的需求、关切和期望,促进政商关系的健康发展。其核心在于打破信息壁垒,建立互信和合作的基础。一方面,商业界需要理解政府其经济运作和发展需求,以制定支持性政策。另一方面,政府也需要了解企业在执行政策时可能面临的困难和挑战,以及如何更好地制定政策以促进经济增长。双方需要共同协调彼此的利益,以确保政策既能促进商业发展,又符合公共利益。具体措施如下:

第一,可以设立定期的政商沟通平台。例如,可以设立政商座谈会、研讨会、咨询机构等,使政府和商业代表能够共同参与并交流意见。

第二,建立在线沟通平台,提高沟通效率,使信息交流更及时。例如专门的政商互动网站、社交媒体账号等,方便政府和商业界随时进行信息分享和互动。

第三,制定政商互动指南,以确保双方遵循明确的交流规则,防止信息误解和不必要的纷争。可以制定明确的政商互动指南,包括会面程序、信息共享原则等,以规范双方的行为。

第四,建立领导干部与企业经济人士工作联系机制,通过定期召开专题会、调研会、座谈会、早餐会等形式,深入开展企业家思想引领、政策引导和解疑释惑等工作,为企业的发展提供更加全面、深入的支持和服务。

建立双向沟通渠道是一个动态的过程,需要不断进行评估和改进。政府和商业界可以定期回顾沟通的效果,收集反馈意见,不断优化沟通机制,确保其始终符合双方的需求和期望,这有助于建立更加稳健和可持续的政商关系。

五、加强系统治理，构建清正政商生态

当一个国家或地区的政治和商业活动相互交织时，其经济社会发展的关键取决于政商关系的协调与发展。自党的十八大以来，党的领导层对建设新型的政商关系给予高度关注，多次提出建设亲清统一的新型政商关系的重要要求。党的二十大报告更是明确提出全面构建亲清政商关系的任务，这对新时代政商交往提供了明确的指导。我们需要从政治和整体的视角来全面贯彻党中央对支持私营企业发展的关键决策，优化政府服务、整顿政治生态、坚持清廉底线，打造公平、正义、公开的市场环境，促进非公有制企业实现转型升级，推动经济社会的高质量发展。因此在当前复杂多变的政商关系背景下，强化系统施治、营造清正政商生态显得至关重要。具体措施如下：

第一，需要建立健全的制度框架，明确政商互动的法治基础。通过制定清晰的政策和法规，界定官商关系的边界和规范，以保障合作的合法性和透明度。同时，加强内部管理和监督，倡导企业内部建设健全的合规机制，强化官员和企业家的自我约束与内部监控，以提高行为规范性。

第二，推动信息透明，打破信息壁垒，确保政商互动的公开透明。建立政商互动的信息公开制度，通过平台和渠道的建设，及时、全面地向社会公众披露政商合作的相关信息，减少信息不对称，为舆论监督提供更充足的素材。这有助于提高公众对政商关系的信任度，降低负面猜疑。在第三方评估方面，建立独立机构进行评估和监测。这种机构应具有独立性、专业性，负责对政商合作项目进行中立客观的评价，发现和纠正潜在问题，提高合作的透明度和公正性。通过多方评估，确保政商互动符合法治原则。此外，强调个体责任，建立问责机制。政府官员和企业家要对自己的行为负责，坚持廉洁自律，对于违规违法行为要追究个体责任，形成明确的问责机制，为政商互动的清正发展提供坚实的制度基础。

第三，加强教育培训，提升从业人员素养。通过推动廉政教育和职业

道德培训,提高政府官员和企业从业人员的法治观念和道德水平,培养清廉从业文化,为政商互动创造良好的文化氛围。

这一系列措施将共同构建起一个有机的、全方位的系统施治框架,以确保政商关系在公平、透明、法治的环境下,实现良好的互动与发展。这样的系统性施治努力将为政商生态的清朗建设奠定坚实的基础。

第二节 优化营商环境的对策和建议

营商环境是国家和地区综合竞争力的重要组成部分,它涵盖了政治、经济、文化、社会、生态等多个要素,构成一个复杂而综合的体系。这个体系反映了资金、人才、信息等各种资源在该地区的集聚能力,同时也折射了地区和城市的经济发展潜力。营商环境的优劣直接影响市场主体的兴衰,影响创业环境的好坏,对当地经济发展的速度和质量产生深远的影响。特别是在全面建设社会主义现代化国家、向第二个百年奋斗目标进军的新发展阶段,随着经济转型升级不断向纵深推进,营商环境更加成为潜在的竞争力和显性的生产力。另外,一个良好的营商环境不仅能够吸引更多的资金、人才和信息资源,而且能够为市场主体提供更加良好的发展条件,推动创业环境的优化。通过优化营商环境,可以激发企业的创新活力,提高市场竞争力,促使经济在更高的质量和速度下发展。尤其在当前社会主义现代化国家建设和经济转型升级的新阶段,优化营商环境不仅是提高竞争力的有效手段,也是推动产业结构升级、推进经济纵深发展的必要条件。在这个背景下,国家和地区需要重视并不断改善营商环境,以提升经济软实力和整体竞争力,促使经济发展朝着更高质量的方向迈进。

一、转变政府管理模式,提升服务治理水平

一方面,简化行政程序,提高政务服务效率。政府应当着力简化办事

流程，减少繁文缛节，采用先进的在线服务平台，推动电子化审批。通过建立统一的信息共享系统，实现各部门数据的互联互通，企业可以更便捷地完成相关手续。同时，要倡导"一次办好"理念，避免企业在不同部门间反复奔波。这不仅可以提高政府服务的便捷性和效率，也有助于降低企业的运营成本，为企业发展创造更加有利的环境。政府可以通过开展业务流程再造和简政放权，强化部门协同，确保企业在行政办事过程中能够更加高效、顺畅地推进业务，促进经济发展的良性循环。另一方面要强化政府服务也是优化营商环境的关键措施之一。政府应当积极转变服务理念，建立以企业和市民需求为导向的服务体系。首先，通过简化行政程序，减少繁文缛节，实现审批事项的便捷化和高效化。其次，建立完善的在线服务平台，提供全方位的电子化服务，使企业和市民可以随时随地便捷地办理业务。同时，建立便捷的咨询渠道，设立热线电话和在线咨询平台，为企业提供及时的政策解读和问题解决。政府还应当主动倾听市场主体的声音，通过调研和座谈会等形式，了解企业和市民的需求，及时调整政策和服务模式。强化政府服务，不仅可以提升政府的服务水平，更能够为企业提供更加便捷、高效的发展环境，推动经济实现更高质量的发展。

二、吸引聚集发展动能，助力企业转型升级

首先，可以通过建设产业集聚区、科技园区等创新平台，吸引高新技术企业和创新型人才集聚，不仅可以促进知识、技术的交流与创新，还能够形成产业链、价值链的完整生态系统。提供优越的营商环境、创新政策支持，吸引国内外企业加入，形成规模效应，推动整个产业的升级。此外，通过搭建产业互联网平台、加强产业对接，促进企业之间的合作与共赢，推动产业动能的协同发展。这种聚集发展动能的战略有助于加速科技创新、提升企业竞争力，进而推动整个产业链的升级和经济的可持续发展。

其次，通过充分利用先进的科技手段，政府可以建立在线智能化服务平台，实现各类审批和业务办理的电子化、自动化处理。这样的平台可以

简化办事流程,提高行政效率,减少人为的烦琐环节,使企业在注册、申报、审批等方面更加便捷迅速。同时,通过数据共享和信息互通,智能化平台能够提高政府与企业之间的沟通效率,降低信息不对称的问题,为企业提供更及时准确的政策信息。此外,智能化平台还能够通过大数据分析为政府提供更精准的决策支持,优化资源配置,推动科技与管理的深度融合。通过这一系列的智能化措施,不仅可以提升政务服务水平,还能够构建更加便捷高效的营商环境,激发企业创新活力,推动经济可持续增长。

最后,建立便捷的人才流动政策,包括简化人才引进程序、提供跨地区社会保障转移机制等,以激发高层次人才的活力和创新能力。通过加强各地人才政策的协同性,使人才能够更灵活地选择和迁徙,有利于知识、技术和经验的跨区域传递。此外,推动人才流动还需要提供吸引人才的舒适生活环境,包括优质的教育、医疗、文化等社会服务,以增强各地对人才的吸引力。通过促进人才流动,不仅可以打破地域限制,也有助于形成更为灵活、高效的人才队伍,为各地区经济和产业的升级提供强大支持,从而推动整体经济的健康发展。

三、消除制度障碍与壁垒,推动经济稳步发展

首先,建立统一的市场准入标准,消除地方性的差异性法规,降低企业准入门槛,促使资源要素更自由地在各地流动,打破地域壁垒。及时清理并废止阻碍统一市场和公平竞争的地方性法规和政策文件。通过依法清理和废止阻碍平等市场准入和退出的规章制度,严格对新政策进行公平竞争审查,以确保市场运行相对独立,减少政府对市场的过度干预。这有助于促进市场内部要素的合理配置和流动,同时充分利用市场自身的信用机制,规范市场运行秩序。

其次,建立全国范围的统一社会信用体系是推动资源要素自由流动的重要手段,通过信用记录,对企业和个人进行评估,建立信用档案,为其提供更广泛的资源要素流动渠道。在财政金融体制方面,需要破除地方保

护主义，进行改革创新，建立健全的财政金融体系，确保资源要素在全国范围内自由流动，避免地方性的财政壁垒。信息共享也是关键，要加强不同地区之间的信息沟通与共享，确保企业能够更好地获取跨地区的市场信息，降低信息不对称的问题。

最后，强化法治建设是确保资源要素自由流动的重要保障，通过建立健全的法治环境，强化法律对资源要素自由流动的保障，确保企业和个人在不同地区能够依法享有平等权利。通过这些综合性的措施，我们可以逐步消除制度障碍与壁垒，营造更加开放、自由、公平的资源要素流动制度环境，为全国经济的协同发展提供有力支持。

四、加强法治体系建设，推动经济健康发展

加强法治体系环境是为了优化营商环境，提升法治水平，构建公平竞争和有序经济秩序。首先，通过完善法规体系和制定明确的法律法规，可以为企业提供明确的经营法规和法律框架，降低法律风险，增强企业的合规性。其次，强化法治环境需要建立健全的司法体系和法律服务体系，确保法律的实施和司法的公正性，为企业提供及时、有效的法律支持。同时，推动法治建设还需要加强执法和监管机构的建设，提高执法效能，打破行政垄断，保障市场公平竞争。最后，建设法治环境还需加强法治宣传教育，提高公众对法治的认知度，增强法治观念，形成全社会共同遵守法规的氛围。通过加强法治环境，不仅可以保障企业的正当权益，也有助于提升整体市场秩序，为企业发展提供更为有力的法律保障。

加强监管与执法是为了优化营商环境，确保市场秩序的公平、透明和有序运行。首先，建立健全的监管机构和执法团队，提高执法人员的专业水平和执行力，以确保执法公正、合规、高效。其次，强化监管与执法需要建立全面、科学的监管制度，明确监管职责，制定切实可行的执法标准和程序，确保执法过程公开、透明，降低企业的法律风险。再次，加强监管与执法还需加强信息化建设，运用先进的科技手段，提高监管的智能化

水平，实现对市场各方面的全方位监测，及时发现和应对潜在风险。最后，强调合作与共治，促进政府、企业和社会各方的协同作战，共同参与监管与执法，形成合力。通过加强监管与执法，不仅可以维护公平竞争的市场环境，还有助于提升企业的合规性，推动经济健康发展。

五、持续优化营商环境，建设开放型经济体系

营造良好的营商环境是为了激发经济活力、促进企业健康成长以及推动社会全面发展。优越的营商环境能够吸引投资、提升企业竞争力，进而创造更多的就业机会，推动经济的可持续增长。在良好的营商环境中，企业更容易进行创新，促使产业的升级和转型，有助于建设创新型国家。此外，良好的营商环境也有助于改善政府治理水平，推动政府提供更高效、透明的服务。总体而言，通过创造良好的营商环境，我们能够培育有活力的商业生态，推动社会经济的可持续繁荣。

首先，我们应当致力于打破行业垄断，通过促进市场竞争，提高市场效率，使企业在公平的竞争环境中获得更多发展机遇。其次，加强国际合作是不可或缺的。通过拓展与其他国家和地区的经济联系，我们能够吸引更多外商投资，引入先进技术和管理经验，推动本地企业实现技术升级和创新发展。最后，鼓励跨国企业在本地市场投资兴业，不仅能够提升企业的国际竞争力，还能够为本地创造更多的就业机会，促进地方经济的繁荣。因此，通过建设更加开放、包容的经济体系，我们将为企业创造更加有利的外部环境，助力其在全球竞争中脱颖而出。

六、深化机制体制改革，提升政府治理能力

各级政府需深入进行现代产权制度和要素市场配置制度改革，通过建设高标准的市场准入机制，以确保制度体制的有效性，从而为优化营商环境打下坚实基础。应当积极推行市场准入公开制度，借助互联网、自媒体等工具引导企业协同合作，推动企业共同发展，实现产业的高级化和产业

链的现代化，为企业创造更为有利的经营环境。

　　首先，我们应当着眼于优化决策机制，推动决策更加科学、透明。建立健全决策咨询体系，引入专业意见，以确保政策制定更具前瞻性和可行性。其次，强化公共服务机制，通过整合资源、提高运行效率，提供更高效、更便捷的公共服务。最后，加强权责清晰的机构建设，明确各部门职责，避免职能交叉，提高决策执行效率。深化机制体制改革还需要关注激励机制，通过建立绩效评价体系，激发公务员积极性，提高工作效率。同时，强化监督机制，建设更加完善的权力制衡体系，确保政府行为的公正透明。通过这些改革措施，建设更加高效、创新的体制机制，从而提升政府治理能力，更好地满足社会需求，推动国家治理体系和治理能力现代化。

参考文献

[1] 田晴，顾子嘉．营商环境对战略变革的影响研究［J］．财务管理研究，2021（10）．

[2] 王青青．营商环境、研发投入对创业板公司财务绩效的影响研究［D］．大庆：东北石油大学，2022．

[3] 齐秀辉，权飞，李璐璐．营商环境、风险承担与企业绩效——基于35个大中型城市企业的实证研究［J］．会计之友，2022（8）．

[4] 郭继侠，周兴荣，翟琛．H省上市公司战略变革与成长性关系研究［J］．河北企业，2022（2）．

[5] 吴利华，张林雪．战略变革对企业绩效的影响分析——基于内部控制和外部竞争的调节［J］．科技与经济，2021，34（2）．

[6] 郭志岗，李朝红，徐玉龙．市场竞争、战略变革与企业绩效［J］．商业会计，2020，693（21）．

[7] 马李沛沛．制度环境下战略变革与企业绩效的非线性关系研究［J］．财会通讯，2019（32）．

[8] 叶康涛，张姗姗，张艺馨．企业战略差异与会计信息的价值相关性［J］．会计研究，2014（5）．

[9] 孙莹，王甜甜．营商环境改善是否可以提高企业绩效？——基于2008—2020年中国A股上市公司的经验证据［J］．河海大学学报（哲学社会科学版），2022，24（6）．

[10] 刘星，高名厚．企业的成长力对其创新溢价的影响——来自创业板上市公司的经验证据［J］．价值工程，2017，36（1）．

[11] 周泽将，高雅萍，张世国. 营商环境影响企业信贷成本吗？[J]. 财贸经济，2020，41（12）.

[12] 于文超，梁平汉. 不确定性、营商环境与民营企业经营活力[J]. 中国工业经济，2019（11）.

[13] 林伟鹏，冯保艺. 管理学领域的曲线效应及统计检验方法[J]. 南开管理评论，2022，25（1）.

[14] 肖金成，张燕，公丕萍. 京津冀与环渤海经济区的耦合发展——兼论"点轴—群区"发展模式[J]. 开放导报，2022（3）.

[15] 徐露. 京津冀协同发展视角下环渤海城市群的建设探究[J]. 中国市场，2021（20）.

[16] 傅皓天，于斌，王凯. 环境不确定性、冗余资源与公司战略变革[J]. 科学学与科学技术管理，2018，39（3）：92-105.

[17] 耿伟，李亚楠. 东道国不确定性与中国ODI二元边际：兼论营商环境的调节效应[J]. 世界经济研究，2020（4）：107-119.

[18] 张云梅. 中国国有企业改革历程与展望[J]. 辽宁省社会主义学院学报，2011（1）.

[19] 叶琪. 新中国成立60年来我国国有企业改革的历程与成效[J]. 经济研究参考，2009（67）.

[20] 袁谋真. 深化国有企业改革培育世界一流企业[J]. 学习时报，2018（8）.

[21] 中国管理40年项目课题组. 我国国有企业改革40年历程、经验和展望（下）[J]. 经营与管理，2022（10）.

[22] 刘澜涛. 改革开放40年我国国有企业改革历程与未来展望[J]. 价格月刊，2018（10）.

[23] 范城恺. 国有企业改革历程回顾与展望[J]. 科技智囊，2020.

[24] 李兆喜. 浅谈国有企业改革历程及改革政策[J]. 现代国企研究，2018（8）.

[25] 段资睿. 警惕新自由主义思潮的冲击——基于国有企业改革历程角度的分析[J]. 河南机电高等专科学校学报, 2017, 25 (5).

[26] 陈传明, 刘海建. 企业战略变革的实证研究方法论基础及在中国的应用[J]. 科学学与科学技术管理, 2005 (8).

[27] 董志强, 魏下海, 汤灿晴. 制度软环境与经济发展——基于30个大城市营商环境的经营研究[J]. 管理世界, 2012 (4).

[28] 刘锦, 王学军. 寻租、腐败与企业研发投入——来自30省12 367家企业的证据[J]. 科学学研究, 2014, 32 (10).

[29] 周瑞芳. 改善营商环境促进企业发展——基于中小企业生存与发展危机的分析[J]. 中国集体经济, 2008 (10).

[30] 刘军林. 影响产业园区营商环境的能动主体[J]. 牡丹江大学学报, 2010, 19 (9).

[31] 董彪, 李仁玉. 我国法治化国际化营商环境建设研究——基于《营商环境报告》的分析[J]. 商业经济研究, 2016 (13).

[32] 赵勤. 进一步优化营商环境助力经济高质量发展[N]. 黑龙江日报.

[33] 厦门市发展研究中心. 2015—2016年厦门发展报告[M]. 厦门: 厦门大学出版社, 2016.

[34] 杨涛. 营商环境评价指标体系构建研究——基于鲁苏浙粤四省的比较分析[J]. 商业时代, 2015 (13).

[35] 王小鲁, 樊纲. 中国分省份市场化指数报告 (2018) [M]. 北京: 社会科学文献出版社, 2019.

[36] 张三保, 康璧成, 张志学. 中国省份营商环境评价: 指标体系与量化分析[J] 经济管理, 2020, 42 (4).

[37] 杨枝煌, 刘泽黎, 李斐. 构建有中国特色的营商环境评价体系[J]. 国际经济合作, 2020 (5).

[38] 邱康权, 陈静, 吕雁琴. 中国营商环境综合发展水平的测度、

地区差异与动态演变研究［J］. 数量经济技术经济研究，2022，39（2）.

［39］张语恒. 营商环境优化与区域商贸流通业高质量发展：理论与实证［J］. 商业经济研究，2020（24）.

［40］郭晶. 营商环境评价体系构建与运用［J］. 现代商贸工业，2020（13）.

［41］丁鼎，高强，李宪翔. 我国城市营商环境建设历程及评价——以36个省会城市、直辖市及计划单列市为例［J］. 宏观经济管理，2020（1）.

［42］许志端，阮舟一龙. 营商环境、技术创新和企业绩效——基于我国省级层面的经验证据［J］. 厦门大学学报（哲学社会科学版），2019（5）.

［43］田志龙，陈丽玲，李连翔等. 中国情境下的政商关系管理：文献评述、研究框架与未来研究方向［J］. 管理学报，2020，17（10）.

［44］李海洋，李新春. 中国管理学研究向何处去？［J］. 管理学季刊，2018，3（2）.

［45］Emeyer K.，钟惠琳. 具有中国特色的比较管理：对OdedShenkar的评论和回应［J］. 管理学季刊，2017，2（3）.

［46］Shernkar O，李炜文. 具有中国特色的管理学研究［J］. 管理学季刊，2017，2（1）.

［47］魏炜，朱青元，林桂平. 政治关联、多元化并购与企业并购绩效［J］. 管理学报，2017，14（7）.

［48］周黎安，陶婧. 政府规模、市场化与地区腐败问题研究［J］. 经济研究，2009，44（1）.

［49］叶青，赵良玉，刘思辰. 独立董事"政商旋转门"之考察：一项基于自然实验的研究［J］. 经济研究，2016，51（6）.

［50］党力，杨瑞龙，杨继东. 反腐败与企业创新：基于政治关联的解释［J］. 中国工业经济，2015，34（7）.

［51］侯方宇，杨瑞龙. 新型政商关系、产业政策与投资"潮涌现象"

治理[J]. 中国工业经济, 2018, 37(5).

[52] 田志龙, 贺远琼. 公司政治行为: 西方相关研究的综述与评价[J]. 中国软科学, 2003(2).

[53] 严若森, 姜潇. 关于制度环境、政治关联、融资约束与企业研发投入的多重关系模型与实证研究[J]. 管理学报, 2019, 16(1).

[54] 魏江, 寿柯炎, 冯军政. 高管政治关联、市场发育程度与企业并购战略——中国高技术产业上市公司的实证研究[J]. 科学学研究, 2013, 31(6).

[55] 李健, 陈传明, 孙俊华. 企业家政治关联、竞争战略选择与企业价值——基于上市公司动态面板数据的实证研究[J]. 南开管理评论, 2012, 15(6).

[56] 邓新明, 熊会兵, 李剑峰等. 政治关联、国际化战略与企业价值——来自中国民营上市公司面板数据的分析[J]. 南开管理评论, 2014, 17(1).

[57] 贺小刚, 连燕玲, 吕斐斐. 期望差距与企业家的风险决策偏好——基于中国家族上市公司的数据分析[J]. 管理科学学报, 2016, 19(8).

[58] 潘峰, 西宝, 王琳. 基于演化博弈的地方政府环境规制策略分析[J]. 系统工程理论与实践, 2015, 35(6).

[59] 徐建中, 徐莹莹. 政府环境规制下低碳技术创新扩散机制——基于前景理论的演化博弈分析[J]. 系统工程, 2015, 33(2).

[60] 周黎安. 中国地方官员的晋升锦标赛模式研究[J]. 经济研究, 2007, 42(7).

[61] 周黎安. 行政发包制[J]. 社会, 2014, 34(6).

[62] 周黎安. "官场 + 市场"与中国增长故事[J]. 社会, 2018, 38(2).

[63] 田志龙, 高勇强, 卫武. 中国企业政治策略与行为研究[J].

管理世界，2003（12）．

[64] 张建君，张志学．中国民营企业家的政治战略［J］．管理世界，2005（6）．

[65] 卫武．中国环境下企业政治资源、政治策略和政治绩效及其关系研究［J］．管理世界，2006（2）．

[66] 高勇强，田志龙．中国企业影响政府政策制定的途径分析［J］．管理科学，2005（4）．

[67] 徐现祥，李书娟，王贤彬等．中国经济增长目标的选择：以高质量发展终结"崩溃论"［J］．世界经济，2018，41（10）．

[68] 周业安，赵晓男．地方政府竞争模式研究——构建地方政府间良性竞争秩序的理论和政策分析［J］．管理世界，2002（12）．

[69] 田志龙，陈丽玲，顾佳林．我国政府创新政策的内涵与作用机制：基于政策文本的内容分析［J］．中国软科学，2019（2）．

[70] 曾萍，邓腾智，宋铁波．制度环境、核心能力与中国民营企业成长［J］．管理学报，2013，10（5）．

[71] 田志龙，高海涛．中国企业的非市场战略：追求合法性［J］．软科学，2005，19（6）．

[72] 王元芳，马连福．国有企业党组织能降低代理成本吗？——基于"内部人控制"的视角［J］．管理评论，2014，26（10）．

[73] 田志龙，邓新明．企业政治策略形成影响因素——中国经验［J］．南开管理评论，2007，10（1）．

[74] 项国鹏，胡玉和，迟考勋．国外制度创业研究前沿探析与未来展望［J］．外国经济与管理，2011，33（5）．

[75] 尹珏林，张玉利．制度创业的前沿研究与经典模型评介［J］．经济理论与经济管理，2009（9）．

[76] 杨子绪，彭娟，唐清亮．强制性和自愿性碳信息披露制度对比研究——来自中国资本市场的经验［J］．系统管理学报，2018，27（3）．

[77] 李维安,徐业坤. 政治身份的避税效应[J]. 金融研究, 2013(3).

[78] 冯延超. 中国民营企业政治关联与税收负担关系的研究[J]. 管理评论, 2012, 24(6).

[79] 盛从锋,徐伟宣,许保光. 中国省域投资环境竞争力评价研究[J]. 中国管理科学, 2003(3).

[80] 刘迎霜. 建立符合国情的营商环境评价体系[N]. 上海法治报, 2018-08-01(B06).

[81] 廖福崇. "放管服"改革、行政审批与营商环境——来自企业调查的经验证据[J]. 公共管理与政策评论, 2019, 8(6).

[82] 王秋菊、王依雯、付枭男. 基于可视化的营商环境影响因素研究热点分析[J]. 中国集体经济, 2020(19).

[83] 潘同人. 嵌入关系:中国招商引资中的政府与市场[D]. 南京:南开大学, 2014.

[84] 武靖州. 企业制度性交易成本的表现、成因及其治理[J]. 财务与金融, 2017(6).

[85] 宋林霖,黄雅卓. 俄罗斯营商环境优化:影响因素与效果评价[J] 中国行政管理, 2020(5).

[86] 孙群力,陈海林. 我国地区营商环境的决定因素、影响效应和评价指数——基于MIMIC模型的研究[J]. 财政研究, 2020(6).

[87] 刘丹鹭. 进入管制与中国服务业生产率——基于行业面板的实证研究[J]. 经济学家, 2013(2).

[88] 明秀南,王科. 私营企业进入导致了商业贿赂与腐败行为吗?[J]. 经济学动态, 2016(2).

[89] 戴维·奥斯本,特德·盖布勒. 改革政府:企业家精神如何改革着公共部门[M]. 周敦仁,译. 上海:上海译文出版社, 2006.

[90] 江静. 制度、营商环境与服务业发展——来自世界银行《全球

营商环境报告》的证据[J]. 学海,2017(1).

[91] 夏杰长,刘诚. 行政审批改革、交易费用与中国经济增长[J]. 管理世界,2017(4).

[92] 娄成武,张国勇. 治理视阈下的营商环境:内在逻辑与构建思路[J]. 辽宁大学学报(哲学社会科学版),2018,46(2).

[93] 戚聿东,李峰. 垄断行业放松规制的进程测度及其驱动因素分解——国际比较与中国实践[J]. 管理世界,2016(10).

[94] 罗伯特·鲍德温,马丁·凯夫,马丁·洛奇. 牛津规制手册[M]. 宋华琳等,译. 上海:上海三联书店,2017.

[95] 沈伯平. 转型期我国股票市场规制目标的选择[J]. 南京审计学院学报,2012,9(2).

[96] 沈伯平,范从来. 政府还是市场:后危机时代金融规制与监管体系的重构[J]. 江苏社会科学,2012(5).

[97] 李宏瑾,苏乃芳. 中国隐性利率双轨制及其对市场利率的影响[J]. 财经问题研究,2018(8).

[98] 周凡. 银行准入放开推动产业供给侧结构性改革的路径——基于中国地级市微观数据的研究[J]. 财经论丛,2020(6).

[99] 原凯. 金融正义视阈中的我国普惠金融立体规制研究[J]. 暨南学报(哲学社会科学版),2019,41(7).

[100] 廖理,李梦然,王正位. 聪明的投资者:非完全市场化利率与风险识别——来自P2P网络借贷的证据[J]. 经济研究,2014,49(7).

[101] 徐昱东、崔日明. 山东中小企业数量型发展影响因素与营商环境建设——基于山东17地市2006—2013年的面板数据[J]. 华东经济管理,2015(4).

[102] 罗英. 产品质量规制如何影响经济增长质量——原理与案例的双重诠释[J]. 武汉大学学报(哲学社会科学版),2014,67(5).

[103] 郭燕芬. 营商环境协同治理的结构要素、运行机理与实现机制

研究［J］．当代经济管理，2019，41（12）．

［104］李旭东．营商环境建设中的政府角色转变［J］．黑龙江社会科学，2019（3）．

［105］钱锦宇，刘学涛．营商环境优化和高质量发展视角下的政府机构改革：功能定位及路径分析［J］．西北大学学报（哲学社会科学版），2019，49（3）．

［106］魏向前．以人民为中心的共享发展：指导思想、判断标准与制度安排［J］．甘肃理论学刊，2019（5）．

［107］马相东，王跃生．新时代吸引外资新方略：从招商政策优惠到营商环境优化［J］．中共中央党校学报，2018，22（4）．

［108］陈光，高甜瑜．社区治理法治化视角下的东北营商环境优化［J］．黑龙江社会科学，2019，（3）．

［109］张瑄．先进国家和地区优化国际营商环境的经验对广东的借鉴［J］．港澳经济，2014，35（13）．

［110］许可，王瑛．后危机时代对中国营商环境的再认识——基于世界银行对中国2 700家私营企业调研数据的实证分析［J］．改革与战略，2014（7）．

［111］张应武，刘凌博．营商环境改善能否促进外商直接投资［J］．国际商务（外经济贸易大学学报），2020（10）．

［112］王正新，周乾．营商环境如何影响中国企业对"一带一路"沿线国家直接投资［J］．财经论丛，2019（9）．

［113］杨进，张攀．地区法治环境与企业绩效——基于中国营商环境调查数据的实证研究［J］．山西财经大学学报，2018（9）．

［114］谢众，张杰．营商环境、企业家精神与实体企业绩效——基于上市公司数据的经验证据［J］．工业技术经济，2019（5）．

［115］赵海怡．企业视角下地方营商制度环境实证研究——以地方制度供给与企业需求差距为主线［J］．南京大学学报（哲学·人文科学·社

会科学), 2020, 57 (2).

[116] 薄文广, 崔博博, 陈璐琳. 环境规制对工业企业选址的影响——基于微观已有企业和新建企业数据的比较分析 [J]. 南开经济研究, 2019 (4).

[117] 雷挺, 栗继祖. 营商环境优化如何激发企业的创新活力——内在机制及创新边际 [J]. 山西财经大学学报, 2020 (12).

[118] 孙琛. 营商环境对企业创新影响的研究 [D]. 济南: 山东大学, 2020.

[119] 夏后学, 谭清美, 白俊红. 营商环境、企业寻租与市场创新——来自中国企业营商环境调查的经验证据 [J]. 经济研究, 2019 (4).

[120] 张美莎, 徐浩, 冯涛. 营商环境、关系型借贷与中小企业技术创新 [J]. 山西财经大学学报, 2019 (2).

[121] 陈颖, 陈思宇, 王临风. 城市营商环境对企业创新影响研究 [J]. 科技管理研究, 2019 (12).

[122] 赖先进. 哪些优化营商环境政策对经济增长影响更有效？——基于全球162个经济体的证据 [J]. 中国行政管理, 2020 (4).

[123] 戴翔, 秦思佳. 营商环境优化如何提升企业出口国内增加值率 [J]. 国际贸易问题, 2020 (11).

[124] 白景明, 赵福昌, 陈龙等. 民营经济营商环境发展报告——基于"降成本"调研 [J]. 财政科学, 2019 (10).

[125] 闫永生, 邵传林, 刘慧侠. 营商环境与民营企业创新——基于行政审批中心设立的准自然实验 [J]. 财经论丛, 2021 (9).

[126] 夏后学, 谭清美, 姜启波. 转轨背景下简政放权与腐败对技术创新的交互效应——研发产出与制度差异视角 [J]. 研究与发展管理, 2017, 29 (5).

[127] 解维敏. 市场化进程对企业家创新精神的影响研究——基于我国非金融类上市公司的经验证据 [J]. 财经问题研究, 2016 (12).

［128］赵瑞瑞，张玉明，徐凯歌．创新券是否能给民营中小企业带来新成长动能？［J］．科学学研究，2020，38（10）．

［129］李志军．中国城市营商环境评价［M］．北京：中国发展出版社，2020．

［130］李志军．我国城市营商环境的评价指标体系构建及其南北差异分析［J］．改革，2022（2）．

［131］张之梅．中外企业成长理论研究述评［J］．山东经济，2010，26（1）．

［132］张洪兴，耿新．企业家社会资本对企业成长经营绩效的作用与影响［J］．山东理工大学学报（社会科学版），2010，26（2）．

［133］丁岳枫．创业组织学习与创业绩效关系研究［D］．杭州：浙江大学，2006．

［134］李海超，衷文蓉．我国ICT产业成长能力评价研究［J］．科学学与科学技术管理，2013，34（6）．

［135］李晓倩．营销能力、技术创新对企业成长能力的影响［D］．石家庄：河北地质大学，2019．

［136］李晓倩，史玉贤，周宫书琛．营销能力、技术创新对企业成长能力的影响——基于我国制造业上市公司的实证研究［J］．河北企业，2023（7）．

［137］Tang, J, M. Crossan, W. Rowe. Dominant CEO, deviant strategy, and extreme performance：The moderating role of a powerful board. Journal of Management Studies, 2011, 48 (7).

［138］Asaftei G., Kumbhakar S. C., Mantescu D. Ownership, business environment and productivity change [J]. Journal of Comparative Economics, 2008, 36 (3).

［139］Escaleras, M. Chiang, E. P. Fiscal decentralization and institutional quality on the business environment [J]. Economics Letters, 2017, 159 (10).

[140] Eifert, B., Gelb, A., Ramachandran, V. Business environment and comparative advantage in Africa: Evidence from the investment climate data [J]. Center for Global Development Working Paper, 2005.

[141] Zhang, H., Li, L. Zhou, D., et al. Political connections, government subsidies and firm financial performance: Evidence from renewable energy manufacturing in China [J]. Renewable Energy, 2014, 63 (3).

[142] Ahmad, N., N. Ismail, N. Nordin. The impact of infrastructure on foreign direct investment in malaysia [J]. International Journal of Management Excellence, 2015, 5 (1).

[143] Coen D. The impact of U.S lobbing practice on the European business–government relationship [J]. California Management Review, 1999, 41 (4).

[144] Hillman A. J., Keim D G, Schuler D. Corporate political activity: are view and research agenda [J]. Journal of Management, 2004, 30 (6).

[145] Bonardi J. P, Keim G D. Corporate political strategies for widely salient issues [J]. Academy of Management Review, 2005, 30 (3).

[146] Funk R J, Hirschman D. Beyond nonmarket strategy: market actions as corporate political activity [J]. Academy of Management Review, 2017, 43 (1).

[147] Oliver C. The influence of institutional and task environment relationships on organizational performance: the Canadian on struction industry [J]. Journal of Management Studies, 1997, 34 (1).

[148] Hassan T A, Hollander S, Vanlent L, et al. Firm–level political risk: measure ment and effects [J]. Quarterly Journal of Economics, 2019, 134 (4).

[149] Mellahi K., Frynas J. G., Sun P., et al. Are view of the nonmarket strategy literature: toward a multi–theoretical integration [J]. Journal of Management, 2016, 42 (1).

[150] Stern N. A strategy for development [M]. Washington DC: World Bank publications, 2002.

[151] Gregory E, Fuming J, et al. The Chinese business environment in the next decade: Report from a Delphi study [J]. Asian Business & Management, 2010, 9 (4).

[152] Jaroslav B, Jan D, et al. Improvement of the quality of business environment model: Case of the SME segment inzinerine [J] Ekonomika – Engineering Economics, 2019, 30 (5).

[153] Ayse B, Osman S. Politics and class: The turkish business environment in the neoliberal age [J]. New Perspectives on Turkey, 2012 (46).

[154] Dinissa Duvanova. Bureaucratic discretion and the regulatory burden: Business environments under alternative egulatory regimes [J]. British Journal of Political Science, 2012, 42 (3).

[155] Maiuichi D, Abe M. Corruption and the business environment in Vietnam: Implications from an empirical study [J]. Asia & the Pacific Policy Studies, 2019, 6 (2).

[156] Kim, D. H., Wu, Y. C., Lin, S. C. Heterogeneity in the effects of government size and governance on economic growth [J]. Economic Modelling, 2018 (68).

[157] Djankov, S., Porta, L. R., Florencio L. D. S. The Regulation of Entry [J]. Quarterly Journal of Economics, 2002, 117 (1).

[158] Zhang, Y. F., Parker, D, Kirkpatrick, C. Electricity sector reform in developing countries: an economical case of the effects of privatization, competition and regulation [J]. Journal of Regulatory Economics, 2008, 33 (2).

[159] Aristovnik A, Obadic, A. The impact and efficiency of public admin is tration excellence on fostering SMEs in EU countries [J]. Amfiteatru Economic, 2015, 17 (39).

[160] Tonoyan V, Strohmeyer R, Habib M, et al. Corruption and entrepreneurship: How form a land informal institutions shape small firm behaviour in transition and mature market economics [J]. Entrepreneurship theory and practice, 2010.

[161] Bekeris R. The impact of macro – economic indicators upon SME's profitability [J]. Ekonomika, 2012, 91 (3).

[162] Dragnic D. Impact of internal and external factors on the performance off as growing small and medium businesses [J]. Journal of Contemporary Management Issues, 2014, 19 (1).

[163] Ahmedova S. Factors for increasing competitiveness of small and medium – size denterprises (SMEs) in Bulgaria [J]. Procedia – Social and Behavioral Sciences, 2015, 195 (1).

[164] Bazo L, Miroslava U, MarkovicovaL, et al. The impact of institutional environment on slovak enterprises and the institutional hysteresis effect [J]. Journal of Competitiveness, 2019, 11 (3).

[165] Vernon, J. A. Examining the link between price regulation and pharmaceutical R&D investment [J]. Health Economics, 2005, 14 (1).

[166] Golec, J. , Hegde, S. , Vernon J. A. Pharmaceutical R&D spending and threats of price regulation [J]. Journal of Financial and Quantitative Analysis, 2010, 45 (1).

[167] Bardey, D. , Bommier, A. , Jullien, B. Retail price regulation and innovation: Reference pricing in the pharmaceutical industry [J]. Journal of Health Economics, 2010, 29 (2).

[168] Prieger J. E. A model for regulated product innovation and introduction with application to telecommunications [J]. Applied Economics Letters, 2002, 9 (10).

[169] Acemoglu D. , Guerrieri V. Capital deepening and nonbalanced eco-

nomic growth [J]. Journal of Political Economy, 2008, 116 (3).

[170] Ohanyan G, A Evaluation of IMF program effects on employment in the EU [J]. Acta economica, 2017, 67 (3).

[171] Marinescu, C. Institutional quality of the business environment: Some european practices in a comparative analysis [J]. Amfiteatru Economics, 2013, 15 (33).

[172] Wapshott R, Mallett O. Small and medium – sized enterprise policy: Designed to fail? [J]. Environment and Planning C – Politics and Space, 2018, 36 (4).

[173] Akerlof, G. A. The market for lemons: Quality uncertainty and the market mechanism [J]. The Quarterly Journal of Economics, 1970, 84 (3).

[174] Bruhn, M. License to Sell: The effect of business registration reform on entrepreneurial activity in mexico [J]. Review of Economics and Statistics, 2011, 93 (1).

[175] Corcoran, A., R. Gillanders. Foreign direct investment and the ease of doing business [J]. Review of World Economics, 2015, 151 (1).

[176] Bobeni – Hintoová, A. Does quality of business environment influence foreign direct investment inflows? [J] A Case of Central European Countries. 2016 (3).

[177] Contractor, F., R. Dangol, N. Nuruzzaman, et al. How do country regulations and business environment impact foreign direct investment (FDI) inflows? [J]. International Business Review, 2020, 29 (2).

[178] Prajogo, D. The strategic fit between innovation strategies and business environment in delivering business performance [J]. International Journal of Production Economics, 2016, 171 (2).

[179] Gogokhia, T., G. Berulava. Business environment reforms, innovation and firm productivity in transition economies [J]. Eurasian Business Re-

view,2020(10).

[180] Reyes, J., M. Roberts, L. Xu. The heterogeneous growth effects of the business environment: Firm – level evidence for a global sample of cities [J]. China Economic Quarterly International, 2021, 1(1).

[181] Shehu, A., R. Mahmood. Influence of entrepreneurial orientation and business environment on small and medium firm performance: A PLS approach [J]. advances in management and applied economics, 2014, 4(4).

[182] Laouiti, R., S. Gharbi, N. Liouane. The effect of business environmenton firm performance exploratory study: Case of tunisian enterprises [J]. International Journal of Management and Information Technology, 2014, 8(3).

[183] Augier, P., M. Gasiorek, M. Dovis. The business environment and moroc can firm productivity [J]. Economics of Transition, 2012, 2(2).

[184] Ibraheem N. K. Ease of doing business and capital market development in a demand following hypothesis: Evidence from ECOWAS [J]. Studia Universitatis Vasile Goldis Arad, 2020, 30(4).

[185] Yan Z. M., Zhu J. C., Fan D, et al. An institutional work view toward the internationalization of emerging market firms [J]. Journal of World Business, 2018, 53(5).